시학 개념의 새로운 이해

시학 개념의 새로운 이해

New Understanding of Concepts of Poetics

박현수 지음

울력

ⓒ 2024 박현수

시학 개념의 새로운 이해

지은이 | 박현수
펴낸이 | 강동호
펴낸곳 | 도서출판 울력
1판 1쇄 | 2024년 5월 31일
등록번호 | 제25100-2002-000004호(2002. 12. 03)
주소 | 서울시 구로구 개봉로23가길 111, 108-402 (개봉동)
전화 | 02-2614-4054
팩스 | 0502-500-4055
E-mail | ulyuck@naver.com
가격 | 19,000원

ISBN 979-11-85136-75-2 93800

· 지은이와 협의하여 인지는 생략합니다.
· 저작권법에 의해 보호를 받는 저작물이므로 무단 전재나 복제를 금합니다.

차례

여는 글: 아직도 시학의 새로운 개념이 남아 있을까 _ 7

1. 범맥락화 _ 11
2. 서정 시제 _ 39
3. 텅 빈 주체 _ 75
4. 율격의 단계 _ 105
5. 가상적 연행성 _ 151
6. 상호 주체적 서정성 _ 185
7. 심상과 현량 _ 225
8. 비유와 초과 현실 _ 253
9. 숭고 혹은 초월 감각 _ 285

닫는 글: 시적 형식과 내용의 기원에 대하여 _ 325

여는 글

아직도 시학의 새로운 개념이 남아 있을까

　시에 대한 논의가 있어 온 지 오래되었고 그 양도 엄청나서 이제 시에 관하여 새롭게 논의할 것이 있을지 의아하게 생각하는 사람이 많을 것이다. 필자 역시 『시론』이라는 책을 준비하면서 기존 이론을 정리하는 수준에서 믿을 만한 정보만 개괄적으로 제공하고자 하였다. 그러나 집필 과정 중에 대부분의 시학 개념이 미해결의 상태에 놓여 있음을 알게 되었다. 그래서 일부는 기존 이론의 해석을 조정하거나, 일부는 필자의 개인적인 시각으로 보완하는 선에서 마무리하였다. 그러나 이런 부분적 보완으로 만족할 수 없어서, 이후 중요 개념들을 선택하여 본격적으로 연구하기 시작하였다.

　시학 개념과 관련하여 최초로 시도한 것이 숭고에 대한 글(1998)이었다. 그때는 깨닫지 못하였으나, 어떤 특별한 계기로 숭고가 필자의 내부에 존재하는 근원적인 지향과 관련되어 있음을 알게 되었다. 이후에도 숭고의 매력에 끌려 관련 논문을 서너 편 더 쓴 바 있다. 처음 그 글을 쓸 때는 이것이 시학의 기본 개념이라는 인식도 없었지만, 지금은 시학에서 가장 핵심적인 개념으로 판단하여 독립된 주제로 다루고 있다. 이후 서정성(2007), 심상(2013), 범맥락화(2018), 리듬(2019), 시적 화자(2020), 서정 시제(2021), 가상적 연행성(2021), 비유(2022) 등에 관한 논문을 발표하였다.

  이 책에 실린 글 중에 새로움만을 위한 새로움을 추구한 것은 없다. 즉 새로울 것도 없는 내용을 새롭게 보이도록 치장한 것이 없다는 뜻이다. 필자가 보기에 중요하고 당연하다고 생각하는 내용이 기존 논의에서 다루어지지 않아서 그것을 기술한 것이고, 혹은 분명한 문제점을 지닌 내용이 지속적으로 통용되고 있어서 그것을 지적하고 대안을 제시한 것일 뿐이다. 의도적으로 새로운 이론을 제시하려고 노력해서 그렇게 된 것이 아니라, 기존 이론의 한계를 보완하려다 보니 결과적으로 새로운 내용이 되었다는 것이다.

  여기 실은 글 중에는 완전히 새로운 개념을 제시한 것도 있고, 기존 개념에 보완을 한 경우도 있다. 새로운 개념으로 제시한 것은 '범맥락화', '율격의 단계', '가상적 연행성', '상호 주체적 서정성' 등이다. '범맥락화'는 시의 주체와 배경이 명확하게 특정되지 않고 일반화된 상태를 가리키는 개념이다. 기존 논의에 이런 특성을 파편적으로 지적한 것은 있지만, 하나의 개념으로 다룬 예는 없었다. 필자는 이것이 한 작품을 시로 인식하게 만드는 중요한 특성이라 판단하여 하나의 개념으로 독립시켜 강조하였다. '율격의 단계'는 리듬의 흐름을 크게 세 가지('가창률-낭송률-묵독률')로 파악하는 개념이다. 이것은 노랫말의 비정형적인 율격과 문어 시의 엄격한 정형률을 변별하는 데 유용하며, 우리 시 율격의 특이성을 보편적 차원에서 다루는 데 도움이 된다. 또한 '가상적 연행성'은 시의 형식적 특성들을 제어하는 지배적 특성으로 제시한 개념으로서, '시 내용의 기준시(基準時)를 시가 공연될 미래의 어느 시점으로 삼는 시적 규범(혹은 관례)'을 말한다. 이를 통해 시의 현재 시제, 범맥락화, 시적 화자 등의 독특한 특성을 해명할 수 있다. '상호 주체적 서정성'은 기존의 서정성이 지닌 유아론적 한계를 비판하고 그 대안으로 제시한 것으로, 주체와 객체의 동등한 지위를 인정하는 서정성을 가리키는 개념이다.

　기존 개념에 새로운 보완을 한 경우는 나머지 개념들(서정 시제, 텅 빈 주체, 심상과 현량, 비유와 초과 현실, 숭고와 초월 감각)인데, 새로운 보완 사항을 요약하자면 다음과 같다. 먼저, '서정 시제'에서는 현재 시제의 통계적 자료를 제시하였으며, 그 특성을 무시간성, 공시성, 초시간성, 수행성, 숭고성 등으로 세분하여 살펴보았다. '텅 빈 주체'에서는 시적 화자의 여러 명칭을 검토하고, 그 특성을 텅 빈 주체(범맥락화된 주체), 치환 가능한 주체, 고양된 주체로 나누어 설명하였다. '심상과 현량'에서는 시에서 심상과 개념의 양립 불가능성이 왜 중요한지 검토하며, 심상의 본질을 유식 철학의 관점에서 설명하였다. '비유와 초과 현실'에서는 비유 기표(보조관념)와 비유 기의(원관념)의 초월적 유사성에 초점을 맞추어 현대시의 수사학적 대응을 살펴보았다. 마지막으로 '숭고와 초월 감각'에서는 숭고의 개념을 설명하고, 파시즘 문학 판정의 딜레마를 숭고의 주관성에 초점을 맞추어 해결하였다.

　이 책은 크게 전반부와 후반부로 나눌 수 있다. 전반부에서는 시의 형식적 특성들을 다루고 그것의 지배적 개념으로서 '가상적 연행성'을 다루었다. 후반부에는 내용의 핵심으로서 '초월 감각'을 그 밑바탕에 두고 숭고를 핵심 개념으로 내세웠다. 그러나 당연하다시피 기본 개념에는 형식과 내용이 서로 뒤섞여 있으므로 그것을 따로 묶지 않고 각각을 대등한 개념으로 배치하였다.

숭고에 관한 첫 글을 발표한 시점을 기준으로 삼으면, 이 책은 대략 20여 년 전부터 기획된 셈이다. 오랜 시간을 거쳐서 새롭게 제시한 시학의 기본 개념들이 기존 시론에 덧붙일 만한 가치를 지닌 것인지는 독자의 판단에 맡길 일이다. 그러나 필자로서는 원론적인 주제를 본격적으로 다루었다는 점에서 시학 전공자에게는 일독할 만한 가치가 있다고 생각한다. 이 책을 계기로 시학의 기본 개념에 대한 논의가 더욱 활발해지기를 바란다.

2024년 봄
박현수

1. 범맥락화

I
시를 쓰는,
이 아랫층에서는 아낙네들이
계(契)를 모은다.
목이 마려워
물을 마시러 내려가는
층층대는 아홉칸.
열에 하나가 부족한,
발바닥으로
지상에 하강한다.

II
열에 하나가 부족한,
발바닥으로
생활을 질주한다.
달려도 달려도 열에
하나가 부족한
그것은
골인 없는 백열경주(白熱競走).

III
열에 하나 부족한
계단을 오르면
상층은
공기가 희박했다.

— 박목월, 「상하(上下)」 전문

1. 시적 상황의 특이성

우리가 '시'라고 부르는 작품들이 지닌 공통적인 특징은 학자들 간에 어느 정도 의견 일치가 이루어져 있다. 슐라퍼가 나열하고 있는 대로, 그것은 "짧은 길이, 운율, 시연, 현재형, 화려하고 이미지로 가득한 언어, '나'라고 일컫는 불특정한 주체, 그리고 정확하게 지칭할 수 없는 '너/당신'이란 것들"[1]로 정리할 수 있다. 이런 특성이 어떤 텍스트에 나타난다면 "전문가나 일반인 누구라도 서사적 장르나 드라마적 장르와는 구별되는 이 텍스트를 서정시라고 본다"(211)는 점에는 이견이 있을 수 없다.

슐라퍼가 제시한 이 특징들은 가장 직감적으로 파악할 수 있는 시적 표지 순서로 배열되어 있다. 이 중 유사한 특성을 묶어서 말하자면, 시행 발화 형식("짧은 길이", "운율", "시연"), 언어적 특징("현재형", "화려하고 이미지로 가득한 언어"), 시적 화자의 특징("'나'라고 일컫는 불특정한 주체") 등이다. 이것들은 지금까지 하나의 시학 개념으로 독립적으로 다루어져 왔으며, 이 책에서도 다소 새로운 관점에서 이 문제를 다룰 예정이다.

그런데 마지막 것("정확하게 지칭할 수 없는 '너/당신'이란 것들")은 아직 독립적으로 다루어진 바 없다. 이것은 시 속에 등장하는 '너'의 모호성을 지적한 것인데, 이는 '너'뿐 아니라 시 속에 등장하는 여러 대상이나 시적 시공간에 공통적으로 적용될 수 있는 특성이다. 시적 대상, 시공간 등을 아울러 '시적 상황'이라 부

---

[1] Heinz Schlaffer, 변학수 역, 『신들의 모국어』, 경북대학교출판부, 2014, 211쪽. 본서에서는 같은 책을 연속적으로 인용할 때에는 인용 쪽수만 표기한다.

르고, 이런 시적 상황의 모호성을 하나의 개념으로 설정하여 구체적으로 다루어 보고자 한다.

2. '범맥락화'의 의미와 성격

시는 실제적이고 구체적인 맥락과 독립된, 전혀 다른 상황을 형성하고 있다. 시를 주관성의 갈래라고 인정한다고 해도(필자는 이런 관점에 회의적이지만), 특수한 지명을 사용하고 있는 시에서조차 구체적 맥락을 읽어 내는 일은 그리 쉽지 않다. 다음 시를 예로 들어 보자.

> 애월(涯月)에선 취한 밤도 문장이다 팽나무 아래서 당신과 백년 동안 술잔을 기울이고 싶었다 서쪽을 보는 당신의 먼 눈 울음이라는 것 느리게 걸어보는 것 나는 썩은 귀 당신의 목소리가 들리지 않는다 애월에서 사랑은 비루해진다
>
> 애월이라 처음 소리 내어 부른 사람, 물가에 달을 끌어와 젖은 달빛 건져 올리고 소매가 젖었을 것이다 그가 빛나는 이마를 대던 계절은 높고 환했으리라 달빛과 달빛이 겹쳐지는 어금니같이 아려오는 검은 문장, 애월
>
> 나는 물가에 앉아 짐승처럼 달의 문장을 빠져나가는 중이다
> ― 서안나, 「애월 혹은」 전문

이 작품은 '애월(涯月)'이라는 지명을 사용하고 있다. 애월은 제주도 서쪽에 있는 아름다운 해변 마을, 특히 한담해변을 가리킨다. 그러나 이 작품에서 애월이 바닷가라는 사실조차도 유추하기 어렵다. 아마도 애월에 가 본 사람이라면 '검은 문장'이라는 말에서 해변을 둘러싸고 있는 검은 현무암을 떠올릴지도 모른다. 그러나 일반적으로 이 작품에서 애월에 대한 구체적인 풍경을 떠올리는 것은 불가능하다. 그뿐 아니라 '나'와 '당신' 그리고 '그'의 정체도 전혀 알 수 없다. 첫 연에서 '나'라는 시적 화자가 '당신'과 함께 있는지 아니면 홀로 '당신'과 관련된 옛날 추억을 떠올리고 있는지도 분명하게 파악하기 힘들다. 그래서 이 작품에서 애월을 '어느 바닷가 마을'로, '팽나무'를 그냥 '나무'로 바꾸거나, 심지어 '서쪽'을 '동쪽'으로 바꾼다 해도 시의 내용은 크게 달라지지 않을 것이다. 또한 '나'와 '그'를 일반적인 다른 인물로 바꾼다고 해도 마찬가지일 것이다. 시적 상황이 외적 맥락으로부터 완전히 배제되어 있기 때문이다. 이것은 일상 담화에서는 전혀 이루어지지 않는, 금기시되는 발화 방식이다. 그럼에도 시에서 이와 같은 시공간 및 인물 제시는 아주 흔하고도 자연스럽게 나타나고 있다.

 시의 이런 특성을 '범맥락화(pan-contextualization)'라 부를 수 있다. 이는 시의 기본적인 특징으로, 시 속의 사건이나 인물, 시공간 등의 시적 상황을 구체적인 맥락으로부터 떼어내어, 즉 '탈맥락화(de-contextualization)' 하여 어떤 경우에도 적용 가능한 보편화된 상태로 변화시키는 방식을 가리킨다. 일차적 단계로서 '탈맥락화'는 시의 내용 요소가 어느 특정 상황에 구속된 상태로부터 탈피한 경우로서 아직 미완의 상태에 불과하다. 구체적인 맥락을 벗어났다고 하여 그것이 바로 보편적인 상태가 되었다고 할 수 없기 때문이다. 그래서 탈맥락화 이후 그 자체로 하나의 완결된 발화로 완료될 수 있게 하는 보편화 과정이 필요한데, 그것을 '맥락 재조정' 과정이라 할 수 있다. 범맥락화는 '탈맥락'과 '맥락 재조정'이라는 이 두 과정을 합쳐서 부르는 명칭이다.

범맥락화를 이해하는 데 김소월의 「초혼」의 개작 과정만큼 좋은 예가 없다. 김소월은 「초혼」(1925. 12)을 발표하기 1년 정도 전에, 그 원형이 되는 작품 「옛님을 따라가다가 꿈 깨여 탄식함이라」(1925. 1)라는 작품을 발표하였다. 두 작품을 비교하며 범맥락화의 문제를 다루어 보자.

　(가) 붉은 해 서산 우에 걸리우고
　　　뿔 못 영근 사슴이의 무리는 슬피울 때,
　　　둘러보면 떨어져 앉은 산과 거츠른 들이
　　　차례 없이 어우러진 외따롭은 길을
　　　나는 홀로 아득이며 걸었노라,
　　　불서럽게도 모신 그 여자의 사당(祠堂)에
　　　늘 한 자루 촉(燭)불이 타붙으므로.

　　　우둑키 서서 내가 볼 때,
　　　몰아가는 말은 워낭소리 댕그랑거리며
　　　당주홍칠에 남견(藍絹)의 휘장을 달고
　　　얼른얼른 지나든 가마 한 채.

지금이라도 이름 불러 찾을 수 있었으면!
어느 때나 심중에 남아 있는 한마디 말을
사람은 마저 하지 못 하는 것을.

오오 내 집의 헐어진 문루(門樓) 우에
자리 잡고 앉았는 그 여자의
화상(畵像)은 나의 가슴 속에서 물조차 날것마는!
오히려 나는 울고 있노라
생각은 꿈뿐을 지어 주나니.
바람이 나뭇가지를 스치고 가면
나도 바람결에 부쳐 바리고 말았으면.
　　― 김소월, 「옛님을 따라가다가 꿈 깨여 탄식함이라」 전문

(나) 산산이 부서진 이름이어!
허공중에 헤어진 이름이어!
불러도 주인 없는 이름이어!
부르다가 내가 죽을 이름이어!

심중에 남아 있는 말 한마디는
끝끝내 마저 하지 못 하였구나.
사랑하든 그 사람이어!
사랑하든 그 사람이어!

붉은 해는 서산마루에 걸리었다.

사슴의 무리도 슬피 운다.
떨어져 나가 앉은 산 우에서
나는 그대의 이름을 부르노라

설움에 겹도록 부르노라.
설움에 겹도록 부르노라.
부르는 소리는 빗겨 가지만
하늘과 땅 사이가 너무 넓구나.

선 채로 이 자리에 돌이 되어도
부르다가 내가 죽을 이름이여!
사랑하던 그 사람이여!
사랑하던 그 사람이여!

— 김소월, 「초혼」 전문

  (가)는 (나)의 원형 혹은 초고로 평가되는 시로서, 김소월은 (가)를 먼저 발표하고 이것을 (나)처럼 완전히 새롭게 수정하여 자신의 시집에 실었다. (가)는 어느 정도 시적 상황을 짐작할 수 있는 구체적인 맥락을 중심으로 시를 전개하고 있다. 이 시에서 파악할 수 있는 구체적인 상황은 시적 화자 '나'가 어떤 사연을 지닌 '그 여자' 때문에 슬픔과 외로움을 느끼고 있다는 것이다. 그 여자는 누구일까. 그녀는 "당주홍칠(唐朱紅漆)에 남견(藍絹)의 휘장을 달고" 있는 가마를 타고 시집가던 여인으로서,[2] 어떤 이

---

2. 이때의 '가마'는 혼례 때 신부가 타는 가마로 해석한다. 다음 해설이 이 작품

유에서인지 일찍 세상을 떠났고, 죽은 이후에는 사당에 모셔질 정도로 가족이나 그 이상 단위의 공동체에서 어떤 의미를 지닌 여성으로 추정된다. 또한 시적 화자가 자신의 집 문 위에 그녀의 화상을 걸어둘 정도로 그녀는 그리움과 흠모의 대상이기도 하다. 이처럼 이 시는 미적인 완결성보다는 '그 여자'라는 경험적이고 특수한 개인의 제시에 모든 표현을 소비하고 있다. 전체적으로 설명적이고 서사적인 전개, 정리되지 않은 내용, 호소력 약한 표현, 초점이 없는 정서 등으로 이 작품은 그다지 높은 평가를 받지 못하고 있다.

이에 비하여 (나)는 화자의 강렬한 정서에 초점을 맞추어 그대에 대한 그리움과 안타까움을 호소력 강하면서도 절제된 어조로 표현하고 있다. 서사적 요소가 완전히 제거되고 오로지 대상을 향한 화자의 고조된 감정에만 시의 무게가 놓여 있다. 고조된 감정만을 표현할 때 시가 흔히 범하는 지루함이 여기에는 없다. "이름이여!", "그 사람이여!"와 같은 호명이 시의 전체에 반복되고 있지만, 이런 반복이 세련된 위치에 적절하게 놓임으로써 언어의 낭비로 떨어지지 않고 감정의 점진적인 고조를 끌어내고

의 구체적 장면을 구성하는 데 도움이 된다. "소월은 이 시에서 사랑하면서도 진정한 사랑을 나누지 못한 채 안타까운 세월을 보내는 사이 어느덧 봉건의 악습에 강요되어 마음없는 시집을 가게 되는 애인을 곁에서 바라보는 광경과 시집 간 뒤 얼마 지나 마음의 고통과 험악한 세월 탓에 일찍 죽은 몸이 되어 사당의 한 자루 초불과 함께 남게 된 사연, 그것으로 하여 심중에 남아있는 한마디 말조차 하지 못한 한을 품고 잊혀지지 않는 련인의 모습을 꿈속에 그리며 통분한 체험속에 모대기는 것 같은 일련의 장면들을 시적인 화폭으로 전개시켜 보여주고 있다." 리동수, 「향토애를 구가한 민요풍의 시가와 김소월의 시」, 권영민 편, 『평양에 핀 진달래꽃』, 통일문학, 2002, 283쪽.

있다. 이 때문에 이 시는 김소월의 최고의 작품이자, 한국 현대시의 절정에 이른 작품으로 평가받고 있다.

이 두 작품을 비교할 때 누구나 (가)보다 (나)를 더 높이 평가한다. (가)는 "「초혼」에 이르는 중간단계"[3]에 불과한, 일종의 「초혼」의 참조점으로서만 그 가치를 인정받고 있다. 즉 (가)는 (나)를 이해하기 위한 일종의 자료로서만 가치를 지니고 있지, 그 자체로 독립된 작품으로 인정받지는 못한다는 것이다. 어느 정도의 시적 소양만 있어도 공감할 수밖에 없는 이런 평가의 바탕이 된 그 차이는 무엇일까. 그것은 다음과 같은 평가에 잘 요약되어 있다.

> 「옛님을 따라 가다가 꿈깨여 탄식함이라」에 있어서는 신변 세태적이며 서사적인 요소들이 많이 도입되고 있다고 하면 「초혼」에 있어서는 그러한 서사적 요소들을 제거하고 사상과 시적 체험을 고도의 애국적 정열의 도가니 속에로 확대 심화하였으며 그것을 훌륭히 압축하고 순화하면서 직접적인 호소와 절절한 고백의 형식으로 표현하였다.[4]

이런 평가에 따르면 (가)의 가장 비시적(非詩的)인 점은 "신변 세태적이며 서사적인 요소들이 많이 도입"된 사실에 있다. '신변 세태적'이라는 것은 시인의 특수하고 사적인 체험에 의존한다는 뜻이며, '서사적'이라는 것은 사건의 전개에 초점을 맞춘다는 뜻이다. 이는 시 갈래보다는 서사 갈래에 어울리는 특성이다. (나)

---

3. 김윤식, 『한국근대문학사상비판』, 일지사, 1978, 152쪽.
4. 안함광, 「김소월」; 권영민 편, 앞의 책, 157쪽.

는 이런 요소를 제거하고, 일관된 정서를 바탕으로 내용과 형식의 재조정을 수행하였다. 이때 '신변 세태적이며 서사적인 요소들'을 제거한 작업이 '탈맥락화'라고 할 수 있고, 그 다음에 '내용과 형식의 재조정'을 거쳐 한 편의 완결된 작품으로 구성한 예술적 과정을 '맥락 재조정'이라 할 수 있다. 「초혼」은 이런 범맥락화 과정을 거쳐 (가)의 특수한 상황에서 벗어나 보편성을 획득한 명시가 된 것이다.

이처럼 이 개작 과정의 핵심은 범맥락화에 있다. 이 범맥락화의 구체적 내용은 제목의 변화로 잘 요약된다. 「옛님을 따라가다가 꿈 깨여 탄식함이라」와 「초혼」. 전자가 '옛님'(혹은 '그 여자')이 처한 특정한 시공간에서 얻은 특수한 경험을 반영하고 있다면, 후자는 '초혼', 죽은 사람의 영혼을 부른다는 일반적인 상황을 다루고 있다. '초혼'은 개인사적 참조점을 완전하게 제거한, 동양 유교 문화권의 유구한 문화적 양식이기 때문이다.[5] 전자가 시적 화자와 특수한 관계에 놓인 어떤 특수한 개인('옛님', 혹은 '그 여자')에 대한 파편적인 기억을 담은 불완전한 개인적 기록물을 환기한다면, 후자는 죽음으로 이별한 그리운 존재를 호명하는, 품격 있는 슬픔과 호소력을 갖추고 있는 보편적 양식을 떠올리게 한다. 따라서 일상적 맥락에 불완전하게 놓인 특수한 개인과 상황이, 탈맥락화를 통하여 특수성을 탈각하고 맥락 재조정을 통해 보편적 양식에 어울리는 존재와 상황으로 격상된 것이다. 이처럼 「초혼」의 개작 과정은 범맥락화의 구체적 면모를

---

5. 김윤식은 「초혼」을 동양의 장례 의식 중 죽은 이의 혼을 부르는 고복(皐復) 의식과 연계시켜 이해한다. 김윤식, 앞의 책, 143-153쪽.

잘 파악하게 해 준다는 점에서 주목할 만하다.

  여기에 덧붙여 범맥락화가 수용의 측면에서 무한한 가능성을 열어 놓는다는 사실도 덧붙여야 할 것이다. 시가 특수한 맥락으로부터 이탈하여 보편적인 성격을 지니고 있기에, 해석의 측면에서는 다양한 해석을 가능하게 하고, 시의 적용에 있어서는 어떠한 상황(실생활이나 사회 정치적 상황 등등)에라도 그 시(혹은 일부 구절)를 적절하게 응용할 수 있게 한다. 아마도 가장 기본적인 수용의 방식이 시적 화자 '나'를 독자 자신과 동일시하는 경우일 것이다. 이런 동일시가 가능해지기 위해서는 무엇보다도 시적 화자와 독자의 이질성이 소멸되어야 한다. 즉 시적 화자가 독자의 경우와 명확히 구별되는, 이질적인 맥락에 묶인 특수한 성격을 지녀서는 안 된다는 것이다. 범맥락화는 이 특수성을 삭제하여 독자의 수용이 무제한적으로 가능하게 하는 길을 터 준다. 가령 소설의 일부 구절을 독자가 수용하는 경우와 비교해 보면 차이가 명백해진다.

> 오데트는 스완에게 '그의 차를' 따라 주며 물었다. "레몬 아니면 크림?" 그래서 스완이 "크림."이라고 대답하면 그녀는 "구름 한 점만큼!" 하고 말하며 웃었다. (…) 그리고 한 시간 후에는 오데트에게서 편지를 받았는데 그는 그 큼직한 글씨를 곧 알아보았다. (…) 스완은 오데트의 집에 담배 케이스를 놓고 왔다. "왜 당신 마음도 두고 가지 않으셨나요. 마음이라면 돌려드리지 않았을 텐데."[6]

---

6. Marcel Proust, 김희영 옮김, 『잃어버린 시간을 찾아서 2』, 민음사, 2012, 67쪽.

인용문은 소설의 한 부분으로서, 남자 주인공 스완과 그를 유혹하는 여성 오데트의 연애 중에 발생한 일화를 다루고 있다. 스완이 오데트의 집에서 차를 마시며 담소를 즐기다가 담배 케이스를 두고 왔는데, 오데트가 이를 발견하고 한 시간 뒤에 스완에게 인상적인 구절을 담은 편지를 보낸다. 편지의 인용 부분("왜 당신 마음도 두고 가지 않으셨나요. 마음이라면 돌려드리지 않았을 텐데.")은 그 자체로 시적이다. 그러나 독자는 소설의 맥락을 유지한 채 이 구절을 자신의 상황에 어울리게 수용할 수 없다. 스완과 오데트가 관여하는 특수한 서사 맥락(이른바 '줄거리'라고 하는) 속에 이 편지가 놓여 있기 때문이다.

　만일 독자가 이 구절을 자신의 상황에 맞게 수용하였다면, 그것은 애초의 서사적 맥락으로부터 거리를 두는 어떤 조정을 실행하였음을 의미한다. 그 조정이란 발신자로서의 오데트와 수신자로서의 스완이라는 구체적인 인물을 배제하고, 그 둘이 처한 특수한 연애 상황과 그 연애가 이루어지는 구체적인 시공간을 제거하는 일이다. 그 결과 편지의 발화가 시의 경우와 유사하게 되어, 비로소 화자와 독자의 동일시가 가능해지게 된다. 또한 해석의 가능성도 엄청나게 확장되어 단순히 어떤 물건을 잊어버린 경우뿐 아니라, 고의적으로 쓰레기를 버린 경우에도 반어적으로 사용할 수 있을 것이다. 이처럼 범맥락화는 수용의 측면에서도 주목해야 할 중요한 시적 특성이라 할 수 있다.

　범맥락화가 지닌 이런 수용의 측면 때문에 「초혼」을 다양한 관점에서 이해할 가능성이 마련된다. 당연히 '나-너(그대)' 관계는 연인의 보편적인 발화 상황으로 바로 수용할 수 있다. 그뿐 아니라 이 관계는 '나-국가'의 관계로도 쉽게 전환할 수 있게 된다. 「초혼」의 "사랑하던 그 사람"을 "과거 무너져버린 우리의 조국 조선"으로 읽으며, 이 작품을 "피압박민족의 운명감이요 피치 못할 현실에의 당면"을 강조한 작품으로 평가한 경우가 좋은 예가 된다.[7] 만일 '옛님'이라는 특수한 대상이 「초혼」에서도 그대로 유지되고 있다면, 이 시가 연애시를 넘어서서 시대 현실까지도 포괄하는 작품으로 평가되지는 않았을 것이다. 이전 시에서 그녀는 시대 현실과 무관한 개인사적 공간에 철저하게 갇힌 존재일 뿐이었기 때문이다. 범맥락화의 위력을 여기에서 확인할 수 있다.

3. '범맥락화'의 개념사적 이해

필자가 과문해서인지 모르겠으나, 범맥락화라 불리는 시적 특성을 시학의 독립적인 개념으로 다룬 사람은 없다. 유사한 특성을 지적한 것이 있긴 한데, 조너선 컬러의 상황 지시(deixis)[8] 관련 논의가 그것이다. 그는 시의 특징을 시적 언어 같은 시의 내

---

7. 오장환, 「조선시에 있어서의 상징 — 소월시의 「초혼」을 중심으로」, 『신천지』, 1947. 1; 박수연 외 편, 『오장환전집 2 산문』, 솔, 2018, 117-119쪽.
8. 사전적으로 "문맥상 단어가 사용된 맥락, 시간, 공간, 청자와 화자 따위의 발화 상황을 고려해야만 의미 파악이 되는 지시 표현"으로 정의되는 이 말은 직접 가리킴, 상황 지시, 대화 지시, 지시 체계, 가리킴 말 등으로, 국어학에서는 주로 '직시(直示)'로 번역됐다. 여기에서는 '상황 지시'라는 용어를 사용한다.

재적 요소에서 찾는 것을 거부하고, 그 대신에 시가 독자에게 부과하는 '독법의 타이프(attitude de lecture)', 혹은 '관례적 예상(conventional expectation)'을 제시하였다. 즉 어떤 작품을 시로 인식시키는 것은 시의 형식적, 내용적 특성이 아니라, 독자들이 기대하는 일종의 관례라는 것이다. 그는 네 가지 관례를 제시하는데,[9] 그중 우리의 주제와 관련하여 '거리와 상황 지시(distance and deixis)'에 주목할 필요가 있다. '거리와 비개인성'이라는 개념으로 대체되기도 하는 이 관례는 시 작품을 발화의 실제 상황으로부터 유리시키고, 일상적 소통 회로에서 분리시키는 몰개성화 혹은 비개인화의 관례를 말한다.

컬러는 편지와 시의 성격을 대조하며 이 문제를 풀어 나간다. 편지는 "소통회로 속에 명기되어 있고 외면상의 문맥에 의존"(205)한다. 즉 편지는 특수한 상황이나 특정한 시간 속에서 작성되었으며, 발신자('나')와 수신자('너')는 구체적인 시공 속에 존재하는 경험적 개인을 전제로 한다. 그래서 편지를 읽는 행위는 "그것을 특정한 시간적·개인적 행위로서 읽을 수 있는 문맥을 끌어내는 일"(205)이 된다. 즉 편지를 읽을 때는 그 편지가 작성된 구체적 시공간과 그 속의 구체적인 경험적 개인을 복원하는 것이 우선적이라는 것이다.

이와 달리 시를 읽을 때, 독자는 그 시 속에서 발화의 실제 상

---

9. 이 네 가지 관례는 '거리와 상황 지시(distance and deixis)', '유기적 전일체(organic wholes)', '주제와 현현(theme and epiphany)', '저항과 만회(resistance and recuperation)'이다. Jonathan Culler, 「시의 시학」, 박철희·김시태 편, 『문학의 이론과 방법』, 이우출판사, 1984, 204쪽.

황과 거리를 두면서 그 자체의 메시지와 표현에 주목한다. 즉 시라고 판단한 순간, 시 속에서만 작용하는 상황 지시의 관례에 맞춰 의식을 조율하는 것이다. 그는 벤 존슨의 시 「나의 첫딸에 대하여」를 예로 들어 설명한다.

> 여기 그녀의 부모에게 있어서 슬픔이 누워 있다,
> 그들의 젊은 날의 딸인, 메어리가

 이 시는 장소를 나타내는 상황 지시어 '여기'로 시작한다. 그러나 이 시에서 '여기'라는 상황 지시어는 구체적인 공간적 위치를 가리키는 게 아니라 하나의 대상, 즉 무덤을 가리킨다. 이를 아는 순간 우리는 이것이 일상적인 발화가 아니라는 것을 직감하고 실제 상황이 아니라 시적 상황에 주목하게 된다. 시를 일상적인 발화와 다른 것으로 인식하게 하는 이런 상황 지시의 방식이 한 작품을 시로 인식하게 한다는 것이다. 만일 이 구절이 편지에 사용되었다면 구체적인 공간과 사건이 '여기'의 기의를 명확하게 채우는 방향으로 서술되었을 것이다. 비록 편지 속에 그곳이 특칭 되지 않을지라도, 그것은 모호함을 겨냥한 의도적인 설정이 아니라 발신자와 수신자 모두에게 공유된 정보이기 때문에 자연스럽게 생략된 것일 가능성이 크다. 그래서 맥락의 복원은 그다지 어려운 일이 아니다. 그러나 시에 있어서 그 맥락은 쉽게 복원되지 않는다. 시는 오히려 실제 상황이라는 그 맥락과 거리를 두고, 시적 상황에 몰입할 것을 요구한다. 시의 시공간은 일상적이고 구체적인 맥락과 단절함으로써 비로소 존립하는 자율적 체계이기 때문이다.

슐라퍼도 근대시의 특성을 논하면서 상황 지시의 모호함에 대해 간단히 언급한 바 있다. 그는 뫼리케의 시 구절, "나 여기 봄의 언덕에 누워"의 '여기'라는 말의 허구성을 지적하고 있다. 그는 이 시에서 "'여기'라는 말은 시의 독자들에게는 도처이자 동시에 아무 곳도 아니"[10]라고 말한다. 일상적인 표현에서는 구체적인 맥락을 지닌 지시대명사가 시에 와서는 그런 맥락에서 벗어나 비유적인 것, 더 나아가 '허구적인 것'으로조차 변모한다는 지적이다.

컬러나 슐라퍼의 논의는 상황 지시에 초점을 맞추어 범맥락화를 설명한 경우라 할 수 있다. 그러나 이들 논의는 상황 지시로 그 범위를 국한하였다는 점에서 분명한 한계를 지닌다. 시에서는 다양한 형태의 지시어뿐 아니라 구체적인 시공간을 가리키는 명사마저도 범맥락화된다는 사실을 특기할 필요가 있기 때문이다. 앞서 서안나 시에서 본 것처럼 '서쪽', '팽나무' 등과 같은 명사뿐 아니라 '애월' 같은 고유명사도 사실상 구체적인 맥락을 상실한다. 이는 상황 지시라는 용어로 포괄할 수 없다. 그래서 '범맥락화'라는 독립된 개념이 필요한 것이다.

필자는 이런 범맥락화가 시간의 흐름과 무관하게 시라는 갈래 자체의 고유한 특성이라 판단한다. 그런데 슐라퍼는 이것('시적 맥락의 모호함')이 고대와 달리 문자 기록이 가능한 시대, 특히 근대에 들어 강화된 현상으로 파악하고 있다. "오직 자기들만을 위해 부

---

10. Heinz Schlaffer, 변학수 역, 『시와 인식』, 문학과지성사, 1992, 70쪽.

른 시를 듣는 어느 일정한 집단"[11]의 구성원들을 대상으로 구체적인 상황 속에서 시를 창작하던 초기 그리스 시인들과는 달리, 가상의 독자를 전제로 시를 창작하는 현대 시인들의 시에는 '시적 맥락의 모호함'이 기본적인 양식으로 존재하게 되었다는 것이다. 그러나 다음 고대의 시가를 살펴보면 이런 판단은 재고할 필요가 있다.

> 동경(東京) 밝은 달에
> 밤들이 노니다가
> 들어 자리를 보니
> 다리가 넷이러라.
> 둘은 내해였고
> 둘은 누구핸고.
> 본디 내해다마는
> 빼앗은 것을 어찌하리오.
>
> ― 처용, 「처용가」(김완진 해독)

고대에 창작된 이 작품에서 '동경(東京)', 즉 신라의 수도 '경주(慶州)'라는 지명이 밝혀져 있기는 하지만, 중요 사건이 벌어지는 구체적인 시공간이나 등장인물의 정체는 불확실하다. 이 시는 시적 화자가 밤늦도록 놀다가 귀가하여 아내가 낯선 사람과 동

---

11. Heinz Schlaffer, 위의 책, 69쪽. 슐라퍼는 더 구체적으로 "인쇄의 시대에 시인은 처음부터 자기 시의 유통에 더 신경 쓰기 때문에 시의 내용을 알지 못하는 독자가 이해하는 데 어려움을 겪지 않도록 장소, 사람, 상황에 관한 내용들은 피한다."(214)고 밝힌다.

침하고 있는 장면을 목격한 극적인 상황을 다루고 있다. 그러나 이 작품만으로 낯선 사람의 정체에 대해서는 알 수 없으며, 그런 사건이 벌어지게 된 구체적 정황도 짐작하기 어렵다. 즉 고대의 시에서도 시 자체에는 외부적 맥락과의 연속성이 뚜렷하게 존재하지 않음을 확인할 수 있다.

우리가 위 작품의 창작자가 '처용(處容)'이고, 동침하고 있는 두 사람 중 하나가 처용의 아내이며 다른 하나가 '역신(疫神)'이라는 사실, 그리고 미모가 뛰어난 처용의 아내를 흠모한 역신이 사람으로 변신하여 동침하였다는 구체적 정황은 '배경 설화'라고 하는 보충 설명을 통해 알 수 있을 뿐이다. 바로 이 '배경 설화'의 존재 자체가 고대 시가의 범맥락화를 보여 주는 중요한 증거가 된다. 배경 설화는 시에서 제거된 구체적인 외적 맥락의 흔적이자, 시 작품의 구체적 존재 양상을 파악하는 데 도움을 주는 '재맥락화'의 바탕이기 때문이다. 이는 김소월의 「초혼」이전 작품에서 삭제되었던 "신변 세태적이며 서사적인 요소들"의 통합체로서, 범맥락화를 통해 사라진 것이다. 그래서 배경 설화를 읽는 일은 시에서 제거된 외적 맥락이 무엇인지 확인하는 일이 된다.

이런 외적 맥락의 제거는 고대에 친숙한 독자(혹은 청자)를 앞에 두고 시를 창작하였건, 근대에 들어 가상의 독자를 상상하며 제작하였건 간에 그 성격은 달라지지 않는다. 어떤 경우에서건 시는 구체적인 외적 맥락을 작품 속에 세세하게 끌어들이지 않는다. 따라서 이런 특성에 주목하여 시를 정의하자면, '시는 외적 맥락을 작품으로부터 떼어내어 작품 외부의 배경 설화로 소외시킨 채 구성하는 특수한 발화 형식'이라 할 수 있다. 이는 고대 시가에서도 현대시에서도 변하지 않는 일종의 항수(恒數)인 것이다.

4. 범맥락화 개념 설정의 효과

범맥락화의 측면에서 보게 되면 기존의 시학적 문제를 새로운 관점에서 성찰할 수 있는 효과도 부수적으로 얻을 수 있다. 여러 가지 효과를 예상할 수 있지만, 여기에서는 그중 '폐쇄성'과 '주관성'의 문제만을 다루고자 한다.

먼저 폐쇄성이란 시적 세계가 그 자체로 완결되어 있어 현실 세계와의 구체적 교섭이 불가능함을 가리키는 특성이다. 시의 세계는 "본질적으로 폐쇄되어 있어 그 자체로서 완결되어 있으며 언어의 원망이나 우연의 순수한 조작임에 반하여, 소설의 세계는 가령 환상소설이라 할지라도 현실 세계에 긴밀히 결부되어 있다."[12]는 발레리의 언급이 대표적인 예라 할 수 있다. 즉 시의 시공간이 외부 현실과 절연된 채 완결되고 자율적 세계로 존재하는 특징을 지니고 있어서, 시에서 현실 문제를 읽어 낼 수 없다는 것이다. 시에서 사실주의를 상당히 회의적으로 다루는 것도 이 때문이다.[13] 그리고 이런 특성은, 발레리의 언급에 이미 암

---

12. 유종호, 「비순수의 선언」, 『비순수의 선언 ─ 유종호전집 1』, 민음사, 1995, 60쪽에서 재인용. 발레리 발언의 출처는 밝혀져 있지 않다.
13. 이에 대해서는 『프린스턴시학사전』에 실린 M. 윙클러(Winkler)의 '리얼리

시된 것처럼, 시적 언어의 특수성에서 비롯된 것으로 평가된다. 시와 사회성의 관계를 따지는 옌첸스베르거의 논의도 이런 관점의 연장선상에 있다.

> 다행히도 마르크스도 루카치도 시에 대해서는 언급하지 않았다. 그로써 우리가 어떤 수고를 덜 수 있게 되었는지는 오직 추측할 수 있을 따름이다. 즉 정통 문학사회학이 줄거리를 매개로 하여 하나의 소설이나 희곡의 핵심부 속으로 반쯤은 들어가 볼 수 있는 반면에 시는 처음부터 그러한 접근을 허용하지 않는다. 언어를 통한 접근 이외의 다른 접근은 불가능한 것이다. 루카치가 시를 무시하는 것도 그 때문이다.[14]

이에 따르면 문학사회학의 방법론이 시에 아무 소용이 없는 까닭은 시적 언어의 특수성 때문이다. '줄거리', 즉 작품 외적인 맥락을 매개하는 사건을 다루지 않고 언어 자체의 존재론적 성격에만 주목하는 시적 언어의 특성 때문에 문학사회학에서 시는 예외적인 존재가 될 수밖에 없다는 것이다. 이런 관점은 사르트르나 바흐친도 공유하고 있다. 사르트르는 시의 언어를 '존재의 언어'로 규정하여 시와 앙가주망과의 관계를 부정한다. 그는 "시인은 독자를 인간 조건의 피안으로 옮겨 놓고, 말하자면 신의 입

즘' 설명 참조. M. Winkler, 'Realism', *The Princeton Encyclopedia of Poetry and Poetics*: Fourth Edition, edited by Stephen Cushman, et al., Princeton University Press, 2012.
14. Hans Magnus Enzensberger, 「시와 정치」, 정현종 외 편, 『시의 이해』, 민음사, 1983, 387쪽.

장에서 언어를 거꾸로 보도록 종용하는 이상, 어떻게 독자의 분노나 정치적 정열을 부추길 수 있겠는가?"[15]라고 반문한다. 또한 바흐친은 시적 언어의 세계를 "그 외부에서는 다른 아무것도 존재하지 않고 필요하지도 않은 프톨레마이오스적 일원론의 세계"[16]라고 한 바 있다.

그러나 폐쇄성의 원인을 시적 언어의 특수성에서 찾는 논의는 제대로 검증되지 않고 답습되어 온 일종의 잘못된 관행에 지나지 않는다. 이런 관행은 두 가지 면에서 문제가 있다. 먼저, 시적 언어에 특권적인 지위를 주어 고정적인 성격을 부여하는 것 자체의 문제이다. 갈래만의 특수한 언어가 존재한다는 생각은 다른 문학 갈래의 언어와 비교해 볼 때 지극히 부자연스럽다. 다음으로 폐쇄성과 시적 언어의 관계에 있어서 잘못 설정된 인과관계의 문제이다. 폐쇄성은 시적 언어의 결과가 아니라 원인에 가깝다고 할 수 있다.

이런 잘못된 관행을 수정하는 데 범맥락화라는 개념이 도움이 된다. 시의 폐쇄성과 시적 언어의 특수성은 모두 이런 특성으로부터 발생하였기 때문이다. 시의 폐쇄성은 범맥락화 때문에 사라진 현실의 구체성과 관련이 있다. 앞의 고대 시가에서 보았듯이, 배경 설화로 사라진 구체적 맥락 말이다. 이런 구체적 상황의 소멸이 시 작품을 외부 현실과 무관한 자율적 체계로 보이도록 한 것이다. 또한 시적 언어의 특수성도 범맥락화의 결과일 뿐

---

15. Jean Paul Sartre, 정명환 역, 『문학이란 무엇인가』, 민음사, 1998, 26쪽.
16. Mikhail Bakhtin, 전승희 외 역, 『장편소설과 민중언어』, 창작과비평사, 1988, 95쪽.

이다. 시가 현실의 구체적인 맥락으로부터 이탈하여 자율적 상태로 존재하기 때문에, 시적 대상이나 주체의 성격처럼 언어도 그에 적합한 속성을 지녔을 뿐이다. 구체적 사건이나 배경, 주체 등이 삭제된 내용을 다루다 보니 언어 역시 현실적 맥락과 무관한 자기 목적적인 상태가 될 수밖에 없었던 것이다.

따라서 폐쇄성, 다른 말로 하자면 시와 현실의 문제, 즉 시적 사실주의를 제대로 다루기 위해서는 시적 언어의 속성을 특화하지 말고 범맥락화라는 특성을 재검토하는 데서부터 시작하는 것이 바람직할 것이다. 이 속성 때문에 삭제된 현실적 맥락을 시에서 어떻게 복구하느냐, 아니면 범맥락화 자체에 현실적 요소가 어떤 방식으로 내재하는가 하는 근원적인 문제에 대해 깊이 통찰한다면 시와 현실의 관계를 새로운 차원에서 다룰 수 있을 것이다.

어떻게 보면 범맥락화 때문에 시와 현실의 관계가 무제한적으로 열려 있는 셈이라 볼 수도 있다. 범맥락화는 독자로 하여금 끊임없이 '재맥락화'의 욕망을 부추긴다. 앞서 다룬 김소월의 「초혼」을 식민지하의 조국 상실의 슬픔과 연계시키려는 시도나, 백석의 「나와 나타샤와 흰 당나귀」의 '나'와 '나타샤'를 시인과 특정한 여인('자야 여사'로 지칭되는)을 가리키는 것으로 읽으려는 노력이 그 예이다. 범맥락화는 재맥락화의 다양한 가능성을 열어놓는다. 이는 사후적 의미 부여에만 해당하는 것이 아니라 시인의 생산 시점에도 관여한다고 볼 수 있다. 김소월이 이전의 작품을 「초혼」으로 개작할 때 그것을 추동한 원인을 현실 인식과 관련된 것, 즉 개인의 특수한 감정을 넘어서서 당대의 공동체가 공유하고 있는 슬픔으로 추정하는 경우가 하나의 예가 될 수 있다. 지극히 사적인 슬픔으로 만족하였다면 개작 이전의 작품으로도 그 목적이 충족되었을 것이며, 개작으로 주로 바뀐 것이 슬픔의 질이라는 점에서 이것은 단순한 추정에 그치지 않는다. 이처럼 범맥락화는 시적 언어 자체를 특수한 것으로 다루어 온 관점을 성찰하게 하며, 시와 현실의 관련성을 봉쇄한 기존 논의도 근본적으로 재검토하게 만드는 데 유용한 토대를 마련해 준다고 할 수 있다.

다음으로 범맥락화는 주관성의 문제도 다시 보게 만든다. 시를 주관성의 갈래로 규정한 것은 헤겔이다. 그에 따르면 서사시는 현실을 객관적으로 제시하는 객관성의 갈래이며, 서정시는 "그 내용은 주관적이며, 내면세계, 관찰하고 느끼는 심정은 행동으로 나아가지 않고 오히려 내면적인 자아 속에 머무르면서 주체가 스스로 표현하는 것을 유일한 형태이자 궁극적인 목표로 삼"[17]는 주관성의 갈래이다. 극시는 서정시의 주관성과 서사시의 객관성을 종합한 갈래로서, 주관적인 감정을 행위로 외화시키는 시적 유형이다. 주관과 객관이라는 기준으로 3대 갈래를 분할하는 도식 속에 시(서정시)에 할당된 주관성은 시인과 시적 화자의 동일성을 전제로 삼고 있다. 즉 시의 내용은 시인의 체험을 표현한 것이 된다.

그러나 헤겔이 제시한 주관성이란 것은 시가 주체(시인)의 정체성을 확고하게 반영한 결과로 나온 특성이라 하기 어렵다. 오히려 시가 기본적으로 범맥락화되어 구체적 시공간이 소멸하였

---

17. G. W. F. Hegel, 두행숙 역, 『헤겔의 미학강의 3』, 은행나무, 2010, 676쪽.

기 때문에 발생하고 강화된 사후적 현상으로 보는 것이 자연스럽다. 대상과 사건이 놓일 구체적 시공간이 사라졌기에 남은 것은 시적 화자의 개인적이고 주관적인 관점뿐이다. 객관성이 모호해지면서 상대적으로 주관성이 강렬하게 등장할 수 있었던 것이다. 이는 결국 주관성이 범맥락화로부터 파생된 특성임을 확인해 주는 사례라 할 수 있다.

그런데 범맥락화의 관점에서 보게 되면 이때 주관성의 성격이 모호해진다. 시공간의 구체성과 함께 시적 '나'의 특수성도 사라져 버린 상태에서 시인의 주관성이라는 것이 과연 온전한 가치를 지닐 수 있을지 확신할 수 없기 때문이다. 범맥락화된 주관성은 이미 주체의 특수성이 소멸한 상태이다. 슐라퍼가 시에서 상황지시어 '여기'가 비유적, 허구적 성격을 지닌다고 하였는데, 시적 주체도 이런 상태에서 벗어날 수 없다. 주체의 특수성, 개성을 지니지 않는다고 한다면 주관성은 전통적인 의미의 정체성을 상실할 수밖에 없다. 시적 주체의 이런 상태에 주목한 학자가 랭거이다. 그녀는 서정시에서 "말하는 사람이나 듣는 사람이 모두 현실적 인간존재, 곧 작가나 독자가 아니라는 사실"에 주목하여 시의 '나'를 "몰개성적 주관성(impersonal subjectivity)"[18] 혹은 "가상적 주관성(virtual subjectivity)"(230)으로 규정한다. 시를 미적 가상의 갈래로 인식한다면 주관성 역시 가상적일 수밖에 없을 것이다.[19] (니체 역시 다른 의미에서 "근대의 미학자가 말하는 의미의 서정시

---

18. Susanne K. Langer, 이승훈 역, 『예술이란 무엇인가』, 고려원, 1982, 233쪽.
19. 랭거는 여러 곳에서 시를 "창조된 가상(假象)"으로 파악한다. Susanne K.

인의 '주관성'이란 하나의 착각에 지나지 않는다"[20]고 한 바 있다.) 최근에 이런 주관성에 대한 문제 제기가 있지만,[21] 랭거의 관점이 다른 시적 특성들과 조화를 이룬다는 점에서 설득력이 있다.

이런 사실에 주목할 때, 범맥락화된 시적 '나'와 특수한 실제 시인을 연결하려는 시도의 위험성도 지적할 수 있다. 예를 들어 이미 범맥락화된 주체로 변신한 「초혼」의 화자에서 그 이전 작품 (가)의 구체적인 정황 속에 놓인 화자(어느 정도 시인과 근접해 있는)를 역으로 읽어 내는 것은 오류라 할 수 있다. 왜냐하면 「초혼」의 화자는 그런 정황으로부터 이탈하여 시인의 여러 경험의 총체로부터 추출된 최적의 남녀 관계 속에 놓인 미적 가상의 존재일 뿐이기 때문이다. 이런 보편적인 상태의 시적 주체를 어느 특정한 인물로 한정하는 것 자체가 환원의 오류일 수밖에 없다.

5. 마무리

필자는 시학에서 거의 독립적인 자질로 인정된 바 없는 특성

Langer, 곽우종 역, 『예술이란 무엇인가』, 문예출판사, 1977, 216쪽.
20. Friedrich Nietzsche, 박찬국 옮김, 『비극의 탄생』, 이카넷, 2007, 92-93쪽. 니체는 서정시의 자아가 디오니소스적 과정이라는 창작 과정을 통해 근원적 존재인 '세계영혼'과 일체가 되어 개인의 특수한 성격을 벗어나 버린다고 설명한다.
21. 조너선 컬러는 서정시를 경험의 모방으로 보는 미메시스론이나, 허구적인 화자의 표현으로 다루는 관점을 모두 비판하며, 서정시를 "비모방적, 비허구적, 특징적인 언어적 사건"으로 보고자 한다. Jonathan Culler, *Theory of the Lyric*, Harvard University Press, 2017, 7쪽 참조.

을 '범맥락화'라는 개념으로 독립시켜 그 성격과 가치 등을 검토하였다. 이것은 시적 대상 및 주체, 시공간 등의 시적 상황이 특수성을 탈각하고 보편적인 상태로 존재하는 특성을 가리킨다. 이 때문에 시에서는 상황 지시어뿐 아니라 일반명사 혹은 고유명사마저 그 특수성을 상실하기도 한다.

지금까지 이런 특성이 독자적 개념으로 성립하지 못한 것은 화자나 시제 등 시학의 다른 핵심 요소들과 얽혀 있어 그 특성이 독립적으로 인식되지 않았기 때문이다. 이 개념의 제시로 그런 요소들의 특성이 명확해지고, 따라서 다른 개념의 이해도 더 쉽게 되었다. 그래서 앞으로 몇 가지 개념을 다루면서 범맥락화를 지속적으로 호명하게 될 것이다.

그리고 시가 이런 특성을 가지게 된 원인은 무엇일까에 대한 질문도 당연히 제기할 수 있다. 범맥락화라는 특성도 자체적으로 완결된 고유한 특성이라기보다는 시의 발생 및 전개에 결정적인 영향을 미친 여러 객관적 조건과 관련되어 있을 것이다. 이 문제는 몇 가지 개념을 더 검토한 뒤 '가성적 연행성'이라는 개념과 연계하여 다룰 예정이다.

주제를 함축적으로 제시하기 위해 서두에 인용한 '주제 시'는 박목월의 「상하(上下)」이다. 이 시에서는 시를 쓰는 공간을 2층으로, 삶의 공간을 1층으로 설정하여, 실제 생활 혹은 현실의 공간과 거리를 두고 있는 시의 세계를 보여 준다. 이 시에서 시의 공간을 "공기가 희박했다"고 한 것은 바로 이런 생활이 배경 설화로 배제되는 시의 범맥락화에 대한 비유로 읽을 수 있다. 그러나 시의 세계인 상층이 '열에 한 칸이 모자라는' 곳, 즉 완전한 세계에 도달하지 못한다는 점에서 현실의 완전한 배제도 불가능함을 예상할 수 있게 한다.

2. 서정 시제

난초 잎은
차라리 수묵색

난초 잎에
엷은 안개와 꿈이 오다

난초 잎은
한밤에 여는 다문 입술이 있다.

난초 잎은
별빛에 눈떴다 돌아눕다

난초 잎은
드러난 팔구비를 어쩌지 못한다.

난초 잎에
작은 바람이 오다

난초 잎은
칩다

— 정지용, 「난초」 전문

1. 서정 시제의 문제

시에서 압도적으로 많이 사용되는 시제가 '현재 시제'라는 사실은 흔히 지적되어 왔다. 이런 사실이 널리 유포된 것은, 랭거가 자신의 저서 중 '가상적 회상(Virtual Memory)'이라는 장에서 "서정시의 가장 유의할 만한 특성"으로, "현재 시제의 사용"[1]을 들고 이를 구체적으로 논의한 이후부터일 것이다. 물론 시론에서 이 문제를 단편적으로 지적한 경우는 많다. 예를 들어 슈타이거는 시의 본질을 다루며 "서정적인 것에 현재형 시제가 널리 행해지고 있음"[2]을 언급한 바 있다. 그러나 이는 단편적인 언급에 불과하였다. 그 이후 논의가 본격화하면서 서정시에서 주도적으로 사용되는 현재 시제를 아예 '서정 시제(lyric tense)',[3] '서정적 현재(lyric present)'[4]라고 부르는 논의도 등장하게 되었다.

이런 논의의 영향으로 우리 시론에서도 "현재 시제는 서정시의 본질적 시제"[5]라고 규정하는 것이 상식이 되었다. 물론 이런

---

1. Susanne K. Langer, *Feeling and form: a theory of art developed from philosophy in a new key*, Routledge & Kegan Paul, 1979(1953년 초판), 260쪽; Susanne K. Langer, 이승훈 편, 『예술이란 무엇인가』, 고려원, 1993(1982년 초판), 233쪽. .
2. Emil Staiger, 이유영·오현일 역, 『시학의 근본개념』, 삼중당, 1978, 86쪽. 원전은 1946년에 발간되었다.
3. George T. Wright, "The Lyric Present: Simple Present Verbs in English Poems", *Publications of the Modern Language Association of America*, Vol. 89, No. 3, May 1974, 566쪽.
4. Jonathan Culler, *Theory of the Lyric*, Harvard University Press, 2017, 283쪽. 이 책의 해당 부분('The lyric presnet')은 컬러의 「서정시의 언어(The Language of Lyric)」(*Thinking Verse* IV. i., 2014)의 수정 보완이다.

상식이 통용된 것도 그리 오래된 일은 아니다. 현재 확인된 바로는 우리나라에서 시론서에 이 사항을 독립적으로 다룬 것은 김준오의 『시론』이 처음이자 마지막이 아닌가 한다.[6] 필자가 아는한, 김준오의 저서 이후에 책이나 논문의 형식으로 이 문제를 독립적인 주제로 다룬 논의는 없었다.

필자는 여기에서 시의 현재 시제 문제를 본격적으로 다루어 보고자 한다. 먼저, 라이트의 견해를 존중하여 시에서 지배적으로 사용되는 현재 시제를 '서정 시제'로 지칭하며, 현재 시제가 시의 주도적인 시제라는 명제가 사실인지 통계적으로 확인하고자 한다. 우리 논의에서 서정 시제에 대한 통계적 조사가 한 번도 이루어지지 않았다는 것은 이 명제의 타당성을 직관적으로 인정하였기 때문일 것이다. 물론 그것이 사실에 부합할 수 있지만, 앞으로의 심도 있는 논의를 위해서는 구체적인 검토가 필요하다. 그리고 무엇보다 중요한 것은 서정 시제의 특성이 무엇인가 하는 점인데, 실제 시 작품을 예로 들어 이를 구체적으로 검토하고자 한다.

2. 서정 시제의 통계적 분석

우리 시에서 서정 시제를 통계적으로 확인하기 위해, 권영민의 『한국현대문학대계 1, 2』(이하 문학대계)를 분석 대상으로 삼았

---

5. 김준오, 『시론』, 문장, 1982, 166쪽.
6. 김준오는 '시제'를 독립적인 항목으로 『시론』(문장, 1982)에서 처음 다루었으며, 이후 『시론』(제4판)(삼지원, 2000)에 와서 일부 내용을 수정하였다.

다. 이 선집은 근 100년(1권은 1900년부터 1945년까지, 2권은 1945년부터 1990년까지)에 이르는 한국 현대시 작품을 싣고 있어, 근대 초기부터 근래까지의 시적 경향을 두루 확인할 수 있다. 또한 이 선집에는 시인 97명의 총 705편의 작품이 실려 있어,[7] 한국 현대시의 전반적인 면모를 파악하는 데 도움을 준다.

통계적 접근을 하기 위해 먼저 명확한 판단 기준을 정해야 한다. 시제에 대한 논의는 다양하지만 여기에서는 중고교 교과서에 통용되는 3분법적 기준을 적용한다.[8] 그래서 시간을 나타내는 문법 형태로서 과거 시제의 '-았-', '-더-', '-은/-던', 현재 시제의 '-ㄴ다/-는다', '-다', '-ㄴ/는', '-ㄴ/은', 미래 시제의 '-겠-', '-ㄹ/을' 등을 인정한다. 그러나 실제 적용에서는 애매한 부분이 많기 때문에 기타의 기준은 구체적인 작품 분석을 통해 정리하기로 하겠다.

죽는 날까지 하늘을 우러러
한 점 부끄럼이 없기를,
잎새에 이는 바람에도

---

7. 1권에는 김억 등 41명의 424편이, 2권에는 정한모 등 56명의 281편이 실려 있다. 권영민 편, 『한국현대문학대계 1 시 1900-1945』, 민음사, 1994; 권영민 편, 『한국현대문학대계 2 시 1945-1990』, 민음사, 1994. 이 선집 '1권 461쪽'에 실린 작품은 앞으로 '1-461'로 표기한다. 인용 부분이 여러 면에 걸쳐 있는 경우 시작 부분만 표기한다. 오자가 있는 경우에는 원전을 확인하여 수정 후 인용한다.
8. 여기서는 전통적인 3분법에 따르는데, 그 기준은 국립국어원의 다음 문서를 참조하였다. 국립국어연구원, 「한국어 기초 문법」, 『한국어 연수 교재』, 1997, 91~93쪽. 이 글은 『새국어문법』(이익섭, 1970), 『표준국어문법론』(고영근·남기심, 1984)을 참고하였음을 각주에 밝히고 있다.

나는 괴로워했다.

별을 노래하는 마음으로

모든 죽어가는 것을 사랑해야지

그리고 나한테 주어진 길을

걸어가야겠다.

오늘밤에도 별이 바람에 스치운다.

— 윤동주, 「서시」 전문(1-461)

  이 짧은 작품에는 시제를 포함하고 있는 어휘들이 여러 개 존재한다. 먼저 과거 시제부터 살펴보자. 가장 먼저 눈에 띄는 것이 복합문으로 이루어진 첫 문장의 "괴로워했다"라는 서술어이다. 여기에는 문장을 마무리하는 서술어에 과거 시제 '었'이 사용되어 그 형태나 의미 해석에 있어서 논란이 있을 수 없다. 이 문장으로부터 복합문의 시제 판단 기준을 제시하고자 한다. 시의 시제 분석에서는 첫 문장('죽는 날까지 ~ 괴로워했다')처럼 서술어가 2개 이상 등장하는 복합문일 때 주문장의 서술어에 포함된 시제를 분석 대상으로 삼는다. 따라서 과거 시제나 현재 시제의 관형형 형태가 포함된 "잎새에 이는 바람", "나한테 주어진 길" 등의 시제 판단은 따로 하지 않고, 주문장의 서술어로 미룬다. 문학적 관점에서 볼 때 이런 관형절은 문장 내에서 하나의 어휘 역할을 하면서 시제의 의미를 상실한다는 점이 더 중요해 보인다.[9] 또한 시

---

9. 이는 마치 합성어 '쏜살(쏘+ㄴ+살: 쏜 화살)', '찐빵(찌+ㄴ+빵)'과 같은 어휘에 포함된 과거 시제 'ㄴ'이 인식되지 않은 것과 유사해 보인다.

에서는 관형격 문장(혹은 미완의 문장)으로 마무리되는 경우도 간혹 있다. 그때는 문장을 서술형으로 변형시켜서 종결어미의 시제를 판단하겠다.[10] 다음으로 미래 시제를 살펴보자. 3분법 시제 판단에 있어서 특히 미래 시제 판단이 제일 혼란스럽다. 이 시에서 형태상 미래 시제로 해석할 수 있는 서술어는 미래 시제 문법 요소 '-겠-'이 사용된 "걸어가야겠다"이다. 여기의 '-겠-'을 미래 시제로 판단하는 것이 타당할까. '-겠-'의 의미에는 시제로서의 미래 외에 의지, 추측, 가능성, 능력, 완곡, 불만 등도 있기 때문에 정확히 구별할 필요가 있다. 필자는 미래라는 시간적 함의가 뚜렷한 경우에만 미래 시제로 판정하고자 한다.[11] 이제 이런 기준에 따르면 「서시」의 '걸어가야겠다'의 '-겠-'은 미래를 나타내는 어미라기보다는 화자의 의지를 나타내는 것으로 보는 것이 적절하다. 이 서술어가 바로 앞에 나온, 화자의 다짐이나 의지를 나타내는 '사랑해야지'와 조응한다는 사실에서도 이를 확인할 수 있다.

---

10. 가령 "구름에 달 가듯이/가는 나그네"(1-407)는 '나그네가 구름에 달 가듯이 간다'(현재)로, "옆 개울물에 무심히 빛나던 별 하나!"(1-271)는 '옆 개울물에 별 하나가 무심히 빛났다'(과거)로 재구하여 읽는다. 다행스럽게도 명사절(혹은 미완의 문장)로 끝나는 경우가 많은 편이 아니어서(15편; 1권 11편, 2권 4편) 주관적 해석이 필요한 경우는 많지 않다.
11. 국립국어원 국어표준대사전에서는 "-겠-"에 대하여, "미래의 일이나 추측을 나타내는 어미"의 예로서, "지금 떠나면 새벽에 도착하겠구나./잠시 후면 대통령 내외분이 식장으로 입장하시겠습니다./고향에서는 벌써 추수를 끝냈겠다." 등을 예시로 들고 있다. 그러나 이 예시 중 마지막 것은 미래와 무관한 추측으로 보아야 한다. 고영근 역시 "이러한 기능(미래와 추측: 인용자)의 '겠'이 과거 시제와 어울리면 추측의 의미만 파악된다"고 보고, "어제도 눈이 왔겠다."를 예시로 들고 있다. 고영근, 「국어의 시제와 동작상」, 『국어생활』 6, 국어연구소, 1986, 107쪽.

다음으로 현재 시제에 대해 다루어 보자. 위의 시에서 현재 시제는 '스치운다'에 나타나 있다. 이에 대해서는 이견이 있을 수 없다. 그러나 「서시」에 나타나는 서술어 중, 화자의 의지를 나타내는 것으로 판단한 '걸어가야겠다'와 '사랑해야지'를 미래 시제의 표현으로 보지 않는다면 어느 시제로 해석해야 할지 문제가 된다. 문장 말미의 서술어가 시제를 나타내고 있음을 인정한다면, 명백한 과거 시제나 미래 시제가 없는 경우는 현재 시제로 판단하는 것이 타당하다. 따라서 앞에 나온 서술어는 모두 '걸어가-'와 '사랑하-'라는 용언 어간에다 영 형태(Ø) 현재 시제가 사용된 형태('걸어가+Ø+야겠다', '사랑하+Ø+어야지')로 해석하고 이를 현재 시제로 판단한다.[12] 앞의 논의를 종합하여 「서시」의 시제를 판단하면, 이 작품은 과거 시제와 현재 시제가 혼용된 작품이라 할 수 있다.

또한 '절대 시제'도 현재 시제에 포함할 수 있다. 절대 시제란 용언의 원형으로 이루어진 문장('세우라'와 같은 명령법 문장도 포함), 즉 '절대문'[13]의 시제를 가리킨다. 오상순의 「폐허의 제단」에 나오는 "해는 넘어가다/폐허 위에/무심히도-/해는 넘어가다."(1-41)라는 구절이 좋은 예가 될 만하다. 국어학에서 이런 절대 시제를 어떻게 해석해야 할지에 대해서 다양한 논의가 있지만,[14]

---

12. 고영근은 "(현재 시제의 경우) 해라체의 평서형과 감탄형을 제외한 환경에서는 특별한 형태소가 발견되지 않는다"고 지적하고 있다. 고영근, 앞의 글, 103쪽.
13. 절대문이란 "기본어간에 직접적으로 평서법 어미 '-다'와 명령법 어미 '-라'가 연결된 형식의 서술어를 가지는 문장"을 말한다. 임홍빈, 「국어의 '절대문(絶對文)'에 대하여」, 『진단학보』 56, 진단학회, 1983, 132쪽.
14. 정해권은 이런 논의를 크게 네 유형으로 정리한다. 1) 절대문은 시간 해석이 없는 무시제이다. 2) 절대문은 시간 해석을 갖지만 무시제이다. 3) 절대문은 시간 해석을 가지며 특정 시제의 영 형태이다. 4) 절대문은 시간

여기에서는 최현배의 주장에 주목한다. 그는 형용사의 기본형이 현재 시제라는 사실을 동사에도 적용하여, 절대문의 시제를 현재 시제로 해석하였다.[15] 절대 시제가 문맥에 따라 해석이 달라질 수 있어서 판단이 쉽지는 않지만, 여기에서는 절대 시제를 현재 시제로 해석하고자 한다.

이와 같은 여러 판단 기준을 바탕으로 『문학대계』의 시 작품 705편을 꼼꼼하게 분석하였다. 그 결과를 정리하면 다음과 같다.[16]

종류		문학대계 1 (424편)	문학대계 2 (281편)	합계 (705편)	비율(%)
과거 시제 작품		14	17	31	4.40
현재 시제 작품		220	157	377	53.48
미래 시제 작품		0	1	1	0.14
시제 혼용 작품	과거+현재	183	105	288	40.85
	현재+미래	4	0	4	0.56
	과거+미래	1	0	1	0.14
	과거+현재+미래	2	1	3	0.42
* 절대 시제		27	4	31	
* 서사 시제		4	9	13	

해석을 갖지만 상적 의미를 나타낸다. 정해권, 「한국어 절대문의 시간 지시와 영형태」, 『언어유형론연구』 5-1, 한국언어유형론학회, 2020, 8쪽.
15. 최현배, 『우리말본』(1937); 임홍빈, 앞의 글, 102쪽 참조.
16. 이 표의 '과거 시제 작품', '현재 시제 작품', '미래 시제 작품'은 과거, 현재, 미래 시제만을 각각 사용한 작품을 의미하고, 시제 혼용 작품은 두 가지 이상 시제를 사용한 작품을 의미한다. 참고로 제시한 절대 시제는 기본형 서술어로 종결된 문장이 포함된 작품, 서사 시제는 '역사적 현재'가 나타난 작품을 말한다.

결과를 보면 과거 시제만 사용한 작품이 31편(4.40%)에 불과하며, 미래 시제만 사용한 작품은 1편(0.14%)에 그친다.[17] 그리고 현재 시제만 사용한 작품은 377편(53.48%)으로 전체 작품의 절반이 넘는 비중을 차지하고 있다. 이로부터 현재 시제만을 사용하는 방식이 시에서 보편적이고도 통상적인 표현 방법이라는 사실을 통계적으로 확인할 수 있다. 그런데 현재 시제만을 사용하고 있는 작품, 즉 현재 시제 작품 숫자에다, 다른 시제와 함께 현재 시제를 사용한 시제 혼용 작품을 모두 포함하면 그 비중은 훨씬 더 커진다. 시제 혼용 작품은 '과거+현재' 작품이 288편, '현재+미래' 작품이 4편,[18] '과거+현재+미래' 작품이 3편으로,[19] 총 295편이다. 이것을 현재 시제 작품 377편과 합치면 현재 시제 사용 작품이 모두 672편이 되는데, 이는 전체 시의 95.32%에 해당하는 수치이다. 이는 현재 시제가 한 번이라도 사용된 시가 절대적 다수임을 알려 주는 통계이며, 또한 시의 시제가 현재 시제임을 다시 한 번 증명해 주는 결과라 할 수 있다. 또한 시에서 현재 시제가 전혀 사용되지 않은 작품은 과거 시제 작품 31

---

17. 미래 시제 작품 1편은 송수권의 「청학동에서」(2-299)이다. 시적 상황을 구체적인 미래 상황으로 설정하고 있어 이 작품의 모든 '-겠-'을 미래를 포함한 것으로 해석하였다.
18. '현재+미래' 작품은 총 4편으로, 한용운의 「떠날 때의 님의 얼굴」(1-94), 신석정의 「새벽을 기다리는 마음」(1-203), 오장환의 「나 사는 곳」(1-275), 백석의 「정주성」(1-357)이다.
19. '과거+현재+미래' 작품은 총 3편으로, 임화의 「우산 받은 요꼬하마의 부두」(1-126), 「다시 네거리에서」(1-132), 황지우의 「徐伐. 셔볼, 셔볼, 서울, SEOUL」(2-340) 등이다.

편, '과거+미래' 작품 1편으로,[20] 총 32편(4.54%)에 불과한데, 이를 통하여 현재 시제 이외의 시제로 시를 쓰는 것이 극히 드문 경우에 속한다는 사실도 확인할 수 있다.

이런 결과는 영시의 경우와 비교해 보아도 큰 차이가 없다. 구체적인 통계를 제시하지 않지만 조너선 컬러는 『서정시의 이론』이라는 책에서 다음과 같이 언급하고 있다.

> (…) 현재 시제는 서정시의 지배적인 시제이다. 나는 『노턴 앤솔러지』에서 1,266편의 서정시 중 123개만 과거형으로 일관하며, 예를 들어 셰익스피어의 154개 소네트 중 2개만 완전히 과거형을 유지하고 있다고 언급한 바 있다.[21]

컬러는 『노턴 앤솔러지』의 시를 대상으로 과거 시제 작품의 수만 공개하였다. 1,266편의 시 중에 123개만 과거형이라면 과거 시제 작품의 비율은 전체의 9.72%이다. 또한 셰익스피어의 소네트에서는 154개 중의 2개, 즉 전체 작품의 1.3%에 불과하다. 필자가 선택한 선집의 과거 시제 작품 비율 4.40%와 비교해 볼 때 수치의 차이는 있으나 과거 시제 작품의 비중이 10% 이하로 매우 낮음을 확인할 수 있다. 그런데 정확히 확인할 수 없지만, 컬러가 현재 시제의 중요성을 언급하면서 과거 시제 작품 편

---

20. '과거+미래' 작품 1편은 유치환의 「별」(1-271)이다. 2연이 현재형으로 읽힐 수 있으나 '살아나-'로 끝나고 있어 종지형으로 판단하지 않고 3연과 함께 한 문장을 이루는 종속절로 판단하였다.
21. Jonathan Culler, 앞의 책, 283쪽.

수만 공개한 것은 그 나머지 작품을 모두 현재 시제 사용 작품으로 판단하였음을 의미한다고 짐작할 수 있다. 이런 짐작을 바탕으로 따져 볼 때 『노턴 앤솔러지』의 현재 시제 등장 작품의 비율은 과거 시제 작품 9.72%를 제외한 90.28%가 된다. 필자의 통계 결과 95.32%와 큰 차이가 나지는 않는다. 이런 결과를 두고 볼 때, 우리 시와 영미 시의 경우 현재 시제가 시의 본질적인 시제라는 사실은 증명이 되었다고 할 수 있다.[22]

3. 서정 시제의 특성

이제 시의 지배적인 시제로 확인된 현재 시제, 즉 서정 시제가 시적 맥락에서 어떤 특성을 지니는지 알아볼 차례가 되었다. 그에 앞서 현재 시제의 특성에 대한 국어학의 논의를 살펴볼 필요가 있다. 여러 논의가 용어만 다를 뿐 대부분 비슷한 결과를 보여 주고 있는데,[23] 여기에서는 서정 시제 논의에 가장 적합한 것으로 판단되는 다음 내용을 참고하고자 한다.

---

22. 라이트의 경우도 통계 결과를 제시하고 있지만, 아쉽게도 현재 시제가 아니라 현재진행형을 대상으로 작가 개인별 통계치만 제시하고 있다. George T. Wright, 앞의 글, 부록 참조.
23. 기존 연구 정리는 신언호, 「한국어 현재 시제의 다의적 현상에 대한 고찰」, 『한국어 의미학』 21, 한국어의미학회, 2006 참조. 서정수는 가장 다양하게 ①현재 상태, ②목전의 사건, ③일련의 사건, ④이행적 사건, ⑤과거 사태, ⑥미래 사건, ⑦현재 진행상, ⑧현재 반복상, ⑨현재 습관상 등을 든 바 있다. 서정수, 『국어문법』, 한세본, 2006, 269쪽.

① 상황의 시작과 끝에 대한 특별한 함축을 가지지 않음(보편적 진리/현재 습관)
② 묘사·관찰의 효과 산출(역사적 현재/해설적 현재)
③ 생동감, 현장감, 극적인 효과 산출(역사적 현재/해설적 현재)
④ 사건의 무진전, 배경의 효과[24]

위 논의는 현재 시제 형식이 가지는 특성과 그에 해당하는 용법을 정리한 것이다. ①은 현재 시제의 기본적인 의미로서 "기준이 되는 발화시나 상황시 시점에 해당 상황이 존재함을 표시함"(146)을 다른 식으로 표현한 것이다. 이런 특성은 보편적 진리('콩 심은 데 콩 나고 팥 심은 데 팥 난다')나 현재 습관('그 사람은 매일 6시면 어김없이 조깅하러 간다')을 나타내는 현재 시제 표현에서 나타난다. ②와 ③은 역사적 현재(과거의 역사적 사건을 현재 시제로 표현하는 경우)와 해설적 현재(스포츠 중계 해설의 경우)에 잘 드러나는 특성이다. ④는 해당 용법을 제시하지 않지만, 사건이 전개되지 않는 정적인 현재 상태와 관련된 것으로 보인다.

국어학 논의는 대부분 실제 발화 상황에서 발생하는(혹은 발생할 만한), 그래서 구체적인 맥락을 지니는 짧은 말을 분석 대상으로 삼아 현재 시제의 특성을 다룬다. 그러나 문학의 경우 구체적 시공간이 파악되지 않는 범맥락화 된 상황에서, 텍스트 전체의 흐름을 고려하여 해당 시제의 특성을 바라보기 때문에 국어학 논의와 유사하면서도 다른 성격을 지닌다. 문학 논의에서 랭거

---

[24]. 문숙영, 「한국어 시제 범주 연구」, 서울대학교 박사학위논문, 2005, 145-155쪽.

는 '무시간성(timelessness)'[25]을 현재 시제의 중심적인 특성으로 파악하였다. 이것은 앞의 ①과 관련되지만, 시에서는 '보편적인 진리'나 '현재 습관'을 나타내지 않더라도 무시간적 특성을 보인다는 점에서 차이가 난다. 랭거는 시의 무시간성이 명상과 유사한 시적 특성과 관련되어 있다고 판단한다.[26] 문학 분야에서 이 문제를 본격적으로 다룬 논의는 조지 T. 라이트의 것인데, 조너선 컬러는 이를 "이 주제에 대한 최고의 논의"[27]라 평가한 바 있다. 그 논문에서 라이트는 서정 시제의 특성을 다음과 같이 요약하고 있다.

> 서정적 행위는, 비구어적인 현재 시제 동사에 의해서 규정되는 한, 무시간적이지만 영원하며, 과거 같지만 미래지향적이며, 반복 가능하지만 가상적이며, 긴박하지만 거리를 두며, 제의적이며 의고적이다.[28]

---

25. Susanne K. Langer, 앞의 책, 243쪽.
26. 랭거는 "명상에 자연스러운 시제는 현재"(245)라고 단언한다. 또한 그녀는 논리 철학자 C. I. 루이스(Lewis)의 "(현재시제는) 시간이 어떤 상관성도 띠지 않는 곳, 곧 추상적 실체들과 관계되고, 일반적 진리들이 표현되거나, 몽상 속에서처럼 어떤 현실적 상황과도 단절된 채 순수한 관념들이 예상되는 자리에서 사용된다."(243)는 언급을 인용하고 있다.
27. Jonathan Culler, 앞의 책, 294쪽.
28. George T. Wright, 앞의 글, 569쪽. 이 글의 원문은 다음과 같다. "Lyric action, then, insofar as it is defined by these unspeechlike present tense verbs, is timeless yet permanent, pastlike yet edging toward the future, repeatable yet provisional, urgent yet distant, ceremonious and archaic."

자신의 긴 논의를 집약하고 있는 이 역설적인 구절은 해석이 필요하다. '무시간적이지만 영원하다'는 것은 서정 시제가 구체적인 시간을 특정하지 않지만, 영원하고 무한한 시간적 상태를 나타내는 특성을 가리킨다. '과거 같지만 미래지향적'이라는 것은 현재 일어난 사건을 완료형처럼 고정하지만 절대 완료시키지 않고 미래에도 계속 진행될 수 있다는 기대감을 주는 효과를 가리키며, '반복 가능하지만 가상적'이라는 것은 현재 시제의 행위가 독서할 때마다 반복 가능한 행위이지만 사실적 행위가 아니라 가상적인 것으로 느껴지는 점을 가리킨다. '긴박하지만 거리를 둔다'는 것은 현재 눈앞에서 벌어지는 상황을 신속하게 바로 지시하면서도 그것을 냉정하게 거리를 두고 바라보고 있다고 느끼게 하는 경향을, '제의적이며 의고적'이라는 것은 현재 시제의 행위를 숭고하고 품위 있는 행위로 느껴지게 만드는 특성을 가리킨다. 이런 설명은 서정 시제의 특성을 풍부하게 포괄하고 있어 시의 현재 시제 문제를 다루는 데 많은 도움을 준다. 여기에 조너선 컬러가 말하는 '수행적 현재(the performative present)'[29]의 효과를 덧붙일 수 있다. 이것은 연행성과 관련된 효과로서, 수행 동사에 현재 시제를 사용함으로써 즉각적인 실제감과 현실감을 강화하며 독자의 참여 의식을 높이는 효과를 가리킨다.

한국의 논의로는 현재 시제의 두 양상으로 '역사적 현재'와 '무시간성'을 다룬 김준오의 것을 주목할 만하다.[30] 전자에는 '지속적 시간', '시간의 모호성', 후자에는 '시간의 공간화', '묘사

---

29. Jonathan Culler, 앞의 책, 290쪽.
30. 김준오, 『시론』(제4판), 삼지원, 2000, 118-131쪽.

의 무시간성', '영원한 현재'를 하위 항목으로 두고 설명하고 있다. 상위 범주와 하위 범주의 관계가 부적절한 점이 있지만, 구체적인 작품을 통해 다양한 양상을 정리한 점이 주목할 만하다. 그러나 서정 시제의 특성으로 '역사적 현재'를 다룬 것은 적절해 보이지 않는다. 역사적 현재는 완료된 과거 상황 속에서 수사학적 효과를 위해 의도적으로 현재 시제를 사용하는 경우를 가리킨다. 백석의 「고향」(1-358)처럼 과거에 겪은 일을 과거 시제로 다루면서 특정 부분에서는 "고향이 어데냐 한다", "아무개씨 고향이란다", "막역지간이라며 수염을 쓴다" 등으로 현재 시제를 사용하는 경우가 그 예가 된다.[31] 문제는 이것이 시에서는 자주 사용되지 않는 특성이라는 점이다. 앞에서 확인하였듯이 시는 현재 시제를 주로 사용하기에 과거 상황 자체가 희귀하여 역사적 현재를 사용할 기회가 원천적으로 차단되어 있기 때문이다.[32] 그래서 소설에서 더 자주 사용되어 '서사 시제'[33]로 불리기도 한다. 이런 이유로 필자는 역사적 현재를 서정 시제의 특성으로 다루지 않는다.

이제 앞선 작업에 근거하여 크게 다섯 가지로 서정 시제의 특성을 정리하고자 한다. 즉 무시간성, 공시성, 초시간성, 수행성,

---

31. 백석의 시 중에 과거 상황을 회상한 것이 분명한데도 전체를 현재 시제로 표현한 경우(「오리, 망아지, 토끼」)가 있다. 그러나 시에서 그 상황을 완료된 과거로 다루지 않는 한 이 경우의 현재 시제를 역사적 현재라 할 수 없다.
32. 서사 시제(역사적 현재)는 『문학대계』에서 총 13편의 작품(문학대계 1 4편, 문학대계 2 9편)에 나타나고 있다.
33. 서사 시제에 대해서는 고영근, 「민족문학작품과 서사시제」, 『관악어문연구』 33, 서울대학교 국어국문학과, 2008 참조.

그리고 숭고성이 그것이다. 이런 특성들은 하나의 작품에 겹쳐서 나타나는 경우가 대부분이며, 그중 더 전경화 된 것이 있을 뿐이라는 사실을 기억할 필요가 있다. 실제 작품 분석을 통해 구체적으로 살펴보자.

1) 무시간성

첫 번째 특성으로 들 수 있는 것은 대부분의 문학 학자들이 지적한 바 있는 무시간성이다. 무시간성이란 서정 시제가 시간을 구체적으로 특정하지 않는 경향을 가리킨다. 다음 구절을 보자.

> 팽이가 돈다
> 어린아이고 어른이고 살아가는 것이 신기로워
> 물끄러미 보고 있기를 좋아하는 나의 너무 큰 눈 앞에서
> 아이가 팽이를 돌린다
> ― 김수영, 「달나라의 장난」 부분(2-29)

'팽이가 돈다'라는 문장으로 시작하는 이 글을 보고 독자들은 이것이 시의 일부라는 것을 즉각적으로 알아차릴 것이다. 왜냐하면 일상에서는 현재진행형으로 '팽이가 돌고 있다'처럼 말하거나, 혹 현재의 보고라면 '팽이가 잘도 돈다'처럼 상태에 대한 어떤 평가를 담아 더 구체적으로 말하기 때문이다. 이런 경우가 아니라면 이 '돈다'라는 말이 자연스럽게 되기 위해서는 '땅에서보다는 얼음 위에서 팽이가 더 잘 돈다'처럼 진리 명제(혹은 습관)

로 만들어 주는 부가적인 작업이 필요하다. 그런데 시에서는 '팽이가 돈다'라는 문장만 갑자기 등장한다. 그래서 이 '돈다'라는 현재 시제가 함축하고 있는 시간 감각이 비일상적으로 느껴진다. 마치 의미 없는 발어사처럼 사용되고 있어, '돈다'의 현재 시제에서 구체적인 시간, 현장성을 포착하기 어렵기 때문이다. 팽이가 어떤 시공간적 배경도 없이 허공에서 돌고 있는 듯이 느껴지는 것도 이 때문이다. 일상 용법에서 진리나 습관을 의미할 때의 현재 시제가 현재라는 시간성을 상실하는 경우가 있는데, 시에서는 그런 경우가 아님에도 구체적인 시간 감각을 지니지 않는 것이다. 두 번째 문장의 서술어 '아이가 팽이를 돌린다'의 현재 시제도 마찬가지다. 팽이를 돌리는 아이의 행위는 시간의 축 위에 있지 않은 것처럼 추상적이다.

무시간성은 시의 시공간이 범맥락화 되어 있다는 점 때문에 더 강화된다. 일상적인 발화에서 현재 시제를 사용할 경우 발화 상황이라는 구체적인 맥락이 존재하기 때문에 '현재'라는 시간 감각이 보존된다. 그러나 시에서는 사건이 구체적인 시공간을 배경으로 하지 않는 경우가 대부분이라서 현재 시제의 시간 감각이 추상적으로 느껴질 수밖에 없다. 그래서 서정 시제는 시간성이 지워진 시제라 할 수 있다. 선행 논의에서는 이를 "행위의 시간을 특정하지 않는 단순 현재 시제"[34] 혹은 "시간적 특수성의 결여"[35]라 불렀다.

그런데 서구(특히 영미권)에서 현재 시제의 무시간성을 말할 때

---

34. George T. Wright, 앞의 글, 565쪽.
35. Jonathan Culler, 앞의 책, 288쪽.

는 1인칭 동사 형태가 동사 기본형과 동일하다는 사실을 전제로 한 것일 수 있다. 영어에서 동사 기본형은 활용되기 이전의 근원적 형태이기 때문에 시제를 지니지 않아서 당연히 무시간적이다. 마침 1인칭 동사도 이와 형태가 같으므로 무시간성도 공유하고 있는 것으로 인식하기 쉬울 것이다.

그러나 이런 1인칭 동사의 무시간성은 우리 시에 사용되는 절대 시제와 비교해 볼 때 여전히 '유시간적' 개념이다. 무시간성을 이야기할 수 있는 가장 적절한 예는 우리 시에서 '절대 시제'를 사용한 문장일 것이다. 절대 시제는 시제의 시간성을 완전하게 제거한 상태로 구체적 시간이 작동하기 이전의 시간적 원점에 놓인 시제이기 때문이다. 절대 시제를 사용하는 문장은 서구에서는 부자연스러운, 더 나아가 비문법적인 문장이라는 점에서 한국 현대시의 한 특수한 시제 형태라 할 수 있다.[36]

(1-가) I walk through the long schoolroom questioning;
　　　A kind old nun in a white hood replies;
　　　　　　　— W. B. Yeats, 'Among School Children'

(1-나) 나는 질문을 하면서 긴 교실을 걸어간다.
　　　흰 후드를 쓴 한 친절한 노수녀가 대답한다.[37]

---

36. 일본의 시 표기 관습이 고려의 대상이 될 만하다. 이후 논의가 필요한 사항이다.
37. 이창배, 『예이츠 시의 이해』, 문학과지성사, 1987, 231쪽. 영어 원문은 이 책의 234쪽에서 인용.

(1-다) (나는) 질문을 하면서 긴 교실을 걸어가다.
　　　　흰 후드를 쓴 한 친절한 노수녀가 대답하다.

(2-가) 젊은 신혼의 부부의 지적이는 방의
　　　　창에 불그림자가 꺼지듯키 석양은 꺼지다,
　　　　석양은 꺼지다,
　　　　　　　　　　　　　— 황석우, 「석양은 꺼지다」 부분[38]

(2-나) Like the night shadows on the window
　　　　Of twittering young newly-weds' room dim out, the sun sets,
　　　　The sun sets.[39]

　(1-가)는 서정 시제 논의에 단골로 등장하는 예이츠의 유명한 시의 첫 부분이다. 여기에 나오는 동사 'walk'의 시제는 현재 시제이다. 다음 문장의 서술어 형태('replies')와 비교해 볼 때 'walk'의 시제는 1인칭 현재 시제일 수밖에 없다. 왜 이 문제를 따지느냐 하면 바로 이 1인칭 현재 시제의 형태가 영어에서는 동사 원형, 즉 기본형으로서 사전 표제어와 동일한 형태를 지니기 때문이다. 그러나 영어에서 기본형은 그 자체로 활용되지

---

38. 박이도 편, 조신권 영역, 『웃음에 잠긴 우주(Universe Full of Smile) — 황석우 영역 시선』, 시간의숲, 2019, 22쪽.
39. 박이도 편, 위의 책, 122쪽.

않는다. 그래서 이것의 번역인 (1-나)에서 이 동사를 한국어의 현재 시제 형태인 '걸어간다', '대답한다'로 옮긴 것은 적절하다. 그런데 우리 시에서는 (2-가)에서 보듯이 기본형 동사를 활용하기도 해서 (1-다)로 번역하는 것도 가능하다. 하지만 영어 원문은 현재 시제로 사용된 것이지 기본형으로 사용된 것이 아니기 때문에 다소 부자연스럽다. 만일 기본형을 활용한다면 "그/그녀는 걸어가다."가 가능하여 'He/She walk.'와 같은 문장도 가능해야 할 것이다. 그러나 영어에서 이런 표현은 시적 허용이 가능한 시에서조차 사용되지 않는다. (2-나)에서 원문의 "석양은 꺼지다."를 "The sun set."로 옮기지 않고, 영문법 규칙에 따라 "The sun sets."로 옮긴 것도 이 때문일 것이다.

  절대 시제를 사용하게 되면 무시간성의 효과가 극대화 된다. 절대 시제는 모든 행위를 시간이 아직 틈입하지 않은 시간의 원점 위에, 진공상태 속에 놓는다.

> 매운 계절의 채찍에 갈겨
> 마침내 북방(北方)으로 휩쓸려 오다.
>
> 하늘도 그만 지쳐 끝난 고원(高原)
> 서릿발 칼날진 그 위에 서다.
>   — 이육사, 「절정」 전문(1-320)

  여기의 "휩쓸려 오다", "서다"는 사전 표제어로나 사용될 동사 기본형으로서 구체적인 시간성을 지니지 않는다. 문맥상 '휩쓸려 왔다', '그 위에 섰다'(혹은 '그 위에 선다')처럼 과거형이나 현재형으로 사용하는 것이 더 자연스러울 수 있는데, 시에서는 절대 시제로 표현하고 있다. 이런 시제는 서술어가 묘사하는 행위에 담긴 시간성을 제거하여 그 행위를 시간의 구체적 감각으로부터 자유로운 상태로 변화시킨다. 그래서 시적 화자가 '북방으로 휩쓸려 오고, 서릿발 칼날진 그 위에 서는' 행위는 구체적, 역사적 사건이 아닌 시간 외적 사건으로 변형된다. 그래서 서술된 행위 자체는 탈역사적, 비현실적인 상징적 행위가 되어 버린다. 상징적 행위로서 시적 행위는 무시간적이지만, 바로 무시간적이기 때문에 과거, 현재, 미래라는 시간이 모두 겹쳐질 수 있어 의미의 폭과 깊이를 획득하는 시적 효과를 거둔다.

절대 시제를 사용하는 시적 관습이 언제 어떻게 시작되었는지는 아직 밝혀진 바 없다. 그러나 이 관습에 대한 비판이 없는 건 아니다. 김억은 "색채는 우리를 유혹하다/음향은 우리를 꾸짖다"(오시영의 「애원보」의 구절)를 예로 들어 절대 시제가 시간의 제한을 완전하게 받지 않아서 '완전한 활동상(活動相)'을 지니지 못한다고 비판한 바 있다.[40] 이런 비판에서 역으로 절대 시제가 지닌 '미완의 활동상'으로서 무시간성을 확인할 수 있음은 흥미로

---

40. "부정동사(不定動詞)를 쓰는 경향이 이 시인에게서만 아니라, 다른 이들에게도 있는데, 이것을 나는 실감(實感)으로 보아서 덜 좋은 줄 압니다. 왜 그런고 하니 동사(動詞)라는 것이 시간의 완전한 제한을 받으리라야 비로소 완전한 활동상(活動相)을 주기 때문이외다. 그것도 '오기'니 '가기'와 같은 것이면 모를 일이나 그렇지 아니하고 '가다'니 '오다' 하는 것과 같은 부정법(不定法; 원문엔 '不完法'이라 되어 있는데 오기인 듯: 인용자) 사용은 깊이 생각하지 아니할 수 없는 문제인 줄 압니다." 김안서, 「7월의 시 — 전원의 시」, 『조선일보』, 1940. 7. 1.

운 일이다. 이런 비판에도 불구하고 우리 현대시에서 절대 시제는 자주 발견된다. 이 시제는 『문학대계』에 총 31편(문학대계 1 27편, 문학대계 2 4편)의 작품에 등장한다. 그런데 이 통계 결과에서 우리의 흥미를 끄는 것은 해방 이전까지 자주 등장하던 이 시제가 해방 이후에는 4편의 작품(2-50, 121, 200-1, 200-2)에만 등장한다는 사실이다. 해방 이전까지 강력하게 작용하였던 문학적 관습의 영향력이 해방 이후에 급격히 줄어든 것이라 해석할 수 있다. 그러나 그 이유는 아직 밝혀진 바 없다.

무시간성은 서정 시제의 다른 특성들을 파생시키는 기본적인 특성이라 할 수 있다. 그러나 무시간성에 대해 이의를 제기하는 경우도 있다. 컬러는 서정 시제는 "무시간이 아니라 시가 읽힐 때마다 반복되는 시간상의 순간"[41]이라고 판단한다. 그는 시의 현재 시제가 시간적 감각을 포기한 적이 없다고 보는데, 그럼에도 불구하고 그것은 일상적인 시간성이 아니라 특수한 형식의 시간성('고도의 시간성'[42])이라고 본다. 그러나 이런 주장은 다소 과장되어 있다. 현재 시제도 시제인 이상 시간적 감각을 완전히 탈각할 수 없음은 당연하다(절대 시제 역시 문맥상 시간 감각은 여전히 지니고 있다). 그러나 랭거나 라이트가 사용하고 있는 무시간성이란 개념은 일체의 시간적 감각이 소멸한 상태를 뜻하는 것이 아니라, 특정할 수 있는 구체적인 시간 감각은 지니지 않지만 비

---

41. Jonathan Culler, 앞의 책, 295쪽.
42. 컬러는 이전의 관련 글에서 "고도로 시간적이며, 특이한 방식으로서의 반복의 시간(highly temporal, though in an unusual way, a time of iteration)"이라는 표현을 사용하고 있다. Jonathan Culler, "The Language of Lyric", *Thinking Verse* IV. i., 2014, 174쪽.

일상적이고도 추상적인 형태의 시간 감각은 유지하고 있는 특수한 상태를 의미하는 것이다. 컬러가 말하는 고도의 시간성도 이런 비일상적인 시간 감각을 가리키고 있을 뿐이다. 따라서 서정시제의 무시간성은 현상적으로 시간의 지평을 지닌 듯하면서 본질적으로 그 지평에서 벗어나 있는 역설적인 상태라 할 수 있다.

2) 공시성

공시성은 시에서 현재 시제의 행위들이 시간적으로 누적되거나 집적되지 않고 항상 독립적이면서 동등한 시간성을 유지하는 경향을 의미한다. 이것은 지금까지의 논의에서 언급되지 않은 특성이지만, 현재 시제 문장이 여러 개 등장하는 시 텍스트에서 확인할 수 있는 중요한 특성이다. 이는 시를 더 이상 연행하지 않고 텍스트로만 읽을 때 확인되는 특성이다(시의 연행에 대해서는 5장에서 다룸).

> 사월은 게으른 표범처럼
> 인제사 잠이 깼다.
> 눈이 부시다.
> 가려웁다.
> 소름친다.
> 등을 사린다.
> 주춤거린다.
> 성큼 겨울을 뛰어넘는다.
> ― 김기림, 「사월」 전문

4월의 시간을 "게으른 표범"에 비유한 이 시에는 여러 개의 현재 시제가 나타나는데, 이 중 마지막 세 개(사린다/주축거린다/뛰어넘는다)만 살펴보기로 하자. 시의 내용을 보면 알겠지만, 이 동사들은 시간상 선후의 관계를 지닌다. 먼저 표범은 멀리 뛰기 위해 등을 사리고(웅크리고), 오랜만에 뛰는 동작이라 선뜻 용기를 내지 못하여 잠시 주축거리고(주춤거리고), 마침내 (겨울을) 뛰어넘는다. 즉 '사린다 → 주축거린다 → 뛰어넘는다'의 순서를 유지하는데, 이것은 순차적인 시간 질서에 의한 배열이다. 구절들의 순서를 바꾸어 보면 시간적 모순이 생기는 데에서(즉 뛰어넘는 행위가 몸을 사리는 행위에 앞설 수 없다) 이를 확인할 수 있다. 이것을 논리적 정합성에 어울리게 시제로 표현하자면 마지막 현재만 현재 시제(혹은 과거 시제)로 남기고 그 이전의 현재는 과거 시제로 표현하는 것이 적절할 것이다(사렸다→주축거렸다→뛰어넘었다 혹은 뛰어넘는다).

그런데 현재 시제를 사용하면서 이런 순차적 성격이 일순간 부정되는 기묘한 현상이 발생한다. 만일 순차적 질서가 인정되면 새로운 현재가 등장할 때 이전의 현재는 과거가 되어야 한다. 그렇게 되면 이전의 현재 행위는 이미 완료된 사건이 되어 과거라는 구체적인 시간성을 획득하기 때문에 현재 시제의 무시간성을 상실한다. 과거 시제는 이미 완료되고 고체화된 사태를 다루기 때문에 순차적 시간 질서 속에 배열할 수 있다. 또한 그 속성을 고정적으로 지니고 있기에 추리력의 범위 내에서 입체적으로 재구성할 수도 있다. 과거의 속성상 과거 사태들끼리 선후 관계를 유지하며 과거, 더 이전 과거 등으로 재편할 수 있기 때문이다. 그런데 현재 시제는 고체화되지 않은 유동적 상태이기에 순서를 바꾸어 재배열할 수 없다. 즉 현재를 다루는 경우에는 현재, 더 이전 현재, 더 이후 현재 등의 구분이 불가능하다. 그래서 현재 시제의 재구성은 시의 이해에 필연적으로 혼란을 가져온다. 시에서 현재 시제가 순차적인 흐름을 벗어나지 않는 것도 이 때문이다. 그 결과 위의 시에서처럼 각각의 현재는 누적적으로 순차적으로 존재하지 않고 그 자체의 특수한 시간적 감각을 유지하며 독자적으로 존재하게 된다. 현재 시제로 표현된 하나의 행위는 다른 행위에 종속되지 않고 동질적인 가치를 지니며 공존하는 것이다. 이 때문에 단순한 서사로 정리될 만한 사태가 긴장감이 극대화 된 극적 사건으로 변환된다. 이런 특성은 시간적 차원이 아니라 인과관계에서도 작동한다.

> 별 많은 밤
> 하늬바람이 불어서
> 푸른 감이 떨어진다 개가 짖는다
>
> — 백석, 「청시」 전문(1-356)

이 시에서 감이 떨어지고 개가 짖는 사태는 단순히 독립적인 사건이 아니다. 감이 떨어지는 소리를 듣고 개가 경계하며 소리 내어 짖는 것으로, 즉 두 사태가 인과관계로 연결되어 있다. 인과관계를 인정하면 그때 시제는 시간적 선후 관계를 나타내거나('푸른 감이 떨어졌다. 개가 짖는다') 인과관계를 표시하는 표현으로

('푸른 감이 떨어지자 개가 짖는다') 나타내는 게 마땅해 보인다. 그런데 이 시에서 두 사건은 어떤 관계 표지도 없이 현재 시제로 표현되어 있다. 그래서 그 사건은 인과나 선후 관계와 무관하게 대등하면서도 독립적으로 존재하는 것처럼 보인다. 그래서 짧은 시임에도 불구하고 단순한 묘사를 넘어서서 의미 잉여를 산출하는 효과를 지니게 되었다. 이 역시 서정 시제의 공시성을 잘 보여 주는 경우라 할 수 있다.

3) 초시간성

초시간성은 서정 시제가 현실적 시간을 초월하는 특성을 가리키는데, 하위 특성으로 '영원성'과 '반복 가능성'을 들 수 있다. 먼저, 영원성은 서정 시제가 현재 상황 자체를 지시하는 게 아니라 시간적 한계를 벗어나서 무한한 상태를 나타내는 경향을 말한다. 이것은 국어학에서 말하는 보편적 진리를 나타내는 현재 시제의 특성('물은 100도에서 끓는다', '해는 동쪽에서 뜬다')과 무관하다. 이런 예시에 나오는 '끓는다', '뜬다' 같은 서술어는 동사임에도 불구하고 움직임의 활력과 무관한 일종의 관념적 규정에 가깝다. 반면에 서정 시제에서 동사는 움직임의 느낌을 구체적으로 지니면서도 무한한 시간 감각을 보유하고 있다.

산은
구강산
보랏빛 석산

산도화
두어 송이
송이 버는데

봄눈 녹아 흐르는
옥 같은
물에

사슴은
암사슴
발을 씻는다

— 박목월, 「산도화 1」 전문(1-408)

  이 시에서 현재 시제 서술어는 마지막에 등장하는 '씻는다'이다. 그런데 이 행위는 기본적으로 일회적인 현재의 움직임을 나타내지만, 시 전체를 놓고 볼 때 마치 역사화나 신화 소재 그림의 한 장면처럼, 비일상적이고 무한한 시간 속에 놓인 동작으로 느껴진다. 사슴은 단 한 번 발을 씻지만, 영원한 시간 속에서 '발을 씻는' 존재가 되는 것이다. 그래서 독자는 이 구절을 읽을 때 사슴의 행동을 구체적 시간 차원에서 이루어지는 역사적 동작이 아니라 무한한 시간 속에서 유지되는 신화적 행동으로 인식하게 된다. 이런 특성 때문에 서정 시제의 현재를 "영원한 현재(eternal present)"[43]라 부르기도 하는 것이다.

이런 영원성은 앞서 컬러가 말한 현재 시제의 "서정시적 발언의 반복 가능한 지금"[44]이라는 특성, 즉 반복 가능성과도 연계된다. 영원성을 지니기 때문에 그것은 완료되지 않고 계기가 주어지기만 하면(즉 독자가 읽으면) 그 즉시 활성화되어 언제나 다시 그 움직임을 반복할 수 있는 것이다. 이런 특성에 대해서는 라이트의 다음 언급이 인상적이다.

> 서정시제로 한 진술은 한 번 이상 발생하지 않을 수 있지만, 그러나 계속 발생한다. 우리가 시를 읽었을 때 그의 교실에서 예이츠는 다시 걷지 않는다. 그럼에도 그 시를 다시 읽을 때 우리는 그가 여전히 걷고 있음을 발견한다. 휘트먼은 여전히 서 있고 키츠는 여전히 어둠 속에서 듣고 있다.[45]

반복 가능성은 수용적 측면에서 발견되는 서정 시제의 특성이다. 영원성에 바탕을 두고 있기에 가능한 특성이라 할 수 있다. 즉 이미 주어진 시제 자체가 영원성의 차원에 놓여 있기 때문에, 독자가 읽을 때 「산도화 1」에서 사슴은 여전히 발을 씻고 있고, 「윤사월」에서 처녀는 여전히 "문설주에 귀 대이고/엿듣고 있"(1-405)는 것이다. 이처럼 영원성과 반복 가능성은 서로 연계된 초시간성의 하위 특성이라 할 수 있다.

---

43. Susanne K. Langer, 앞의 책, 245쪽.
44. Jonathan Culler, 앞의 책, 289쪽.
45. George T. Wright, 앞의 글, 566쪽. 라이트는 휘트먼의 "이제 이 자리에 나는 굳건한 영혼을 지니고 선다"(「나에 대한 노래 44」), 키츠의 "어둠 속에서 나는 듣는다"(「나이팅게일에게」)를 인용한 바 있다.

4) 수행성

수행성은 특정한 행위를 가리키는 선언적 동사를 현재 시제로 표현함으로써 즉각적인 실제감과 현실감을 강화하면서 동시에 독자를 수행의 현장에 참여하는 듯한 느낌을 주는 효과를 가리킨다. 다음 시에서 '쓴다'는 동사가 좋은 예가 된다.

> 신새벽 뒷골목에
> 네 이름을 쓴다 민주주의여
> 내 머리는 너를 잊은 지 오래
> 내 발길은 너를 잊은 지 너무도 너무도 오래
> 오직 한가닥 있어
> 타는 가슴 속 목마름의 기억이
> 네 이름을 남 몰래 쓴다 민주주의여
> ― 김지하, 「타는 목마름으로」 부분

이 작품에서 '쓴다'라는 현재 시제 동사는 발화하는(혹은 읽는) 순간 그 행위가 수행되는 효과를 발휘하여 현장성과 실제감을 획득한다. '민주주의'라는 어휘를 벽에 쓰는 행위가 텍스트 상의 문자에서 행동의 실현 효과를 지니는 것이다. 독자는 현재 시제의 발화를 들으면서(혹은 읽으면서) 그 현장에 참여하고 그 행위에 동조하는 느낌을 얻게 된다.

그런데 일상 발화와 달리 시에서는 현재 시제의 수행성이 수행 동사나 유사한 동사를 통해서만 실현되는 것이 아니라, 그와 무관한 품사에서도 효과를 발휘한다.

> 아침은 모든 게 가까이 있다.
> 손을 뻗치면 머언 산들이 파충류처럼
> 푸르고 서늘하게 만져져서 깜짝, 놀라기도 한다.
> — 이준관, 「아침은 모든 게 가까이 있다」 부분

여기에 사용된 '놀라기도 한다'(혹은 '놀란다')는 서술어는 수행 동사가 아니지만 유사한 효과를 발휘한다. 파충류 같은 산이 촉각적으로 느껴져 '깜짝, 놀라'는 행위는 아침의 감각적 민감성을 표현하는 묘사에 불과할 수 있지만, 시적 화자의 발화(혹은 독자의 읽기)를 통해 그 놀라움의 행위는 수동적인 묘사에서 벗어나 능동적인 수행의 효과를 지니는 것이다. 이처럼 시에서는 수행 동사와 다른 서술어가 유사한 효과를 발휘한다는 점에서 다른 갈래의 언어적 효과와 차이가 난다. 컬러는 이런 수행성이 시를 허위 진술이 아니라 "창조적이고도 세계를 변화시키는 언어 양식"[46]이 되게 만든다고 강조한다.

5) 숭고성

숭고성은 서정 시제로 표현된 행위가 평범하고도 일상적인 행위가 아니라 더 고양되고 위엄을 지닌 특별한 행위로서 인식되는 경향을 가리킨다. 숭고성에는 제의성과 예지성이 하위 특성

---

46. Jonathan Culler, 앞의 책, 15쪽.

으로 설정될 수 있다. 전자는 서정 시제의 행위가 일상적인 행위를 넘어서서 의례적(儀禮的)인 행위로서의 특별한 위상을 지닐 때 나타나는 특성이며, 후자는 서정 시제의 발화가 지니는 풍부한 비전과 지혜로부터 풍겨오는 고귀함의 특성을 가리킨다. "예지성과 제의성(vision and ritual)은 밀접하게 연관되어 있기에"[47] 함께 다루는 것이 적절하며, 이 둘이 어우러져서 숭고성을 형성한다. 다음 작품이 좋은 예가 될 만하다.

지금은 남의 땅— 빼앗긴 들에도 봄은 오는가?

나는 온몸에 햇살을 받고
푸른 하늘 푸른 들이 맞붙은 곳으로
가르마 같은 논길을 따라 꿈 속을 가듯 걸어만 간다.
— 이상화, 「빼앗긴 들에도 봄은 오는가」 부분(1-69)

이 작품의 화자는 들판의 생명력을 마음껏 느끼며 논길을 걸어가고 있다. 그런데 현재 시제('걸어만 간다')를 사용함으로써 과거의 습관적 경험일지도 모를 그 행위는 산책이라는 일상적인 행위 그 이상으로 상승하게 된다. 마치 종교적 의식을 치르는 사제처럼 시적 화자는 어떤 공적 행위를 수행하는 존재가 되는 것이다. 그래서 논길을 걷는 일은 "특정한 관찰 가능한 순간에 얽매이지 않는 제의적인 행동"[48]이 된다. 이런 제의성을 확인해 주

---

47. George T. Wright, 앞의 글, 568쪽.
48. Jonathan Culler, 앞의 책, 291쪽.

는 것이 바로 앞의 예지적인 구절, "지금은 남의 땅—빼앗긴 들에도 봄은 오는가?"라는 문장이다. 이 문장을 통해 화자의 걷기는 일상적인 개인적 산책이 아니라 '남의 땅, 빼앗긴 들'에 대한 애정을 확인하고, 그 원초적 생명성을 온몸으로 받아들이는 숭고한 행위로 확인된다.

이처럼 시에서는 현재 시제 동사가 일상성을 넘어서서 신성한 제의적 행위를 가리키는 경우가 흔하다. 그리고 이때의 화자는 예지가 풍부한 통찰을 제공하는 일종의 선지자 역할을 쉽게 떠맡는다(이것은 시적 화자의 '고양된 주체'라는 특성과 연계되어 있다).

(가) 겨울산을 오르면서 나는 본다.
　　　가장 높은 것들은 추운 곳에서
　　　얼음처럼 빛나고,
　　　얼어붙은 폭포의 단호한 침묵.
　　　　　　　　　— 조정권, 「산정묘지 1」 부분(2-256)

(나) 가난이야 한낱 남루에 지나지 않는다
　　　저 눈부신 햇빛 속에 갈매빛의 등성이를 드러내고 서 있는
　　　여름 산 같은
　　　우리들의 타고난 살결, 타고난 마음씨까지야 다 가릴 수 있
　　으랴.
　　　　　　　　　— 서정주, 「무등(無等)을 보며」 부분(1-277)

(다) — 포수는 한 덩이 납으로

2. 서정 시제　71

> 그 순수를 겨냥하지만,
> 매양 쏘는 것은
> 피에 젖은 한 마리 상한 새에 지나지 않는다.
>
> — 박남수, 「새 1」 부분(1-398)

 (가)의 겨울 산을 오르는 행위는 일종의 종교적 구도 과정과 유사한 느낌을 준다. 그는 레저 활동의 일종으로 겨울 산을 오르는 게 아니다. 현재 시제의 행위('나는 본다')가 일종의 통찰적 행위이기 때문이다. 그래서 그가 보는 것이 단순한 겨울 산의 풍경이 아니라 그 이면에 존재하는 본질적인 의미나 '가장 높은 것들'의 신성함인 것이다. 그가 겨울 산을 오르면서 얻은 통찰이 시적 내용을 구성하고 있다는 사실이 이런 느낌을 강화한다. 그의 행위가 일종의 제의적 행위임을 이로부터 확인할 수 있다. 시적 화자가 이처럼 제의 집행자 역할을 기꺼이 떠맡기 때문에 시에는 (나), (다)와 같이 삶의 통찰이 담긴 잠언적 현재가 흔하게 등장한다. 그리고 바로 이런 예지에 찬 구절 때문에 독자들은 여기에 밑줄을 긋고 그 선언에 귀를 기울이는 것이다. 그 예지가 이런 예들처럼 윤리적 영역과 가까운 경우가 많지만, 눈 내리는 소리를 포착한 "먼-곳에 여인의 옷 벗는 소리"(김광균의 「설야」, 1-237) 같은 미적 영역과 맞닿은 경우도 흔하다. 이런 예들에서 서정 시제가 제의성과 예지성을 통하여 숭고성이라는 특성을 획득하고 있음을 확인할 수 있다.

4. 마무리

 이번 장에서는 서정 시제가 시의 지배적 시제인지를 실증적으로 검토하고, 서정 시제의 특성에 대해 구체적으로 살펴보았다. 시선집의 시를 면밀하게 분석하여 시제의 통계 결과를 제시한 것은 앞으로 관련 주제를 다루는 데 유용한 기반이 될 것이다. 또한 서정 시제의 특성을 무시간성, 공시성, 초시간성, 수행성, 숭고성으로 나누어 검토한 것은 서정 시제의 구체적인 면모를 파악하는 데 도움을 줄 것이다.

 서정 시제의 특성은 시적 화자의 특성과 매우 밀접한 관련을 지니고 있으며, 이것은 범맥락화와 이 책 후반부의 중심적인 주제인 초월 감각과 어느 정도 연계되어 있다. 즉 서정 시제는 범맥락화를 나타내는 기본적 요소이면서 초월 감각이라는 내용도 암시하고 있어서, 시의 전반적인 특질을 모두 함축하고 있는 개념이라는 점에서 주목할 필요가 있다.

 주제 시로 제시한 정지용의 「난초」는 절대 시제를 적극적으로 사용하고 있다. "난초 잎에/엷은 안개와 꿈이 오다", "난초 잎은/별빛에 눈떴다 돌아눕다"와 같은 구절에서, 난초 잎의 행위는 시간의 지평을 떠나 비현실적인 절대적 행위로 변모한다. 난초 잎과 관련된 모든 상황은 시간의 좌표를 떠나서 전혀 이질적인 차원에 놓인 듯하다. 절대 시제가 시간성을 완전히 제거하여 시적 행위를 시공간의 절대적 원점에 배치하였기에 가능한 효과라 할 수 있다. 어쩌면 절대 시제는 서정 시제의 궁극적인 형태라 할 수 있을 것이다.

3. 텅 빈 주체

얼마나 오래
이 안을 걸어 다녀야
이 흰빛의 마라톤을 무심히 지켜보아야

나는 없어지고
시인은 탄생하는가

— 허수경, 「눈」 전문

1. 본질적 논의의 부족

우리의 경우 시에 등장하는 '나'에 대한 논의는 1960년대까지 몇몇 선구적인 언급 이후,[1] 1980년대에 김준오가 자신의 저서 『시론』[2]에서 '퍼소나'를 독립적인 항목으로 다루면서 확산하였다. 이후 소강상태에 놓여 있다가 서정적 자아, 시적 자아, 퍼소나(persona), 화자 등의 '시적 주체'의 성격을 검토한 논의 이래,[3] 다시 관련 논의가 활발하게 이루어지고 있다.

이후 다양한 논의가 나왔지만 그럼에도 시적 화자에 대한 본질적인 논의가 생략된 것은 아닌가 하는 아쉬움을 남겼다. 그것은 그 다양한 명칭 아래 존재하는 공통된 기의의 속성에 대한 논의 없이, 화자의 형식적인 분류나 교육적 효용 등에만 초점을 맞추어 왔기 때문이다. 이렇게 된 근본적인 이유는 시적 화자라는 개념이 시학 상의 독립적 중요성을 인정받지 못하였다는 데 있다. 그래서 시의 구성 요소로서 흔히 언급되는 리듬, 이미지, 비유 등과 달리, 화자의 경우는 시론 논의에서 배제되거나, 논의되

---

1. 1960년대까지 이루어진 관련 논의는 다음과 같다. 양주동, 「예술과 인격, 특히 시적 인격에 就하야」, 『동아일보』, 1925. 7. 19; 송욱, 『시학평전』, 일조각, 1963; 김윤섭, 「Gottfried Benn의 서정적 자아」, 『독일문학』 5-1, 한국독어독문학회, 1966.
2. 김준오, 『시론』, 문장사, 1982. 이후 여러 차례 개정판이 나오면서 '퍼소나' 항목이 유지되었으며 내용이 수정 보완되었다. 1982년 판에서 퍼소나 부분은 14쪽에 불과하였으나 이후 제4판에서는 25쪽으로 늘어났다. 이 부분은 다음 논의를 바탕으로 하고 있다. 김준오, 「탈(Persona)의 시론 서설」, 『한국문학논총』 1, 1978; 김준오, 「탈의 시론 서설 2」, 『코기토』 17, 1978.
3. 윤지영, 「시 연구를 위한 시적 주체(들)의 개념 고찰」, 『국제어문』 39, 국제어문학회, 2007.

더라도 비본질적인 측면에 치중되어 왔던 것이다.

시적 화자에 대한 본질적인 논의가 부재한 구체적인 이유는 크게 두 가지로 정리할 수 있다. 첫째는 시적 화자의 변별성에 대한 인식 부족이다. 학자 대부분은 시적 화자가 '1인칭 화자'라는 점에서 다른 갈래의 화자와 다를 바 없다고 판단하고 있다. 체험 시의 1인칭 화자를 "소설에 있어 주인공 시점과 같다"[4]고 하는 언급에서 이를 확인할 수 있다. 시와 다른 갈래의 1인칭 화자가 동질적이라는 이런 일반적인 전제 때문에 시적 화자의 독자적인 특성이 인식될 수 없었던 것이다. 둘째는 시적 화자인 '나'를 시인과 동일시하는 전통적인 입장을 하나의 전제로 삼고 있다는 점이다. "시는 수필과 마찬가지로 가장 주관적이고 고백적인 장르"(280)라는 규정에서 이를 확인할 수 있다. 시에 등장하는 '나'를 시인과 동일시해 버리면 화자는 실증적 검토의 대상이 되어 버려, 미적 장치로서의 시적 화자에 대한 논의에 독립적인 의미를 부여할 수 없게 된다.

이와 같은 이유로 지금까지 시적 화자에 대한 본질적인 논의가 부족했다. 그 결과는 현재 우리가 사용하는 '시적 화자'라는 용어로 나타나기도 한다. 이 용어와 같은 의미로 흔히 사용되는 서구의 '포에틱 아이(poetic I)', '리릭 아이(lyric I)'는 시에 등장하는 1인칭 '나'에 초점을 맞추고 있다. 이는 시의 1인칭 화자가 지닌 변별성을 전제로 한 개념임을 의미한다. 우리의 경우, 이 말을 '자아' 혹은 '주체'로 번역하면서 '나'의 직접적인 함의를 놓

---

4. 김준오, 『시론』(제4판), 삼지원, 2000, 288쪽.

치고 있는 셈이다.[5] 시적 화자에 대한 인식의 차이를 이런 개념 사용에서 확인할 수 있다.

필자는 먼저 시적 화자의 다양한 명칭을 비판적으로 검토하고 그 이면에 담긴 의도와 개념상의 오류 등을 살펴보고자 한다. 다음으로 이를 바탕으로 다른 갈래의 1인칭 화자와 변별되는 시적 화자의 갈래적 특성을 고찰하고자 한다.

2. 시적 화자의 여러 명칭

시적 화자의 사전적 정의는 "시 속에서 말하는 이"이며, 풀어서 설명하자면 '시의 내용을 청자에게 전달하기 위해 설정한 가장 이상적인 말하는 이'이다. 특정한 이론적 배경에 따라 "시적 담화에서 의미적 국면을 산출하는 주체"[6]로 정의하기도 한다. 이런 기의를 지닌 용어가 그 맥락이나 전략에서 차별성을 지니며, 서정적 자아, 시적 자아, 퍼소나, 화자, 말하는 주체, 시적 주체 등 여러 명칭으로 사용되고 있는데, 그 의미에 관해서는 선행 연구에서 어느 정도 검토가 이루어졌다. 그러나 이들 유사 개념들에 대한 설명 중 부정확한 설명이나 오류에 기반한 개념 규정

---

5. 가령 함부르거의 '서정적 자아, 역사적 자아, 논리적 자아'라는 용어의 '자아'는 원문 'Ich'의 번역어로서, 축자적으로 번역하자면 '서정적 나, 역사적 나, 논리적 나'가 되어야 한다. Paul Hernadi, 김준오 역, 『장르론』, 문장사, 1983, 68쪽 참조.
6. 윤석산, 『현대시학』, 새미, 1996, 105쪽. 이 책은 '화자 시학'을 표방하며 화자 문제를 시학의 중심에 놓고 있다는 점에서 주목할 만하다.

등이 있어 이에 대한 논리적 보완이 필요하다.

1) 퍼소나(탈), 화자

퍼소나(persona)와 화자(speaker) 중 전자는 1910년대 후반에 등장하여 "에즈라 파운드에 의해 유행하고, 예이츠에 의해 동력을 얻고, 엘리엇에 의해 제도화된 개념"[7]이며, 후자는 고대에서부터 존재해 왔지만 전자와 비슷한 시기에 언어학의 영향으로 새로운 의미를 지니며 파급된 개념이다.[8] 이들 개념은 1940년대 신비평의 득세와 더불어 문학 용어로 널리 사용되기 시작하였다. 퍼소나라는 말은 작품 내의 '나'가 실제 시인과 거리를 두고 있음을 강조하기 위해, 화자라는 말은 시가 일종의 발화라는 점을 강조하기 위해 선택되었다. '화자'와 '퍼소나'라는 신비평적 개념은 이후 관련 논의의 기본이 되어 실제 시인과 시적 '나'의 분리를 강화하였다.

처음에 에즈라 파운드는 시인과 구별되는 시적 장치로서 퍼소나에 대해 독립적인 지위를 부여하였으나, 신비평에 오면 화자

---

[7]. R. C. Elliott, *The Literary Persona*, Chicago: The Univ. of Chicago Press, 1982, 16쪽. 에즈라 파운드가 시집 『퍼소나(*Personae*)』를 영국에서 출판한 것이 1919년이며, 그는 이후 여러 글에서 '퍼소나'라는 개념을 다루고 있다.

[8]. 플라톤과 아리스토텔레스의 "고대적 구분"(시인이 자신의 목소리로 말하는 시와 시인이 창조한 등장인물이 말하는 시에 대한 구분)은 화자를 가정한 것이다. 다만 이때의 1인칭 화자는 시인과 동일시된다는 점에서 현재 통용되는 개념과는 거리가 있다. Alex Preminger(ed), 'persona', *Encyclopedia of Poetry and Poetics*, Princeton University Press, 1993, 900쪽.

개념은 퍼소나 개념을 흡수하여 버린다. 신비평을 확산시킨 웰렉과 워렌의 『문학의 이론』에 나오는 "주관적인 서정시에 있어서도 시인이 말하는 '나'는 허구의, 가정(假定, 원문은 'dramatic': 인용자)의 '나'다."[9]라는 언급이 그 예가 될 만하다. 따라서 화자와 퍼소나의 개념 차이를 부각시켜 이들 개념의 유사성에 혼란을 주는 논의에 주의할 필요가 있다. 현재 우리 시 논의에서 사용되는 '시적 화자'라는 말은 화자나 퍼소나의 공동 번역어에 가까운 개념, 그 교집합을 지칭하는 개념이라 할 수 있다.

2) **시적**(서정적) **자아**(주체, 주인공)

시적 자아, 시적 주체, 서정적 자아, 서정적 주체, 서정적 주인공 등은 동일 계열의 용어로, 원 개념인 '시적 나(poetic I)'로부터 파생된 것이다. 이것들은 우리 시학 논의에서 학자들이 각자 자신이 강조하고자 하는 의도에 따라 사용한 용어들로서, 기본적으로 시에 등장하는 '나'를 가리키는 중립적인 개념이라 할 수 있다. '시적 나'에서 갈래 개념을 나타내는 앞부분은 논자에 따라 '시적', '서정적'으로, 존재 개념을 나타내는 뒷부분은 '자아', '주체', '주인공' 등으로 옮겨진다. 이들 개념을 둘러싼 문제의식은 다음 인용문에 잘 드러난다.

이분법적 개념틀에 의하건, 아니면 일원론적인 개념틀에 의하건

---

9. R. Wellek & R. P. Warren, 김병철 역, 『문학의 이론』, 을유문화사, 1982, 36쪽. 원서의 초판은 1949년에 나왔다.

화자층에 대한 이런 관점은 영어의 'Poetic I'로 시의 정서나 서술을 주도하는 인물이다. 그리고 이에 대한 축자적 번역은 시적 자아이다. 이때 'Poetic'을 시적 또는 서정적으로 'I'를 자아 또는 주체로 해석하여, 이들을 결합할 용어를 가지고 논의를 전개하고 있다. 이 중에서 시적이라는 개념보다는 서정적이라는 개념이 더욱 포괄적이고, 나름의 내포적 의미를 지니는 것으로 생각된다. (…) 또 이 글에서는 자아라는 용어보다는 주체라는 용어를 사용하고자 한다. 그 이유는 'I'가 존재 개념을 내포한 자아에 머물지 않고, 객체라는 상대적 존재를 대타적으로 인정하고 있으며, 그 자신의 능동적인 역할이 주체라는 용어에는 내포되어 있기 때문이다. 이런 관점에서 필자는 시의 정서를 주도하는 존재를 서정적 주체 또는 주체로 부르고자 한다.[10]

이 글의 필자는 '포에틱 아이(Poetic I)'의 번역어 중에 '서정적 주체'를 선택하고 있다. 그것은 이 개념에 장르를 넘어서는 확장성과 대타적 의식, 능동적 역할이 내포되어 있다고 판단하기 때문이다. 이때 주체라는 개념이 주로 리얼리즘 시 논의에서 선호되었다는 연구사적 배경도 참고할 만하다. 이처럼 동일한 개념을 어떤 식의 용어로 변환하느냐의 문제는 사용자의 의도와 깊은 관계가 있다. 따라서 이런 용어를 사용할 때는 그 의도를 파악할 필요가 있다.

이들 개념 중 '서정적 자아'와 '시적 자아(poetic I)'의 차이를

---

10. 윤여탁, 「서정시의 시적 화자와 리얼리즘에 대하여 — 이용악의 시를 중심으로」, 『한국현대문학연구』 4, 한국현대문학회, 1995, 58쪽.

강조하여, 전자는 실제 시인과 동일시되는 개념으로, 후자는 실제 시인과 거리를 둔 허구적 개념으로 대립시키는 논의에 주의할 필요가 있다.[11] '서정적 자아'라는 용어가 최초로 사용된 독일에서도 이 말은 처음에 시인과 화자의 동일시를 부정하고 시 내용상의 허구적 주체를 가리키기 위해 사용되었다. 이후 창조자로서의 시인을 가리키는 용어로도 사용되긴 하였으나 "아직 통일된 의견의 수렴이 되지 않"[12]은 용어로 다루는 것이 타당하다. 따라서 서정적 자아를 시인 자신과 동일시되는 용어로 단정적으로 규정하는 것은 섣부르다고 할 수 있다.

이보다 더 문제되는 것은 "시적 자아"를 허구적 자아로만 규정하는 관점이다.[13] 그 근거로 제시되고 있는 레오 스피처(Leo Spitzer)의 논의에서도 이 용어는 시인과 완전히 다른 허구적 자아만을 가리키는 특수한 개념이 아니다. "중세에는 '시적 자아(poetic I)'가 오늘날보다 더 많은 자유와 더 넓은 폭을 지녔다"[14]

---

[11]. 윤지영, 앞의 글, 144-150쪽. 권혁웅과 조강석의 논의도 이런 구분(특히 서정적 자아를 시인과 동일시하는)을 전제하고 있다. 권혁웅, 「주체-화자를 어떻게 봐야 할 것인가」, 『시론』, 문학동네, 2010; 조강석, 「서정시의 목소리는 누구/무엇의 것인가? ― 누구/무엇의 목소리인가?」, 『현대문학의 연구』 39, 한국문학연구학회, 2009 참조.

[12]. 안성찬, 「'서정 자아'의 특성과 문제점」, 『독어교육』 16, 한국독어독문학교육학회, 1998, 496쪽. 정두홍은 서정적 자아에 대한 독일 논의 현황을 정리한 바 있는데, 슈피너와 뮐러 논의의 공통점을 "서정적 자아를 실제 작가와 구별"한 것에서 찾고 있다. 정두홍, 「시의 화자」, 『인문과학연구』 9-1, 서원대학교 인문과학연구소, 2000, 225쪽.

[13]. 윤지영은 '시적 자아(poetic self)'라는 개념이 "레오 스피처가 경험적 자아의 대립 개념으로 제안했던" 용어라 하였다. 윤지영, 앞의 글, 149쪽.

[14]. Leo Spitzer, "Note on the Poetic and the Empirical 'I' in Medieval Authors", *Traditio*, Vol. 4, Cambridge University Press, 1946, 415쪽.

는 언급만 보아도 이를 확인할 수 있다. 이때의 시적 자아는 중세나 현대에 통용되는 일반적인 시적 '나'를 가리키는 개념일 뿐, 중세에 국한된 개념이 전혀 아니다. 다만 중세의 시적 자아가 시인의 경험적 자아를 탈피하여 인간의 보편적 정서를 다루는 주체였음을 강조할 뿐이다. 따라서 '서정적 자아'와 '시적 자아'는 대칭적인 개념이 아니기에, 이 용어들을 시 속의 '나'를 나타내는 가치중립적 개념으로 다루는 것이 바람직하다. 다만 각국의 논의 상황이나 학자 개인의 성향에 따라 여기에 어떤 특수한 의미가 부여된다는 점을 기억할 필요가 있다.

'시적 나(poetic I)'의 번역어(혹은 대응 개념) 중 시적 화자 논의에 잘 언급되지 않는 '서정적 주인공'이라는 독특한 용어도 같이 다룰 필요가 있다. 이것은 1950년대 러시아 시론에서 제기되고 이후 북한에서 공식화된 개념으로, 구체적 의미는 다음 인용문에 잘 정리되어 있다.

> 서정적 주인공이란 시에서 표현된 사상과 감정의 소유자를 말한다. 서정시는 반드시 서정적 주인공의 입장에서 그의 명의로 쓰이게 되며 많은 경우에 시를 쓴 시인이 곧 서정적 주인공으로 등장한다. 그것은 대다수 경우에 서정시가 1인칭의 입장에서 쓰여지기 때문이다.
>
> 그러나 시인이 서정적 주인공으로 등장하는 시에 있어서도 그 시에 나타난 모든 사상과 감정이 그 시인 개인의 것으로는 될 수 없다. 반드시 서정시의 주인공은 동시대의 선진적 인간들의 특징적인 감정을 진실하게 전달해야 하는 것이다.

> 시인은 자기의 사상 감정을 통하여 그 시대 인간들의 사상 감정을 일반화하며 일정한 사회적 계층, 역사적 시기에 특징적인 전형적 사상 감정을 강조한다. 이를 위하여 시인은 예술적 허구를 리용한다. 그것은 다른 쟌르의 작가들이 허구를 리용하듯이 생활적으로 정당하고 일반화된 예술적 형상을 창조하기 위해서이다.[15]

이 글에서 '예술적 허구'라는 규정이 시에 적극적으로 적용되고 있다는 사실이 주목할 만하다. 시가 시인의 개인적 체험에 국한되지 않고 더 확장된 리얼리즘적 전형을 획득해야 한다는 요구도 이로부터 가능해지게 된다. '화자'나 '자아(주체)' 대신에 '주인공'이라는 용어를 사용하는 까닭은 이 허구적 구성을 이끌어 가는 존재가 필요하기 때문이기도 하지만, 무엇보다도 그 존재가 사회주의 공동체의 이상을 실현할 수 있는 능동적인 주체여야 하기 때문일 것이다. 그래서 '자아', '주체'처럼 자율적 개인을 연상시키는 개념보다는 주인공이라는 말이 더 선호되었을 것이다.

3) 시적 주체(들)

2000년대 들어 포스트모더니즘의 영향으로 '시적 주체(들)'이라는 개념이 등장하였다. 이 개념은 기존의 화자 관련 개념들이

---

15. 「문학소사전」, 『청년문학』 11, 1962. 51쪽; 노혜경, 「북한에서 국가와 시인의 관계 연구: '서정적 주인공'을 중심으로」, 북한대학원대학교 박사학위논문, 2013, 56쪽에서 재인용.

모두 텍스트 이전에 존재하는, 단일하고 통일된 선험적인 주체를 상정하고 있다는 점을 비판하며 텍스트의 결과로 구성되는 이질적인 주체를 그 대안으로 제시하고자 한다. 화자 대신 등장한 이 주체는 "단일한 목소리를 가진 한 사람이 아니라 특정 발화가 만들어내는 수행적인 효과를 이르는 이름", "시적 언술을 산출하는 '실체'가 아니라, 이 언술들의 구조화된 장에서 생겨나는, '말하는 것으로 가정된' 어떤 지점"[16]이다.

이 개념은 시적 화자와 시인의 동일시를 깨트린 '가상적 주관성'에서 한 걸음 더 나아가 가상적 주체의 통일성 혹은 일관성마저 부정한다. 이제 시적 화자는 '분열된 주체들'의 덩어리로서, 생산과 수용의 차원에서 모두 작동하는 개념이 되었다. 즉 이 화자는 텍스트 형성 시에 시인으로 상정된 통일된 자아의 반영도 아니고, 텍스트 수용 시에 독자에게 부여되는 단일한 자아도 아닌 것이다. 다성성과 유사한 함의를 지니기 때문에, 이 개념은 바흐친이 주장한 시적 세계의 폐쇄성을 근원적으로 부정하는 근거가 될 수 있다는 점에서 문학사적 의미를 지닌다.

그러나 이런 시도가 경청할 만한 메시지를 지니고 있음에도 불구하고 아직 가능성의 차원에서 주체라는 개념을 재해석하는 수준에 그치고 있으며, 근원적으로 기존의 한계를 극복한 개념인지도 확인하기 어렵다는 점에서 검토의 대상이 되기에는 시기상조라 할 수 있다.[17] 또한 시 속의 '나'와 발화 원인으로서 시인의 관

---

16. 권혁웅, 위의 글, 31-32쪽.
17. 이에 대한 비판은 윤지영, 「'가르치고-배우기'로서의 시 읽기의 가능성 — 대화로서의 시, 화자와 주체 개념의 검토를 통하여」, 『한국문학이론과 비

계를 다루는 논의들이 부딪히는 곤경을 피하고자, 화자 개념을 의도적으로 회피하고 있다는 점도 한계로 지적할 수 있다.[18]

또한 이 개념은 시와 관련된 다양한 주체와 혼동될 우려가 있어 수용 시에 주의할 필요가 있다. 채트먼의 서사 도식을 시 텍스트에 적용할 때, 그 구성 요소가 모두 '시적 주체'가 된다고 할 수 있기 때문이다.

실제 시인 → |내포 시인 → (화자) → (청자) → 내포 독자| → 실제 독자[19]

이 도표에서 네모는 텍스트를 의미하고 각각의 구성 요소들은 작품의 소통에 필요한 주체들이다. '실제 시인'과 '실제 독자'는 텍스트 밖에서 텍스트를 생산, 소비하는 주체들이다. '내포 시인'은 독자가 시 텍스트를 읽으면서 상상 혹은 유추를 통해 형성하는 가상적 생산 주체이며, '내포 독자'는 시 텍스트를 통해 구성되는 이상적인 수용 주체를 가리킨다. 그리고 화자는 텍스트에서 발화하는 주체이며, 청자는 그 발화를 수신하는 주체이다. 시 텍스트를 둘러싼 이 모든 주체들을 '시적 주체'라 할 수 있다. 그리고 앞서 '시적 주체'나 '시적 주체(들)'이라 부른 용어

평』 77, 한국문학이론과비평학회, 2017 참조.
18. 화자라는 개념 대신 IA(내포 작가)라는 용어를 사용하는 웨인 부스의 경우도 여기에 포함된다. Wayne C. Booth, 방민호·최라영 옮김, 「'암시된 저자'는 필요한가?」, 『문학의 오늘』, 2013 여름 참조.
19. S. Chatman, 한용환 옮김, 『이야기와 담론』, 고려원, 1990, 179쪽. 용어 통일을 위해 번역상의 용어를 다소 수정한다. 원 번역은 다음과 같다. "real author(실제 작가) → implied author(내포 작가) → narrator(화자) → narratee(수화자) → implied reader(내포 독자) → real reader(실제 독자)"

는 위 도표상의 '화자' 한 주체만을 가리키는 지칭일 뿐이다. 즉 텍스트 내의 발화 주체에 대한 이칭인 것이다. 시적 주체라는 용어를 이해할 때는 이런 전체적인 윤곽 속에서 화자의 존재론적 위치를 고려할 필요가 있다.

4) 시적 인격

앞의 용어들에 덧붙여 우리 시론에 등장한 최초의 시적 화자 개념으로 볼 수 있는 '시적 인격'이라는 용어도 소개하고자 한다. 양주동은 1925년에 「예술과 인격 — 특히 시적 인격에 취(就)하야」라는 독특한 글을 발표하고 있다.

> 그러나 시가 광범한 다른 예술들과 비교하여 그의 특색이 있고 그의 특질이 있는 이상 시적 인격은 다만 개성의 존재로서 만족될 수 없다. 좀 더 장엄하고 좀 더 숭고한 특수한 '맛'이 있어야 하겠다. (…) 시적 인격은 무엇이뇨? 여기 이르러 답안은 자못 용이할 줄 안다. 시적 인격이란 별것이 아니오 시의 당연히(또는 필연히) 소유할 바 모든 내용적 요소를 가리킴일다.[20]

이 글에서 말하는 '시적 인격'은 시의 "모든 내용적 요소"로 구성된 주체를 가리킨다. 다른 부분에서 "시적 인격은 온전히 시의 내용 안에 포함된다"고 바꾸어 말하기도 한다. 이는 시적 인격이

---

20. 양주동, 「예술과 인격 — 특히 시적 인격에 就하야」, 『동아일보』, 1925. 7. 19. 현대 표기법으로 수정함.

텍스트의 내용을 통해 형성되는 주체임을 뜻한다. 시적 인격이 내용과 긴밀하게 결부되어 있다는 것은, 이 주체가 텍스트 내에 독립적으로 존재하는 주체임을 시사한다. 그래서 이 개념은 시적 화자 개념과 유사하게 실제 시인과의 거리를 강조하는 역할을 한다.

양주동은 시적 인격과 시인의 관계에 대해, 이 둘이 밀접한 관계에 있지만 궁극적으로는 양자가 구별되는 것으로 판단한다. "시적 인격은 다만 개성의 존재로서 만족될 수 없다"는 것인데, 이는 시적 인격이 "개성의 존재"로서의 실제 시인과 차이를 지님을 인정하는 발언이다. 그에 따르면 시적 인격은 실제 시인보다 "좀 더 장엄하고 좀 더 숭고한 특수한 '맛'"을 지닌 존재, 즉 더 고귀한 상위의 차원에 속하는 존재이다. 이런 우월성은 "예술의 종교", "예술의 극치"로서 시라는 갈래가 지니는 예술적 우위를 전제로 한다. 그에 따르면 시적 세계는 "자유로운 정신"과 "상상"("시의 세계는 늘 '꿈'이오 '환(幻)'")의 세계이며 "윤리적 교화적 의미"와는 무관한 세계다. 결과적으로 시적 인격은 최고의 예술적 가치를 구현하고 있는 이상적 존재라 할 수 있다.

양주동의 '시적 인격'은 실제 시인과 독립된, 작품 내용상의 주체를 가리키는 것으로 시적 화자의 선행 개념이라 할 수 있다. '화자'라는 용어가 서구에서 1940년대에 본격적으로 파급된 점을 고려한다면, 이는 상당히 앞서 사용된 개념이 아닐 수 없다. 이것이 어떻게 가능하였던 것일까. 그것은 그가 기본적으로 시를 예술적 가상(假象)의 형식으로 이해하고 있었기 때문일 것이다. 바로 이 허구성에 대한 인식이 실제 시인과 구별되는 화자로서의 '시적 인격'을 탄생시키고 있다. 그리고 이 가상성은, 실제 시인과 시 속의 자아를 일치시켜 시인들의 대 사회적 참여를 강조한 당대 리얼리즘 계열 문인들의 윤리적인 압박에 대한 대항 담론의 바탕이 된다.[21] 이런 대항 담론에 대한 지향이 선행 개념의 탄생을 촉발한 것으로 보인다. 이후 그가 엘리엇의 「시의 세 가지 소리」를 번역한 것을 보면 화자 문제에 대한 그의 관심은 지속성을 지닌 것으로 보인다.[22] 양주동의 이 개념은 시적 화자의 선구적 개념으로서 의미가 있기도 하지만, 그런 개념의 등장 이면에 존재하는 이념적 지향을 확인하게 해 준다는 점에서도 의미를 지닌다.[23]

필자는 앞에서 검토한 용어 중 '시적 화자'라는 개념을 사용한다. 이 용어가 우리나라에서 가장 보편적으로 사용되고 있는 탓도 있지만, 무엇보다 이 개념이 시의 '나'와 시인의 동일시를 경계하는 용어로 사용되고 있으며, 언어학적 영향으로 비교적 가치중립적인 성격을 지니고 있기 때문이다.

---

21. 이 글 마지막의 '부기(附記)'에서 이를 확인할 수 있다. "심지어 어떤 이는 소위 도학자류의 '점잖은' 태도와 사회 각 정치가들의 남을 지배?하는 힘 같은 것을 인격이라 하야 예술가의 인격을 그와 방사하게 생각하며 요구한다. 그러나 그것은 턱없는 망상이다."
22. T. S. Eliot, 양주동 역, 「시의 세 가지 소리」, 『현대문학』, 1955. 5. 이 번역의 신속성은 다음 편집자 소개말에 잘 나타나 있다. "이 논문은 엘리옽이 런던의 서적동호회연차대회에서 행한 강연의 속기로서 1954년 4월 「대서양」지에 게재된 것이다. 현재 이 논문은 케임브릿지 대학출판부에서 간행기획중인 엘리옽의 새 논문집에 수록될 터이라고 전해지고 있다. 그러므로 이 논문은 다른 나라에도 아직 그다지 많이 소개되어 있지 않은 엘리옽의 최신의 일 노작이다"(22).
23. 이는 시(문학)와 현실의 연계에 거리를 두는 신비평의 이념적 지향과 유사하다.

3. 시적 화자의 갈래적 특성

이제 앞의 논의를 바탕으로 하여 서정시에서 시적 화자가 지닌, 다른 갈래(특히 소설)의 1인칭 화자와 변별되는 기본적인 특성이 무엇인지 다루고자 한다. 이에 대해서는 서구의 몇몇 논의에서 산발적으로 다루어 왔으나 이를 독립된 주제로 다룬 논의는 아직 없는 것으로 보인다. 필자는 시적 화자의 중요한 특성을 형식적 차원과 내용적 차원의 특성으로 나누어 전자에 속하는 특성으로 '텅 빈 주체' 및 '치환 가능한 주체'를, 후자에 속하는 특성으로 '고양된 주체'라는 개념을 제시하고자 한다.

1) 텅 빈 주체(범맥락화된 주체)

시적 화자의 특성으로 가장 먼저 다룰 것은 '텅 빈 주체'이다. 이는 다른 말로 '범맥락화된 주체'라 부를 수 있다. 시적 화자가 구체적이고도 특수한 성격을 지니지 않는다는 점에서 텅 빈 상태와 범맥락화는 동일하기 때문이다. 시 속의 '나'를 "빈 가리킴말(Leer-Deixis)"[24]이라 한 것도 이 때문이다. 우리는 범맥락화를 다루면서 서안나의 「애월 혹은」이라는 시에서 특수한 정체성을 벗어난 시적 화자를 이미 살펴본 적이 있다. 시적 화자의 이런 존재 특성은 슐라퍼의 다음 언급에 명확하게 정리되어 있다.

---

24. 정두홍, 앞의 글, 221쪽.

> 거의 모든 시들은 그 시 속의 '나'를 언젠가 한 번 만났던 구체
> 적인 사람으로 지칭하기를 단념한다. 서정시에서 '나'는 이름을
> 갖고 있지 않기에 구체적인 시간에서도, 찾을 수 있는 장소에서
> 도 살지 않는다. 그것은 자신의 가족적, 사회적 근본에 대해 침
> 묵한다. (…) 물론 그 자아는 그 구체적이고 일회적인 개성이 아
> 니라 모든 사람이 접근할 수 있는 추상적이고 일반화된 자아를
> 말한다.[25]

이 언급에 시적 화자의 한 측면, 즉 텅 빈 주체의 특징이 간결하게 요약되어 있다. 일반적으로 시의 화자 '나'는 특별한 경우가 아니라면 명확한 신분이나 이름과 같은 특수한 표지를 지니고 있지 않으며, 구체적인 시공간적 배경으로부터 이탈하고 있어, 독자는 그의 정체성이나 그가 처한 상황을 특정하기 매우 어렵다. 그저 일반적인 존재, 슐라퍼의 말대로 "모든 사람이 접근할 수 있는 추상적이고 일반화된 자아"로 다룰 수밖에 없는 것이다.

텅 빈 주체는 인물(1인칭 화자 포함)의 구체적 정체성을 중시하는 서사문학에서는 발견하기 어려운 특성이다. 화자에만 초점을 맞출 때, 시문학과 서사문학은 대조적인 방식으로 화자에게 정체성을 부여한다고 할 수 있다. 즉 전자가 하나의 주체를 텅 비게 하는(범맥락화하는) 반면에, 후자는 정반대로 이를 맥락화한다고 할 수 있다. 그래서 시적 화자에게 서사성을 부여한다는 것은 시적 화자의 "추상적이고 일반화된 자아", 다른 표현으로 "나라

---

25. Heinz Schlaffer, 변학수 역, 『신들의 모국어』, 경북대학교출판부, 2014, 138-139쪽.

고 일컫는 불특정한 주체"(211)에 구체적인 시공간적 배경과 특수한 정체성을 부여하는 일이 되는 것이다.

2) 치환 가능한 주체

다음으로 다룰 특성은 '치환 가능한 주체'이다. 이는 '텅 빈 주체'로부터 파생된 것으로서, 오래전에 김윤식이 시의 "기본적인, 가장 위력적인 특질의 하나"로 강조한 것이기도 하다.

> 서정시의 기본적인, 가장 위력 있는 특질의 하나는, 기실 서정시의 주인공으로서의 시인 자신인 '나'를 독자는 '자기'라고 느끼는 점에 있다. 고쳐 말해, '나'는 작품의 주인공이자 시인 자신이며, 또한 독자로 하여금 서정시적 주인공으로 되게 한다는 점에서, 우리는 서정시의 위력을 찾을 수 있다.[26]

독자가 자신을 시 속의 '나'와 동일시하는 현상이 존재한다면 그 이유를 따지는 것이 시학 상의 의무라 할 수 있다. 그리고 그것은 시의 본질적 성격의 하나를 다루는 시학적 행위가 될 것이다. 그럼에도 시학 연구자에게 이런 문제 제기는 지금까지 간과되어 왔다. 다음 시를 예로 삼아 이 문제를 다루어 보자.

    오늘은 바람이 불고

---

26. 김윤식, 「문학장르와 인류사의 이념」, 『한국근대문학사상사』, 한길사, 1984, 491-492쪽.

나의 마음은 울고 있다

일즉이 너와 거닐고 바라보던 그 하늘 아래 거리언마는

아무리 찾으려도 없는 얼굴이여

바람 센 오늘은 더욱 너 그리워

진종일 헛되이 나의 마음은

공중의 旗빨처럼 울고만 있나니

오오 너는 어드메 꽃같이 숨었느뇨

— 유치환, 「그리움」 전문

  이 시를 읽을 때 독자는 자신의 특수한 개성과 무관하게 순식간에 시 속의 '나'가 된다. 심지어 사랑하는 대상 '너'가 있건 말건, 독자의 신원이나 형편 등이 천차만별이라고 할지라도, 그 결과는 다르지 않다. 독자가 이 시를 수용하는 순간 시 속에 마련된 상황을 승인하고, 또 거기에서 주어진 배역이 있다면 기꺼이 그것을 수용하게 된다. 이런 기묘한 상황은 편지의 경우와 비교해 보면 더 분명해진다. 편지에서 수신자는 자연스럽게 '나'가 아니라 '너'의 자리에 서게 될 것이다. 수신자는 이것을 읽고 '이 사람(편지의 '나')은 나(편지의 '너')를 이렇게 그리워하는구나'라고 생각할 수 있을 것이다. 만일 수신자가 아니라면, 예를 들어 소설 속에 삽입된 편지를 읽는 독자라면, 이때 독자는 이 작품의 '너'와 '나' 자리 어디에도 자신을 기입하지 않고 이 편지의 내용과 역할을 파악하려 관망하는 주체가 될 것이다. 그런데 이것을 시로 인식하는 순간, 독자는 쉽게 자신을 '나'의 자리에 기입하고 '너'는 다른 수신자에게 양보한다. 이런 작품을 연애편지에 자주 인용하는 것도 그 '나'를 인용자로 치환하여 시 속의 세련된 메시지를 상대방에게 쉽게 전달할 수 있기 때문이다. 그래서 "시에서의 자아는 그 시 저자의 사유물이 아니라 그 시 독자들과의 공유물"[27]이라는 단언도 가능하게 된다. 이와 같은 시적 화자의 특성을 '치환 가능한 주체'라 부를 수 있다.

이런 주체가 가장 잘 활용되는 예는 공적으로 낭독되는 문서, 즉 기도문이나 선서문과 같은 형식, 즉 "나-형식"[28]의 문서라 할 수 있다. 여기에서는 〈국기에 대한 맹세〉를 다루어 보자.

> 나는 자랑스런 태극기 앞에 조국과 민족의 무궁한 영광을 위하여 몸과 마음을 바쳐 충성을 다할 것을 굳게 다짐합니다.

이 글은 1968년 충청남도 교육청 장학계장이라는 특정 공무원이 작성하였다고 한다. 그런데 이 맹세문을 낭독하는 사람은 이때의 '나'에서 그 특정 공무원을 배제하고 자신을 거기에 기입한다. 그 이유는 구체적인 맥락이 모두 삭제되어 어디에도 활용 가능한 '치환 가능한 주체'인 '나'를 이 글이 사용하고 있기 때문이다. 그래서 심지어 국적이 다른 사람이라도 이것을 읽을 때 이

---

27. Heinz Schlaffer, 앞의 책, 140쪽.
28. Heinz Schlaffer, 위의 책, 140쪽. 그러나 함부르거는 성경의 「시편」, 기도문, 찬송가와 서정시를 동일시하는 관점을 부정하고 있다. 즉 전자는 화용론적 진술 주체를 사용하고 후자는 실용적 맥락이 사라진 서정적 자아를 사용하고 있다는 것이다. 그러나 이는 그 차이가 텍스트 자체보다는 수용 환경에 따라 사후적으로 발생한다는 점에서 설득력이 부족하다. Käte Hamburger, 장영태 역, 『문학의 논리』, 홍익대학교출판부, 2001, 253-255쪽.

'나'를 자신과 어느 정도 동일시할 수 있게 된다. 서정시는 이런 형식이 가장 집약적으로 구현된 갈래라 할 수 있다. 그래서 해방기에 어느 시인이 자신의 시에 존재하는 "〈내〉가 〈우리〉로 바뀌는 사다리"[29]를 이야기할 수 있었던 것이다.

마지막으로 텅 빈 주체(범맥락화된 주체)와 치환 가능한 주체의 관계에 대해 다룰 필요가 있다. 김윤식은 후자를 더 중시하여 "서정시의 기본적인, 가장 위력 있는 특질의 하나"로 지목하였지만, 이에 대해서는 논자에 따라 의견이 다를 수 있다. 여기에서 텅 빈 주체를 앞장세운 것은 이것이 시의 가장 기본적인 특질(범맥락화)과 관련되어 있다는 판단 때문이고, 더 중요하게는, 슐라퍼도 지적하였듯이,[30] 이 주체가 치환 가능한 주체의 전제가 된다고 보았기 때문이다. 즉 치환 가능한 주체는 시적 화자가 구체적인 맥락으로부터 이탈되어 보편적인 상태가 되었기 때문에, 즉 텅 비었기 때문에 성립 가능하다는 것이다. 텅 빈 상태가 그런 치환의 전제라는 것은 위에 제시한 맹세문의 '나'를 제한해 보면 자명해진다. 만일 이 '나'를 그 상태로 두지 않고, 어떤 특수한 제한을 가한다면 치환은 확실하게 유보될 것이다. 가령 '교사인 나는', '간호사인 나는' 등으로 이 주체를 제한한다면 교사나 간호사가 아닌 독자에게 이 선언문의 '나'가 치환의 대상이 되지 않을 가능성이 크다.

---

29. 오장환, 『나 사는 곳』, 헌문사, 1947, 94쪽.
30. "시를 읊조리는 사람은 누구나 그 시의 자아가 된다. 그런데 그 자아가 알려지지도 기술되지도 않은 바로 그 이유 때문에 그 자아의 자리에 현재 생생하게 살아 있는 독자이자 말하는 나를 넣을 수 있다." Heinz Schlaffer, 앞의 책, 139쪽.

3) 고양된 주체

지금까지 다룬 두 가지 특성이 형식적 차원의 것이라면, 지금부터 다룰 '고양된 주체'라는 특성은 일종의 내용적 차원의 것이라 할 수 있다. 이에 대해서는 앞서 양주동이 "좀 더 장엄하고 좀 더 숭고한 특수한" 시적 인격을 말하며 암시한 바 있다. '좀 더 장엄하고 좀 더 숭고한' 시적 화자는 대단한 주제를 다루는 시뿐만 아니라, 사소한 일상을 다룬 시에서도 자주 발견된다.

> 봄가뭄 보름에 그만
> 물 가둬놓은 못자리, 논바닥이 때글때글 말랐다
> 못자리 만든다고 내 맨발이 딛고 다닌 발자국 옴폭한 곳에
> 올챙이 새끼들이
> 오골오골 말라죽었다
> 아! 내 몸뚱어리 무게를 싣고 다녔던 발자국 속이
> 저 올챙이들의 생사가 걸린
> 궁지였다니,
> 울음으로 밤 하나 새워보지도 못한 저것들이
> 떡잎 같은 발꿈치 여린 울대 더 이상 적시지 못하고
> 죽어 갔다니,
> 봄가뭄 보름 끝에 기어이
> 후드득 비가 듣는다 금방, 깊은 발자국 속을 채운다
> 반갑다 어미개구리 곡소리⋯⋯
> ― 유홍준, 「깊은 발자국」 부분

이 시는 시인의 경험을 반영한 것으로, 즉 시적 화자와 시인이 거의 동일시되는 작품이라 할 수 있다. 이 시인처럼 농촌 출신이라면 가뭄이 들 때 발자국 패인 자리에 갇혀 죽은 올챙이들을 보는 일이 전혀 낯설지 않기 때문이다. 그러나 그 경험으로부터 "아! 내 몸뚱어리 무게를 싣고 다녔던 발자국 속이/저 올챙이들의 생사가 걸린/궁지였다니" 하는 통찰을 끌어내는 시적 화자는 일상 속의 경험적 자아와 일치한다고 할 수 없다. 일상을 영위하는 경험적 자아로서 시인이 같은 경험을 하고 연민을 느낄 수 있지만, 그 문제를 자신의 삶과 연계시켜 일종의 통찰에 도달하는 경우는 항상 있는 일이 아니기 때문이다. 그래서 여기에 나오는 시적 화자는 삶의 문제를 더 높은 차원에서 개관하고 있는 "좀 더 장엄하고 좀 더 숭고한" 그런 존재라 할 수 있다. 다시 말해 이 화자는 실제 시인이라기보다는 "〈되고 싶어하는 자아〉 또는 〈있어야 하는 자아〉"[31]로 보는 것이 타당할 것이다.

경험적 자아로서의 실제 시인보다 우월한 이런 자아의 특성을 우리는 '고양된 주체'라 부를 수 있다. 시에 나타나는 화자는 대부분 이런 고양된 상태에 놓여 있다. 전통 서정시에서 보편적으로 발견되는 이런 고양된 주체는 근대 이후의 시에서는 비천한 주체로 전락하는 경우가 많다. 그러나 이 경우에도 그 비천함을 폭로하는 주체로서 화자는 여전히 고양된 지위에 있다고 볼 수

---

31. 김준오는 시적 퍼소나의 기능 중 하나로 "자기가정(自己假定)으로서의 비자기"를 들고 있다. 김준오, 「탈(Persona)의 시론 서설」, 『한국문학논총』 1, 1978, 228쪽.

있다. 이런 고양성 때문에 실제 시인과 시적 화자의 관계가 "썩어 없어질 육체"와 "불멸의 영혼"[32]의 관계에 비유되기도 하는 것이다.

이와 같은 시적 화자의 고양된 상태가 어디에서 생기는 것인가에 대해서는 니체와 헤르더가 유사한 논지로 언급한 바 있다.

> (가) 예술가(서정시인: 인용자)는 이미 자신의 주관성을 디오니소스적 과정에서 포기해 버렸다. (…) 따라서 서정시인의 '자아'는 존재의 심연으로부터 울려나오는 것이다. 근대의 미학자가 말하는 의미의 서정시인의 '주관성'이란 하나의 착각에 지나지 않는다.[33]

> (나) 왜 서정시인은 그렇게 자주 그리고 기꺼이 변장을 하는가? 그것은 혹시 그가 개인으로 말하는 것이 아니기 때문이 아닌가? 어떤 큰 힘에 이끌리어 그가 지금 아마도 그의 처지, 즉 그의 지상의 삶의 조건이 그에게 허락한 것보다 더 높은 존재에 대해, 더 넓은 시야로, 그리고 마음속 더 깊은 곳에서 우러나오는 것을 말하기 위해서가 아닐까.[34]

(가)에서 니체는 서정시의 특수하고도 개성적인 주관성을 부

---

32. Heinz Schlaffer, 앞의 책, 145쪽.
33. Friedrich Nietzsche, 박찬국 옮김, 『비극의 탄생』, 이카넷, 2007, 92-93쪽.
34. 헤르더의 에세이 「리라」; Heinz Schlaffer, 앞의 책, 143쪽에서 재인용.

정한다. 이것은 흔히 서정시의 특질로 언급되는 것인데, 그는 오히려 이를 극복의 대상으로 여긴다. 그는 디오니소스적 과정이라는 특수한 창작 과정을 통해 시인이 이를 자연스럽게 극복하게 된다고 설명한다. 구체적으로 서정시의 자아는 창작 과정을 통해 근원적 존재인 "세계영혼"[35]과 일체가 되어 개인의 제한적인 성격을 벗어나 버린다는 것이다. 그 결과 서정시의 '나'는 "깨어 있을 때의 경험적-현실적인 인간이 아니라 진실로 존재하는 유일한 자아 그리고 사물의 근저에 자리 잡은 영원한 자아"(95)일 수밖에 없는 것이다. 따라서 헤겔을 비롯하여 서정시의 주관성을 강조하는 근대의 미학은 착각이자 오류에 불과한 것이 되지 않을 수 없다. 이와 비슷하게도 〈나〉에서 헤르더 역시 시적 화자의 고양된 상태를 해명하는데, 니체의 '세계영혼'과 유사한 "어떤 큰 힘"과 "더 높은 존재"를 상정하고 있다. 이 존재는 휠록이 엘리엇의 세 가지 목소리에다 덧붙인 '제4의 목소리'와 동일하다. 휠록이 말하는 "시인의 목소리가 아니라 무의식적인 예지의 순간에, 모든 자아를 포함하는 더 오래되고 더 현명한 어떤 자아가 시인을 통하여 말하는 음성", "보다 더 비개성적인 음성"[36]이 이들이 말한 초월적 주체, 혹은 '비자아적 주체'[37]의 음성

---

35. Friedrich Nietzsche, 앞의 책, 99쪽.
36. J. H. Wheelock, 박병희 역주, 『시란 무엇인가』, UUP(울산대학교출판부), 2000, 35쪽.
37. 이종영은 밀턴 에릭슨의 논의를 토대로 "자아의 제거" 혹은 "자아의 잠정적인 해제"를 통하여 개성적이고 현실적인 자아로부터 벗어나서 만나게 되는 근원적이고도 보편적인 존재를 '비자아적 주체'로 명명하고 있다. 이종영, 『내면으로』, 울력, 2012, 254-258쪽 참조.

이기 때문이다. 니체를 비롯한 이들은 모두 시적 화자가 고양된 상태에 놓인 이유를 초월적인 요소를 도입함으로써 해명하고 있으며, 결과적으로 "서정적 자아의 역할들이 실제적인 자아에 대해서 근본적인 우위를 점하고 있다는 통찰"[38]을 보여 주고 있다는 점에서 의견이 일치하고 있다.

그러나 시적 화자의 숭고성을 초월적 관점에서 다루는 것은 흥미롭기는 하지만 근원적인 면에서 설득하기 어려운 점이 있다. 그보다는 미학의 발생론적 관점에서 다루는 슐라퍼의 설명이 설득 가능한 대안의 하나일 수 있다. 슐라퍼는 서정시의 기원을 고대에 행해진 제의(주로 초월적인 신을 찬양하고 그에게 간청하는)에서 찾고 있다. 그래서 시의 중요한 특성도 제의에 특화된 목적과 수단에 연계되어 있다고 보며, 시적 화자의 특성도 그로부터 찾고 있다. 그의 논의를 종합하면 텅 빈 주체는 제의의 형식적 제약 속에서 반복적으로 사용하는 "도식적인 나"(139), 치환 가능한 주체는 제의에 사용된 서정시의 '부름(invocatio, invocation)'에 필요한 "말하는 나"(140)와 관련되어 있으며, 고양된 주체는 제의에서 맡은 발화자로서의 "자기고양과 자기권세"와 관련되어 있다. 고양과 관련된 부분을 인용하면 다음과 같다.

> 서정적 자아가 시에서 일상적인 현실에서보다 더 강하다는 그 이유 때문에 자아 자체보다 더 강한 신들과 정신의 상태에서 만나고 싶어 한다. 그런 자기고양과 자기권세 속에서 자아는 주문

---

38. Heinz Schlaffer, 앞의 책, 143쪽.

의 힘으로 무장하고 신들의 세계에 영향을 미칠 수 있는 시적 언어를 통해 지지를 받는다. (145)

이 인용문 속에서 '서정적 자아'는 신들의 세계와 관련된 주체로 상정되고 있다. 슐라퍼에 따르면 시는 발생론적으로 볼 때, "신적인 언어화행"(215)이기 때문이다. 그래서 시적 화자는 기본적으로 신과 관련된 역할, 주로 신과 단독으로 마주 서는 역할을 떠맡은 자로서 일상적 자아와 다른 고양성과 권위를 지니고 있다. 이런 기원은 잊혔지만 현대시에서도 자기 고양과 자기 권세의 흔적은 남아 있다. 그래서 경험적 자아는 시적 화자로 자리를 바꾸면서 일상생활로부터 유리되어 신들의 세계와 접속할 수 있는 우월한 지위를 얻게 되는 것이다. 그러나 시적 화자의 고양성을 신과 관련된 특별한 제의와 연계시키지 않고, 여러 사람 앞에서 노래를 부르는 가창자의 특권적 지위와 관련된 것으로 보아도 비슷한 결론에 도달할 수 있다.

발생론적 관점과 다른 측면에서 이 시적 화자의 고양성 문제를 해결할 수도 있다. 시인이 1인칭 화자를 사용할 때 발생하는 '메타 의식의 개입'이 시적 화자의 고양성을 생성한다고 볼 수도 있다. 실제 시인이 시적 '나'를 사용하는 순간 그는 현실의 나로부터 거리를 두고 자신을 메타적으로 인식할 수밖에 없다. 이때 주체는 창작 주체(시를 쓰는 '나')와 그것의 대상인 주체(시 속의 범맥락화된 '나')로 이중적으로 동시에 존재한다. 이 이중 주체의 긴장 상태, 즉 실제의 '나'가 시 속의 '나'를 사용하여 자신의 감정이나 생각을 기술하는 기묘한 상태는 실제 자신을 개관하는 메타적인 시선을 갖추게 만든다.[39] 자신을 개관하는 이 시선이 시적 화자로 하여금 시인 자신의 목소리보다 차원이 높은 목소리를 지니게 만든다는 것이다. 쇼펜하우어가 지적한, 시인이 서정적 상태에서 느끼는, "순수한 인식"[40]이라는 것도 이런 메타 의식의 한 면이 아닐까 판단한다.

4. 마무리

우리는 앞에서 시적 화자와 유사한 여러 명칭을 검토하며 개념사적 보완을 하였다. 그리고 시적 화자가 지닌 갈래적 특성으로 '텅 빈 주체(범맥락화된 주체)', '치환 가능한 주체', '고양된 주체'를 제시하였다. 이 특성들은 서로 맞물려 있어 나누기 어렵지만, 논의의 편의상 나누어서 설명하였다.

서정 시제와 마찬가지로 시적 화자의 성격도 형식적 측면과 관련된 것(텅 빈 주체, 치환 가능한 주체)과 내용과 관련된 것(고양된

---

39. 시 창작의 이 긴장 상태는 일기 작성이나 수필 창작에 나타나는, 실제 인물과 글 속의 '나'의 동일화 상태와 차이가 난다. 이런 차이는 시의 범맥락화와 관련이 있는 것으로 판단된다. 시 창작이 일종의 치유 효과에 활용될 수 있다면 바로 이런 특성이 그 근거가 되지 않을까 예상해 볼 수 있다.
40. 쇼펜하우어는 『의지와 표상으로서의 세계』에서 "노래하는 사람의 의식을 채우고 있는 것은 의지의 주체, 즉 자신의 욕구이다. (…) 그러나 동시에 이 밖에 주위의 자연을 관조함으로써 노래하는 자는 그 자신을 순수하고 욕구 없는 인식의 주체로서 의식하게 된다. (…) 이 서정적 상태에서는 순수한 인식이 우리를 욕구와 충동에서 구원하기 위해서 우리에게 다가온다. 우리는 그것에 따르지만 잠시뿐이다."라고 말한 바 있다. Friedrich Nietzsche, 위의 책, 97-98쪽에서 재인용.

주체)이 동시에 존재한다. 이는 시적 화자의 문제가 형식과 내용의 차원 모두에 관여되어 있음을 알려 주는 표지가 된다.

  주제 시로 제시한 허수경의 「눈」에서 시인과 동일시되는 시적 화자는 끊임없이 내리는 눈발 속에서 자신의 빛깔을 벗어 던지고 보편적인 흰 눈의 단계에 도달하고자 갈망한다. 그는 구체적이고 특수한 자아인 '나'(즉 특수한 개인으로서의 '허수경')를 벗어나 보편적인 존재로서 '시인'에 도달하고자 한다. 이 '시인'은 우리가 살펴본 시적 화자의 성격과 유사하다. 그러나 시에서 '나'를 쓰면서 이미 특수한 개인으로서 '허수경'이 이미 보편적인 '시인' 혹은 시적 화자가 되었다는 점에서 그 갈망은 이전에 이미 이루어진 것으로 보인다. 시적 화자의 문제를 고려할 때 이 시의 묘미를 새롭게 음미할 수 있다.

4. 율격의 단계

소용돌이무늬로
견고하게
빛나던 각질을 벗어던진 살덩이는
이제 온몸으로
흐물흐물
각질을 흉내 내어야 한다
맨살이 손톱이 되듯
내용만으로도
형식이
될 수 있다는 주문을 외워야 한다

민달팽이처럼

— 박현수, 「민달팽이 — 리듬론」 전문

1. 리듬 이론의 거시적 접근

한국 현대시의 리듬에 대한 논의는 그동안 많이 축적되었으며 그 성과도 만만치 않다. 그럼에도 여전히 우리 학자들이 공인할 만한 논의가 없다는 것은 그동안의 논의들이 자유시의 범주 내에서, 혹은 우리나라에 국한하여 세부적인 문제에만 집착한 데 그 원인이 있지 않을까 한다. 지금까지 논의가 사실상 동어반복적으로 이루어진 것도 근본적으로 이와 같은 시야의 편협성에 기인한다고 할 수 있다. 운율 연구는 더 거시적인 관점에서 접근할 필요가 있다.

우리의 경우 시의 리듬 문제를 거시적 관점에서 접근한, 가장 주목할 만한 시도는 조동일의 논의라 할 수 있다.[1] 이것은 중세 문어 시대 중국 한시의 율격에 대응하여 아시아 중요 국가들이 어떻게 독자적 리듬을 형성하였는가를 고찰한 것이다. 우리의 경우 중국의 율시(律詩)에 상응하여 사뇌가가 등장하고, 율시의 절반 길이인 절구(絶句)에 시조가, 비교적 긴 형식의 배율(排律)에 가사가 상응하여 성립되었으며, 일본과 월남의 경우도 유사한 흐름을 보인다는 것이 요지이다. 그러나 이 논의는 중세 공동문어 시대에 있어서 한시의 비중을 너무 크게 다루어 자국의 시가 지닌 특수성을 희석했다는 한계를 지닌다. 사실 한시와 자국어 시의 언어 차이가 너무 커서 이 둘은 영향 관계를 형성하기에 부적합하였다. '한시'라는 갈래가 자국 시에 이입되어 이질적 문

---
1. 조동일, 『하나이면서 여럿인 동아시아문학』, 지식산업사, 1999, 제5장 "민족어시의 대응 방식" 참조.

자에 의한 독자적인 율격으로 자리 잡은 것 자체로서 그 영향은 완료되었다고 보는 게 타당할 것이다. 이런 한계에도 불구하고 이 논의는 우리 전통 율격에 대하여 새롭게 인식하게 만드는 계기를 제공하였다는 점에서 연구사적 의미를 지닌다. 이는 오로지 거시적 관점 덕분이라 할 수 있다.

필자는 조동일의 논의가 중세 시대에 국한되어 있어 근대 자유시 문제까지 다루지 못한 것을 아쉽게 생각한다. 필자의 관심은 이런 문제의식의 연장선상에 놓여 있다. 따라서 거시적인 관점에서 우리 자유시 리듬의 특성에 접근하는 기초 작업으로, 율격의 통시적 분석을 통하여 일반 모형의 제시에 집중하고자 한다.

2. 기존 모형 검토

고대의 시가에서 근대의 자유시에 이르기까지 시적 리듬의 전개 과정은 각 나라나 문화권의 특수성을 넘어서 보편성을 지니고 있다는 것이 필자의 입장이다. 특정한 형식이 주류로 나타나는 시간적인 지점에 있어서 각 나라 혹은 문화권마다 차이를 지닐 수는 있지만, 전체적인 흐름은 어느 정도의 보편성을 지닌다는 것이다. 그 흐름을 간결하게 요약하자면 슐라퍼의 다음과 같은 언급이 될 것이다.

> 어떤 문화가 원시적일수록 그 문화에는 노래의 리듬이 더 중요하게 된다. 그러나 그 노래의 멜로디는 아직 단조롭고 굴절되지

않은 리듬과 유사하다. 텍스트가 항상 어떤 알아차릴 수 있는 의미를 가진 것도 아니었다. 훗날 서정시에서 이러한 관계는 변화된다. 멜로디의 의미, 그리고 특히 텍스트의 의미가 더 분명해진다. 급기야 현대시에서는 텍스트만 바라본다. 음악적 리듬은 약화된 채, 그리고 거의 감춰진 채 시의 운율에서 겨우 명맥만 유지하고 있다. 하지만 이것조차 현대 서정시에서는 일상적이라고 무시되고 포기되었다.[2]

슐라퍼는 시의 역사를 음악과의 관계에 초점을 맞추어 개괄하고 있다. 맨 처음에 놓이는 것은 노래의 리듬이 텍스트보다 우선시되는 단계이다. 이후 텍스트와 멜로디의 의미가 분명해지는 시기에 도달하고, 이어 텍스트에 음악성이 간신히 유지되는 단계를 거쳐 결국 그마저 소멸되는 시기에 이른다는 것이다. 이런 개괄은 너무 상식적이라 누구도 이에 이의가 없을 것이다.

이보다 더 구체적으로 시기 구분을 한 학자는 중국의 주광잠(朱光潛)이다. 그는 음(음악성)과 뜻(문학성)의 관계에 주목하여 시가(詩歌)의 진화 역사를 네 시기로 나누고 있다. 그리고 그는 이런 시기 구분이 "각국의 시가가 진화되면서 공통적으로 거친 궤적"[3]이라며 그 보편성을 강조하고 있다. 이를 정리하면 다음과 같다.

---

2. Heinz Schlaffer, 변학수 역, 『신들의 모국어』, 경북대학교출판부, 2014, 88쪽.
3. 朱光潛, 정상홍 역, 『시론』, 동문선, 1991, 308-309쪽. 원서는 기존의 책(『詩論』, 1943)을 증보하여 1948년에 출판된 것이다.

1단계: 음은 있고 뜻이 없는 시기
2단계: 음이 뜻보다 중요한 시기
3단계: 음과 뜻이 분화하는 시기
4단계: 음과 뜻의 합일 시기

1단계는, 슐라퍼가 설정한 첫 단계처럼, 시가와 음악과 춤이 공존하는 원시 종합예술의 시기로, 이때의 시는 음악과 춤의 리듬에 호응하기만 하면 되어서 별도로 어떤 의미를 지닐 필요가 없다. 2단계는 음조와 가사가 존재하지만, 이 중 전자가 주요소가 되고 후자는 보조 요소가 된 시기이다. 어느 정도 진화된 민속 가요, 즉 민요의 대부분이 여기에 속한다. 3단계는 민간전승의 시가 진화하여 예술 시로 되는 시기로서, 문인들이 등장하여 유행하는 노래 음조에 맞추어 가사를 개조하며 시문학을 형성하는 시기이다. 문인 시는 처음에는 노래를 할 수 있었지만 강조점은 노랫말에 놓이게 되고, 나중에는 음조를 완전히 외면하고 오로지 노랫말에만 주의를 기울인다. 4단계는 음악을 떠난 상태의 가사에 음악의 요소를 부여하는 시기이다. 음악성과 결별한 문인 시가 시에 요구되는 리듬과 음조를 확보하려 노력한 결과, 시어의 음성적 측면, 즉 성률(聲律)에 대한 관심이 증대되는 단계이다. 이 논의는 시의 음악성과 문학성의 관계에 초점을 맞추어 변화 과정을 구체적으로 나누었다는 점에서 장점이 있지만, '음과 뜻의 합일에서 의도적으로 이탈하는 현대의 자유시를 고려하지 않았다는 점에서 한계를 지닌다. 이에 대한 보완으로 율격 전문가인 왕력(王力)의 시기 구분을 참조할 만한데, 내용을 정리하면 다음과 같다.

> 제1기: 당(唐) 이전. 완전히 구어에 의거해서 압운한 시기.
> 제2기: 당 이후 5·4운동 이전까지. 사곡(詞曲)과 속문학을 제외하면 운문의 압운을 반드시 운서(韻書)에 의거해야 했던 시기.
> 제3기: 5·4운동 이후. 구체시(舊體詩)를 제외하면 제1기의 기풍으로 돌아가 완전히 구어를 기준으로 삼는 시기.[4]

왕력은 구어와 '비-구어'(문어)라는 기준으로 시기를 구분하고 있다. 그 기준은 용운(用韻)의 규범을 제시하고 있는 운서(韻書)의 제약을 받느냐의 여부에 달려 있다. 이때 운서는 구어로부터 완전하게 격리된 엄격한 문어적 규범의 상징이다. 그래서 운서에 입각하여 시를 쓰지 않은 『시경』, 위진남북조의 악부, 5언 구체시(舊體詩) 등이 성행한 당대(唐代) 이전까지가 구어의 시기이고, 엄격한 규칙에 의해서 근체시(近體詩)가 창작된 당대(대략 7세기)부터가 비-구어의 시기, 그리고 백화시 운동, 즉 자유시 운동이 본격화된 5·4운동(1919년) 이후가 또 다른 구어의 시기가 된다.

왕력의 기준에 따라 구분한다면 주광잠이 애써 구분한 네 개의 시기는 단지 구어에 입각한 하나의 시기에 불과하다. 즉 주광잠의 논의는 왕력의 제1기를 자세하게 나누어 놓은 것에 불과한

---

4. 王力, 송용준 역, 『중국시율학 1』, 소명출판, 2005, 21쪽.

것으로, 그 편차가 너무 크다. 여기에 조동일의 해석을 가져와 보완할 수도 있다. 그는 "한시는 『시경(詩經)』 단계에서 '노래'였다가, 고시(古詩)에서 '시'가 되고, 근체시(近體詩)에 이르러서 '시'의 규칙이 완비된, 세 단계의 변화를 겪었다"[5]고 설명한다. 이에 따르면 왕력의 제1, 2기는 세 시기로 나누어질 수 있다. 『시경』 단계까지 '노래'의 시기가 되고, 고시의 단계가 시로 들어서는 이행기, 근체시의 단계가 시로 독립한 시기가 된다. 이는 이행기라는 개념을 설정함으로써 광범위한 시기를 재구분한 것으로, 주광잠과 왕력의 의견차를 해소하는 데 참조할 만하다.

그러나 이런 보완으로도 근대 자유시에 이르기까지 전체가 제대로 포괄되지 않았다. 또한 중국의 경우가 중심이 되어 서양의 형편과 현대적인 과정을 이해하는 데 빈약해 보인다. 이에 대한 보완으로 커비-스미스(Kirby-Smith)의 논의를 참조할 수 있다. 그는 리듬을 논하는 과정에서 시 전개의 시기를 다섯 단계로 나누고 있다.

1단계: 구송시(oral poetry)의 필사 단계
2단계: '문학적' 서사시나 발라드의 단계
3단계: 출판에 의한 시적 형태 구성 단계
4단계: 타자기에 의한 추가적 실험 단계

---

[5] 조동일, 앞의 책, 315쪽. 그의 이런 구분은 서구적 시기 구분에 대한 자신의 대안에 따른 것으로, "시경체의 노래를 부르던 시대는 고대이고, 고시의 시대는 고대에서 중세로의 이행기이고, 근체시의 시대가 중세"(321)라는 결론을 도출하려는 의도에서 나온 것이라 할 수 있다.

5단계: 전기, 제노그래피 매체의 사용 단계[6]

1단계는 원래 기억으로 또는 즉흥 공연으로 전해지던 서사시, 찬가(chants), 노래, 발라드 등을 기록으로 남기는 단계로서, 기록자가 반드시 시인일 필요는 없는 시기이다. 2단계는 시인이 창작 수단을 소유하고 구송적인 단계와 결별하여 '문학적인' 서사시나 발라드를 창작하는 단계이다. 그 결과 시가 보다 '세련되고도 압축적인 표현 형식과 보다 개별적이고 개인적인 스타일'을 지니게 되었다. 3단계는 출판술의 발명으로 시인이 시적 형태를 엄밀하게 통제할 수 있으며, 자신의 시가 다량으로 출판되어 독자에게 전달될 것을 인식하고 있는 단계이다. 이때에 이르면 존 던의 시처럼 여러 번 읽어야만 이해할 수 있는 난해하고 기발한 시들이 등장한다. 4단계는 19세기에 타자기의 사용이 광범위하게 이루어지면서 시인들이 글자의 특이한 배치를 시도하는 단계로서, 다양한 글꼴과 그래픽 등이 동원된 실험이 가능해지는 시기이다. 블레이크의 판화시나 루이스 캐럴의 언어적/시각적 유희 그리고 말라르메의 실험적인 시 등이 탄생하였다. 5단계는 전기적, 제노그래피적 매체들이 시와 연합하는 단계로서, 다채로운 배치와 창의적인 그래픽을 지닌 CRT(브라운관) 스크린을 통하여 복잡한 다양성을 실험하는 시기이다. 커비-스미스의 논의는 지금까지의 논의와 초점이 다소 다르지만, 근대 이전의 단계부터 근래의 전자 매체의 단계까지 다룬다는 점에서

---

6. H. T. Kirby-Smith, *The Origins of Free Verse*, Ann Arbor: University of Michigan Press, 1998, 212-213쪽 참조.

현대적 변화 부분에 가장 많이 주목한 경우라 할 수 있다.

지금까지 자유시 정착 과정을 다룬 논의를 개략적으로 정리해 보았다. 중국과 영미권의 논의로 제한되긴 하였으나 동서양에서 이루어진 시적 리듬의 전반적인 흐름을 살펴보는 데는 도움이 되었을 것이다. 그러나 일반 모형 제시에 이르기 전에 이런 논의들이 지닌 한계를 구체적으로 검토할 필요가 있다. 이는 일반 모형이 갖추어야 할 조건을 확인하는 단계가 될 것이다.

먼저 음과 뜻의 관계로 본 주광잠의 네 단계 구분론은 음악으로부터 시가 독립하는 국면에 초점을 맞추었으나, 제4기가 본격적인 문학이 이루어진 모든 시기를 과도하게 포괄하여 그 안의 특수성(특히 정형시와 근대 자유시의 차이)을 간과하였다는 점에서 한계를 지닌다. 또한, 왕력의 세 시기 구분론은 시의 전반적인 역사를 간략하게 제시하였지만, 구어와 문어를 기준으로 삼음으로써 제1기와 제3기의 특수성을 간과하였다는 점에서 문제를 지닌다. 즉 이 두 시기는 구어라는 기준으로 동일시할 수가 없다. 하나는 노래에 따른 외적 율격을 지니고, 다른 하나는 묵독(혹은 음독)으로 읽힐 뿐 외형적인 리듬이 없기 때문이다. 또한, 커비-스미스의 경우 가장 큰 한계는 주로 매체에 초점을 맞춤으로써 리듬 문제의 본질에 닿지 못하였다는 것이다. 매체와 리듬은 연계되어 있지만, 본질적인 관계라 보기는 어렵다. 이 때문에 출판 발명의 3단계와 타자기 등장의 4단계를 구분한 것이나, 전자 매체 등장의 5단계를 독립적으로 다룬 것이 의문시되는 것이다. 이는 곧 각 매체의 차이가 리듬의 차이로 드러날지에 대한 의문이다. 또한, 2단계가 너무 광범위하게 처리되어 음악성과 문학성의 관계 문제가 제대로 드러나지 않았다는 점도 한계라 할 수 있다. 앞에서 다룬 이런 한계 때문에 이들 논의 중 어느 하나만을 절대적인 기준으로 신뢰하기 어렵다. 따라서 이를 참조하여 새로운 모형을 제시할 필요가 있다.

3. 일반 모형의 설정과 그 특징

동서양의 리듬 전개 과정을 살펴볼 때, 애초에 노래로 불리던 시가 엄격한 율격 규범을 갖추는 단계를 거쳐서 자유시에 도달하였다는 사실을 공통점으로 지적할 수 있다. 주광잠이나 커비-스미스처럼 더 자세하게 나눌 수 있겠지만, 그러면 세부적인 사항에서 이질적인 부분들이 많이 나타나기 때문에 일반 모형에 도달하는 데 한계를 지닐 수밖에 없다. 필자는 이런 한계를 고려하여 다음과 같이 크게 세 단계로 시적 리듬의 시기를 구분하고자 한다.

    1단계: 가창률(혹은 '반(半)정형률')의 시기
    2단계: 낭송률(혹은 '정형률')의 시기
    3단계: 묵독률(혹은 '자유율')의 시기

1단계는 시가 악기와 함께 가창되거나 혹은 노래로만 불리면서 외형적으로 확인 가능한 율격을 지니지만, 율격의 제약성이 약한 상태를 유지하는 단계로, 이를 가창률(혹은 '반(半)정형률')의 시기라 할 수 있다. 이 단계의 느슨한 율격 규범 때문에 율격 단위 내의 총량이 일정하지 않고 넘나듦이 나타난다. 2단계는 시가 노래로부터 독립하여 자체의 엄격한 율격 규칙을 마련하고 이를 작시법의 기반으로 삼는 낭송률(혹은 '정형률')의 시기이다. 이 단계에 들어 비로소 엄격한 정형률이 확립된다. 3단계는 이전의 정형적인 율격 규범을 거부하고, 내면화되고 개인화된 리듬을 추구하는 묵독률(혹은 '자유율')의 시기이다.

이 리듬들은 각각 '노래하기(가창)', '읊기(낭송)', '읽기'(음독, 묵독)라는 향수 방식을 취한다. 이때 '노래하기'는 노랫말에 선율을 붙여 악기의 반주에 맞추거나 목소리만으로 부르는 것을 의미하며, '읊기'는 정형률의 텍스트를 '정해진 패턴'에 따라 리듬을 타고 소리 내어 읽는 것을 의미한다.[7] 마지막으로 '읽기'는 정해진 패턴 없이 독자의 개성에 따라 자유롭게 읽는 것(소리를 내어 읽거나, 눈으로 읽거나)을 의미한다.

그러나 이런 일반 모형은 보편성을 지니지만, 각각의 리듬이 나타나는 시기나 교체되는 시기는 각 국가나 문화권의 상황에 따라 달리 나타날 수 있다.[8] 경우에 따라 하나의 시기가 나타날

---

7. '노래하기(歌)'와 '읊기(詠)'의 차이는 이미 지적된 바 있다. 이황은 「도산십이곡 발문」에서 "오늘날의 시는 예전의 시와 다르니, 읊을 수는 있어도 노래할 수는 없다(可詠而不可歌)."(퇴계학총서편간위원회, 『국역 퇴계전서 10』, 퇴계학연구원, 2001, 165쪽)고 한 바 있다. 그는 읊기와 노래하기의 전형을 각각 한시와 시조에서 찾는다.
8. 중국의 경우 제1기는 그 이전부터 5세기까지, 제2기는 당대(7세기)에서 20세기까지, 제3기는 20세기 이후이다. 영시의 경우는 각각 고대부터 15세기까지, 16세기에서 19세기 초엽까지, 19세기 중엽 이후이다. 그리스의 경우는 중국보다 더 이르게 기원 전후에 낭송률의 단계에 도달한 것 같다. 뭉크

수도, 나타나지 않을 수도 있다. 그렇지만 그 순서에 있어서 선후의 관계가 역행적일 수는 없다. 이제 각 리듬의 구체적인 특성을 살펴보자.

1) 가창률

먼저, 가창률은 노래와 연계되어 있어서 외적으로 확인할 수 있는 율격을 지니지만, 그 규칙이 엄격하지 않아 융통성 있게 변화가 가능한 리듬을 가리킨다. 따라서 가창률에서는 엄격한 정형성을 찾기 어렵기에 '기본형'의 설정이 요청된다.

> 1) 坎坎伐檀兮/寘之河之干兮
> 河水淸且漣猗
> 不稼不穡/胡取禾三百廛兮
> 不狩不獵/胡瞻爾庭有縣貆兮
> 彼君子兮/不素餐兮
>
> ─「伐檀」부분[9]

의 다음 언급 참조. "율격학이 음악으로부터 분리되어 다루어진 것은 알렉산드리아 시기가 되어서였다. 문법학자들은 일반적으로 그들 스스로 시적 용법의 면밀한 관찰에만 주의를 제한하였다." Edward Munk, by Charles Beck and C. C. Felton, *The Metres of the Greeks and Romans. A Manual for Schools and Private Study*. Boston: James Munroe & Co. 1844, 2쪽.

9. "꽝꽝 박달나무 베어/강가에 버려 두니/강물은 맑고 잔물결 인다./심지도 않고 거두지도 않으며/어찌 삼백호 곡식을 거둬들이며/겨울사냥도 밤사냥도 하지 않으며/어찌 그대 뜰에 매단 담비 보이는가/저 진정한 군자는/하

2) Fyrst forð gewat; flota wæs on yðum,
  bat under beorge. Beornas gearwe
  on stefn stigon, — streamas wundon,
  sund wið sande; secgas bæron
  on bearm nacan beorhte frætwe,
  guðsearo geatolic; guman ut scufon,
  weras on wilsið wudu bundenne.
           — "Beowulf" 부분[10]

3) 東京 볼기 ᄃ라라/밤 드리 노니다가
 드러사 자리 보곤/가로리 네히러라
 두브른 내해엇고/두브른 누기핸고
 본ᄃᆡ 내해다마ᄅᆞᄂᆞᆫ/아사놀 엇디ᄒᆞ릿고
          —「처용가」 전문(김완진 해독)

1)은 『시경』에 나오는 것으로, 다양한 시행의 길이를 보여 주는 작품이다. 노래로 불리던 것이 문자로 채록된 『시경』의 많은

  는 일 없이 남의 밥 먹지 않는다네." 원문 및 번역은 백정희, 「중국역대시가의 발생과 유변(1) — 선진의 시경」, 『중국학논총』 14, 국민대학교 중국문제연구소, 1998, 80쪽.
10. "시간은 흘렀다; 절벽 밑 기슭에 있던 배는 바다에 진수했다. 용사들은 신속히 (배의) 선수(船首)에 올라탔다. 물결은 소용돌이쳐서 모래에 부딪혔다. 용사들은 화려한 장구(裝具), 반짝이는 무구(武具)들을 배 안에 실었다; 용사들은 (튼튼하게) 묶어서 만든 배를 바다에 진수(進水)시켜 열망의 항해길에 올랐다." 원문 및 번역은 김석산 역, 『베오울프 외』, 탐구당, 1981, 54-57쪽. 210-217행.

작품은 1행 4언을 기본으로 하고 있지만, 이 「벌단(伐檀)」 같은 시는 각 구가 4언, 5언, 6언, 7언, 8언 등으로 이루어져 율격상의 자유가 잘 나타나 있다. 그럼에도 "4언이 기본"[11]인 것으로 보는 것이 통설이다. 이처럼 당시(唐詩) 이전에 나타난 『시경』 시를 포함한 고체시(古體詩)는 비교적 자유로운 율격 형태를 보여 준다. 그 자유로움을 구체적으로 지적하자면, 자연스러운 음절을 중시해서 고정적인 격률이 없다는 점, 구법상(句法上) 다양한 자수율을 지니고, 결구상(結構上) 자유로운 시행의 수를 유지하고, 운법상(韻法上)으로 다양한 압운법을 사용하고, 평측법(平仄法)이나 대구(對句)에 있어서 강제성을 지니지 않는다는 점이다(78-79).

2)는 고대 영시 「베오울프」의 일부이다. 이 작품도 고대의 대부분의 시가 그러했듯이 "낭송되기보다는 음악 반주에 맞추어 노래되거나 억양이 붙여졌"[12]던 것으로 보인다. 이광수는 이 작품을 '민요시'라고 단언한다.[13] 이런 고대 영시에는 현대 영시 율격과 전혀 다른 율격이 사용되었다.[14] 고대 영시의 작시법은 두운(alliteration), 강세(stress)와 휴지(caesura)를 사용하여 만든다. 두운은 한 행을 단위로 이루어지는데, 강세는 두운이 있는 음절에 놓인다. 한 행은 가운데 휴지를 기준으로 전반부, 후반부로

---

11. 백정희, 앞의 글, 81쪽.
12. Derek Attridge, 김명호 역, 『영시의 리듬』, 경남대학교출판부, 2003, 152쪽.
13. "영문학으로 보더라도 예수 기원 7세기까지는 민요 시대를 벗어나지 못하였다. 〈베어울프〉나 〈방랑자〉 같은 시편은 민요시다." 이광수, 「민요소고」, 『조선문단』, 1924. 12; 『이광수전집 10』, 삼중당, 1971, 395쪽.
14. 이하 고대 영시의 운율 관련 설명은 김석산 역, 앞의 책, 22-23쪽의 내용을 정리한 것이다.

나누어지고 강세는 보통 전반부, 후반부에 2개씩 총 4개가 사용된다. 그런데 각 부분에 놓이는 강운(arsis)은 2개라는 제한이 있지만 약운(thesis)의 수는 제한이 없다. 그래서 한 강운 음절만으로 구성된 음보(/ ́ /)도 있고, 5개의 약운이 수반되는 장음보(/×××× ́ /)도 있다. 이 때문에 음보 간의 불균형이 생기게 된다. 즉 한 음보가 동일한 요소를 갖추지 않아 등시성을 지니지 않는다는 것이다. 또한 후대 율격에 나타나는 바처럼 한 행 단위로 이루어지는 동일한 율격의 반복, 즉 율격의 일관성이 강제되지 않는다. 보통 5개(A, B, C, D, E형) 정도의 기본 운율(기본형)이 다양하게 혼용되는데, 인용한 부분에서는 A, C, D형이 뒤섞여 있다.[15] 그래서 고대 영시는 "전형적인 가락의 형태를 갖추지 않"(159)고 있다고 평가할 수 있다. 이 때문에 고대 영시는 "일종의 자유시"[16]라는 평가를 받기도 한다. 이것은 시조를 "5행의 자유시"[17]로 판단하는 평가를 떠올리게 한다. 이 유사한 평가는 고대

---

15. 인용 작품의 구체적 율격 형태 분석은 이동일, 「고대영시의 두운 작시법 고찰과 변어의 역할」, 『신영어영문학』 51, 신영어영문학회, 2012, 160-162쪽 참조.
16. 애트리지는 고대 영시 율격에 대해서 다음과 같이 평가하고 있다. "만일 4비트행(four-beat line)이 비트 사이에서 3개 이상의 비강세음절을 취하거나 가상비트(virtual offbeat)를 자유롭게 사용할 수 있다면 어떻게 되겠는가? 혹은 부가강세가 강등되지 못하게 하는 위치의 비트 사이에서 부가강세가 일어난다면? 혹은 걸쳐지는 행과 각운 부재(absence of rhythm)가 4행단위의 출현을 억제한다면? 가장 그럴듯한 결과는 어떻게든 율격화의 느낌이 거의 없는 운문, 즉 바꿔 말하면 일종의 자유시(free verse)가 될 것이다." Derek Attridge, 앞의 책, 150쪽. 원문과 대조하여 일부 표현을 수정하였음.
17. 정무룡, 「대엽조의 변천에 따른 노랫말 배분 방식의 호응 양상과 그 의미」, 『한민족어문학』 45, 한민족어문학회, 2004, 31쪽.

영시와 시조가 가창된다는 점, 즉 가창률을 지니기 때문에 생긴 현상으로, 가창률의 보편성을 확인하게 해 준다는 점에서 주목할 만하다.

  3)은 신라 시기에 노래로 불리다가 이후에 기록된 향가(鄕歌) 작품이다. 현대시 형태로 행을 구분하자면 1행은 두 마디(혹은 토막)로 구성되어 있다. 그렇지만 한 마디 안에 들어가는 음절수는, 마디를 나누는 방식에 따라 다소 달라질 수 있겠지만(이런 임의성의 출현 자체가 가창률의 특성이다), 현행 표기로 볼 때 2개에서 6개까지 다양하게 나타나고 있다. 앞서 살펴본 『시경』 작품처럼, 한 마디 안에 언어 차원의 엄격한 등가성이 나타나지 않는다. 그것은 노랫말의 특성상 한 마디(소절) 안에 음악적 등시성만 요구되었기 때문일 것이다. 그래서 중국의 경우처럼 기본형 설정이 가능한데, 그것은 '4음절 한 마디' 정도가 될 것이다. 이런 기본형은 이후 시조나 가사에서도 동일하게 유지되고 있다. 이때 우리 전통 율격에서 기본형을 넘나드는 이런 자유로움은 우리만의 특성이 아니라, 중국 『시경』의 작품에서 보듯이 가창률의 자연스러운 특성으로 이해해야 할 것이다. 따라서 "행을 이루는 음보수는 고정적이면서 행을 이루는 음절수는 가변적인 것이 한국 시의 규칙"[18]이라는 말은 한국 시만의 특성이 아니라 모든 가창률의 시에 해당하는 특성이라 할 수 있다.

  이처럼 가창률이 그 이후의 낭송률에 비하여 율격상 비교적 자유로운 성격을 지니게 된 주요 원인은 이때의 시가 노래로 향

---

18. 조동일, 「현대시에 나타난, 전통적 율격의 계승」, 김대행 편, 『운율』, 문학과지성사, 1984, 119쪽.

유되었다는 데 있다. 노래로 향유하는 방식이 율격의 엄격성을 경감시키는 이유는 크게 두 가지로 정리할 수 있다. 첫째는 노래의 음악성 자체에 있다. 노래로 향유된다는 것은 시가 노랫말로서 음악성을 이미 획득하고 있다는 뜻이다. 그렇다면 시적 언어에 가해지는 별도의 음악적 효과는 그 존재 이유가 사라지게 된다. 즉 노래가 음악성을 전담해 버림으로써 노랫말에 엄격한 리듬 규범을 가할 필요성이 사전에 제거된다는 것이다. 둘째는 노래의 선율과 노랫말의 관계에 있다. 가창되는 시에서 문학성(노랫말)은 음악성(노래)에 종속되어 있다. 이때 노래를 규제하는 것은 음악의 규칙이지 노랫말에만 국한되는 율격 체계가 아니다. 노랫말은 노래를 부를 때 수반하는 도구로서 음악의 박자와 선율을 따르기만 하면 된다. 예나 지금이나 노래를 할 때 한 마디(bar) 안에 들어갈 수 있는 음절(혹은 글자) 수에는 여유가 있다. 3/4박자 한 마디에는 박자 구성에 따라 두세 음절이나 그 이상의 음절로 된 노랫말이 들어가는 것이 어렵지 않다. 또한, 동일한 박자 구성이라 할지라도 가창의 속도를 빠르게 하면 더 많은 노랫말을 소화할 수도 있다. 이런 융통성 때문에 노랫말에 엄격한 정형성이 형성되지 않는 것이다.

 우리 고전시가 논의에서 「구지가」, 「공무도하가」, 「황조가」와 같은 4구체의 시가들이 "간단한 시적 형식을 '가창'의 제시 형식으로 표출함으로써 전적으로 '청각적 호소력'에 의존하는 형태를 보였"[19]기 때문에, 정교한 시적 형식으로 발전하지 못하였다

---

19. 김학성, 「고전시가의 노래하기 전통과 현대시의 자유율」, 『한국시가연구』 41, 한국시가학회, 2016, 10쪽.

는 주장은 가창률의 한계에 대한 지적이라 할 수 있다. 가창률의 비교적 자유로운 형식과 '정교한 시적 형식'은 양립하기 어렵기 때문이다. 주요한이 시조의 리듬과 관련하여 "본래부터 장단(가락) 본위이기 때문에 음수의 제약은 그다지 엄밀하지 않다"[20]고 한 것도 가창률에 대한 인식을 보여 주는 예라 할 수 있다. 이처럼 시의 속성이 전적으로 음악의 속성에 종속되어 있다면, 노랫말 자체의 독립적 리듬, 즉 정교한 율격 체계는 불필요하거나 최소화할 수밖에 없다.

2) 낭송률

다음으로 낭송률의 특성을 살펴보자. 낭송률은 시가 노래로부터 독립하였을 때 발생한 것으로, 엄격한 율격 체계를 지닌 리듬이다. 애초에 가창되던 시가 음악으로부터 멀어졌을 때, 시는 그 음악성의 부재를 문어, 즉 문자화된 언어 자체의 성격으로부터 재구성하여 보완 혹은 극복하고자 한다. 그래서 낭송률은 철저하게 문자 인식을 전제로 형성되는 리듬이다. 이때 문자는 기본적으로 읽는 대상이지만 낭송, 즉 읊기로 실현된다는 점에서 묵독률과 차이가 난다. 이에 대해서는 다음 언급이 도움이 된다.

> 시가 이미 음악의 곡조를 떠났다면 더 이상 노래할 수 없는데,
> 시의 문자 자체로 하여금 약간의 음악성을 드러내게 할 새로운

---

20. 주요한, 「朝鮮歌曲抄」, 『現代詩歌』, 1919. 1. 36쪽; 심원섭, 『한·일문학의 관계론적 연구』, 국학자료원, 1998, 356쪽 재인용.

방법이 없다면 시가 되기에 실패할 것이다. 음악은 시의 생명인데 예전에 외재적 곡조인 음악은 이미 버렸기 때문에 시인들은 부득불 문자 자체에서 음악적인 노력을 하지 않을 수 없으니 이것이 성률운동의 중요 요인 중의 하나이다.[21]

인용문은 시가 노래의 음악성을 벗어난 뒤 문자 중심의 율격 규칙이 검토되는 상황을 설명한 부분이다. 6세기경 중국에서 시가 음악으로부터 멀어지자, 그 결과 문자 자체의 리듬이 주목의 대상이 됨으로써 성률(聲律), 즉 운(韻)과 평측(平仄)에 대한 관심이 증대하였다는 것이다. 이는 영국에서도 비슷하게 나타난다. 에센웨인은 "영국에서 운문이 즉흥적인 노래를 그만두었을 때, 그리고 식자들이 그것을 법칙으로 환원하려 했을 때, 그들은 자연스럽게 고전적 율격 체계를 영국 시에 적용하려 하였다"[22]고 언급하고 있는데, 여기에 '즉흥적인 노래'의 양식으로서 '영국의 운문'(고대 영시)이 음악성과 결별하고 문자 차원의 '법칙'이나 '고전적 율격 체계'를 수립하는 단계로 전환하는 과정이 암시되어 있다. 이처럼 시가 노래에서 멀어지면 엄격한 정형률로 귀결하게 되는 것이 일반적인 현상이다.

1) 靑山橫北郭/白水繞東城
   此地一爲別/孤蓬萬里征

---

21. 朱光潛, 앞의 책, 313쪽.
22. J. Berg Esenwein, *The Art of Versification*, Springfield, Mass.: The Home correspondence school, 1913, 40쪽.

浮雲游子意/落日故人情

揮手自茲去/蕭蕭班馬鳴

— 李白,「送友人」전문[23]

2) That time of year thou mayst in me behold

    When yellow leaves, or none, or few, do hang

    Upon those boughs which shake against the cold,

    Bare ruin'd choirs, where late the sweet birds sang.

    In me thou seest the twilight of such day

    As after sunset fadeth in the west,

    Which by and by black night doth take away,

    Death's second self, that seals up all in rest.

    In me thou see'st the glowing of such fire

    That on the ashes of his youth doth lie,

    As the death-bed whereon it must expire

    Consumed with that which it was nourish'd by.

    This thou perceivest, which makes thy love more strong,

    To love that well which thou must leave ere long.

---

23. 번역은 다음과 같다. "푸른산은 북쪽성곽에 가로누웠고,/맑은 강물은 동성(東城)을 둘러 흐른다/이곳에서 이별하면,/외로운 쑥처럼 만리를 떠돌리라./뜬 구름은 나그네의 뜻,/지는 해는 옛친구의 정./손 흔들며 이곳에서 떠나니,/말울음소리만 쓸쓸히 들린다." 백정희,「중국역대시가의 발생과 유변(4) — 당대의 율·절」,『중국학논총』17, 국민대학교 중국문제연구소, 2001, 31-32쪽.

— William Shakespeare, "Sonnet 73" 전문[24]

3) 아셰아에대죠션이   (합가) 이야에야이국하셰
　　죠쥬독립분명ᄒ다   나라위히죽어보셰
　　분골ᄒ고쇄신토록   (합가) 우리졍부높혀주고
　　츙군ᄒ고이국하셰   우리군면도와주셰
— 니필균,「대죠션 죠쥬독립 이국ᄒ는 노리」부분[25]

 1)은 당대(唐代) 칠언율시(七言律詩) 형식의 작품이다. 율시는 이름에도 암시되어 있듯이 법률에 준하는 엄격한 율격 규범을 요구하는 전형적인 정형시 양식이다. 자구수(字句數), 대우법(對偶法), 성운법(聲韻法)에서 예외를 인정하지 않는 엄격한 규범을 강조한다. 특히 성운법에서 이전 시대와 다른 운부(韻部)의 구성, 고정적인 압운 위치, 평성운(平聲韻)의 압운, 규칙을 벗어난 압운 사용의 금기시, 평측법(平仄法)의 엄격한 적용 등이 그 예가 된다.[26] 이 중 엄격성을 더욱 강화하는 것이 바로 평측법이다. 이것은 한자의 사성(四聲)에서 평평한 소리인 평성(平聲)과 기우는 소리인 상, 거, 입성(上, 去, 入聲)의 측성(仄聲)을 가려내어 한시의 시행에 조화롭게 배열하는 방식을 말한다. 처음에는 글자의 수나 운에만 신경을 쓰다가 음운 연구가 활발해지면서 음운의 성격

---

24. 이 작품의 해석 및 분석은 조남장,『영시의 이해』, 한양대학교출판부, 2002, 317-320쪽 참조.
25.『독립신문』1권 15호, 1896. 5. 9.
26. 백정희, 앞의 글, 25-37쪽 참조.

까지 세분하여 율격 체계에 적용한 것이다. 인용한 시는 이런 규칙을 모두 지키고 있다. 이는 앞서 보았던 『시경』의 작품과 전혀 다르다. 칠언율시에서 각 행에 6언이나 8언 등 글자 수의 넘나듦은 절대 허용되지 않는다. 규칙의 일탈 자체가 시로서 결격 사유가 되기 때문이다. 이런 복잡하고 엄격한 규범이 바로 노래와 결별한 시의 전형적인 율격 특징이다.

2)는 영국식 소네트, 즉 셰익스피어 소네트 중의 하나이다. 소네트는 16세기에 영국에 도입된 정형시 양식으로, 중국의 율시와 비슷하게 엄격한 규칙을 강조한다. 이 양식은 약강오보격(iambic pentameter) 율격에 각운이 사용된 14행의 정형시로, 강세, 음보, 압운, 고정된 시행 수 등에 있어서 기존의 시보다 지켜야 할 제약이 많다. 영국 시사에서 소네트의 도입은 중요한 의미를 지니는데, 그것의 엄격한 시형이 "아직까지 틀이 잡히지 않은 영시의 운율을 규칙적인 것으로 만들고 예술적인 가치를 높여주는 데 이바지"[27]하였기 때문이다. 이때 압운, 즉 각운(end rhyme)은 영시에 새롭게 들어온 규칙으로 율격의 엄격성을 더욱 강화하는 요소로 기능하였다.[28] 각운과 시행 구성을 엄격하게 규범화한 소네트를 통해 영시는 비로소 낭송률의 단계에 들어섰다고 할 수 있다.

---

27. 이근섭, 『영문학사 I (영국시사)』, 을유문화사, 1993, 91쪽.
28. 압운은 고대 그리스·로마의 시나 고대 게르만어권의 시에는 존재하지 않았던 것으로 중세 초기 라틴어의 찬가 형식에서 유럽 문학에 유입된 것이다. Wolfgang Kaiser, 김윤섭 역, 『언어예술작품론』, 대방출판사, 1982, 147쪽 참조. 영시와 관련해서는 "원래 압운은 영시의 전통은 아니고 중세기에 로마 문화와 같이 유입되어 초서 등에 의하여 처음으로 영시에 쓰여졌다."는 언급 참조. 조남장, 앞의 책, 200쪽.

3)은 우리나라 개화기 가사의 하나이다. 이 작품은 작품 전체에 걸쳐 철저하게 4·4조 정형률을 유지하고 있다. 전래의 향가나 시조, 가사 등과 달리, 한 시행 내에서 한두 글자의 넘나듦을 전혀 허용하지 않고 있다. 이런 정형성이 발견될 때 가창되던 이전의 가사(歌詞)와 다른 '시'가 가능하게 된다. 만일 우리 시가에 이런 정형률이 존재하였다면 모라(mora) 개념이나 장음(長音)·정음(停音) 개념을 도입하여 한 마디 내에 등가성을 부여하고자 한 논의는 애초에 불필요하였을 것이다.[29] 개화기의 많은 가사 작품들이 대부분 이런 정형성을 시도하고 있다. 이런 현상을 "음수율격체계(音數律格體系)의 대두"[30]라 할 수 있는데, 이런 현상이 등장하게 된 이유는 다음과 같이 분석된다.

> 지금까지 가창을 위주로 해 오던 관습에서는 시가의 장르 형성 자질 가운데 하나가 창(唱)이었다. 그러나 음악이 빠져나가 버린 자리에는 음악의 자리를 메꾸어 형식성의 기둥으로 버티어 줄 요소의 배치가 필요했던 것이다. 그래서 시도한 것이 음절의 수효를 가지고 정형성을 이루어 보는 방식이었다. 그 당시 나타난 가사가 4·4의 잣수로 엄격한 잣수 맞추기를 하고 있는 현상은 그런 태도의 표출로 이해된다.[31]

---

29. 모라(mora) 개념은 김대행이, 장음(長音) 정음(停音) 개념은 성기옥이 도입하였다. 김대행, 『한국시가구조연구』, 삼영사, 1976, 22-42쪽; 성기옥, 『한국시가율격의 이론』, 새문사, 1986, 70-99쪽.
30. 예창해, 「개화기의 시가와 율격의식」, 『관악어문연구』 9-1, 서울대학교 국어국문학과, 1984, 232쪽.
31. 김대행, 「시의 율격과 시가의 율격」, 『국어교육』 65, 한국국어교육연구회,

이 언급은 결과적으로 낭송률 형성 이유에 대한 지적이라 할 수 있다. 중국 시가에서 음악성을 떠난 고시(古詩)에 대한 주광잠의 앞선 언급과 유사한 것은 우연이 아니다. 차이가 있다면 그 시기가 중국에서는 6세기이고 한국에서는 20세기라는 것, 그리고 문자 자체에서 음악성을 찾는 구체적인 노력이 중국에서는 성률(聲律)에 관한 탐구로, 한국에서는 "음절의 수효"에 대한 탐색으로 나타났다는 점일 뿐이다. 필자의 관점에서 인용문의 요지를 재해석한다면, '개화기 정형시의 등장은 가창률에서 벗어난 시가 낭송률을 모색한 결과'라 할 수 있다.

낭송률 시기의 시들은 대부분 대중 앞에서 낭송, 즉 '읊기'의 형식으로 향유된다. 낭송이란 앞에서 정의하였듯이 '정형률의 텍스트를 정해진 패턴에 따라 리듬을 타며 소리 내어 읽는 것'이다. 낭송할 때 정해진 패턴이 생기는 것은 그 텍스트 자체가 정형률로서 자체의 리듬을 지니고 있기 때문이다. 이런 시들은 작곡이라는 행위가 부가되지 않는 한 가창되기 어렵다. 간혹 이전 시대의 영향으로 가창이나 음악 반주의 형식이 행해지긴 하지만, 이는 보편적인 형식이 아니다. 중국에서도 근체시에 도달하면 시는 대부분 낭송될 뿐 노래로 불리는 것은 극히 드물다. 소네트도 처음부터 "음악과 시 사이의 '결별'",[32] 즉 가창률과의 단절에서부터 시작되었으며, 영국에 들어올 때는 이미 음악 반주

1989, 84-85쪽.
32. 이상엽, 「이탈리아 소네트(Sonetto) 연구 — 시칠리아학파와 단테, 페트라르카에 의한 소네트의 탄생과 완성」, 『외국문학연구』 23, 한국외국어대학교 외국문학연구소, 2006, 149쪽. 이탈리아 소네트 관련 내용은 모두 이 논문에 의거한다.

나 가창이 불가능한 시 양식으로 인식되었다. 우리 개화기 정형시의 경우도 '노래'를 표방하고 있지만 이는 전대의 관습일 뿐, 실제로는 구체적인 가창을 전제로 한 것이 아니었다. 이 역시 음악과 무관한 자족적인 상태의 시였다고 할 수 있다.

낭송률의 시기가 되면 율격과 관련된 전문적인 용어가 적극적으로 사용된다. 이런 용어는 특정 규범을 정확하게 지칭하려는 후세의 필요에 의해 만들어졌는데, 가창률의 음악 어휘에서 차용하거나 그것이 불가능한 경우 신조어를 만들기도 하였다. 영시에서 전자의 경우(음악 어휘 차용)는 춤출 때 발을 들고 내리는 동작으로부터 나온 양격(arsis) 혹은 억격(thesis), 춤추는 방향을 바꾸는 동작에서 나온 연(聯, strophe), 춤추는 스텝의 전환을 의미하는 운문(verse)이라는 말이 대표적이다. 휴지(caesura), 음보(foot), 박자(beat), 율격(meter), 율격 마디(measure) 등도 마찬가지로 음악과 관련이 있다.[33] 후자(신조어)의 경우는 소네트의 옥타브(octave: 8행), 세스텟(sestet: 6행) 같은 용어가 대표적이다. 한시에서 운(韻)이나 두(逗), 돈(頓) 등의 용어도 의미상으로나 실제 분석에서 음악과 관련성을 지니고 있어 전자의 경우에 속한다고 할 수 있다.[34] 또한 평측(平仄), 기승전결(起承轉結), 수함경미

---

[33]. 원래 양격은 춤을 출 때 발을 들어 올리는 동작을, 억격은 발을 땅에 내려놓는 동작을 의미하였으나, 이후 전자는 장음절 혹은 강세 음절, 후자는 단음절 혹은 약세 음절을 가리키게 되었다. 무용, 음악과 시의 관계는 Heinz Schlaffer, 앞의 책, 83-86쪽 참조.

[34]. 의미상 운(韻), 두(逗), 돈(頓)은 각각 유사한 소리, 머물다, 멈추다 등의 뜻을 지니고 있다. 주광잠은 운(韻)의 기원과 관련하여 음악의 한 절이나 춤의 한 스텝의 정지나 휴지(休止), 동일한 악기의 중복되는 소리와 관련되어 있다고 본다. 朱光潛, 앞의 책, 258쪽.

(首頷頸尾), 출구(出句), 대구(對句) 등의 전문 용어는 후자의 경우에 속한다.³⁵ 이런 복잡한 전문 용어의 등장은 음악의 상실에 따라 시 창작 및 낭송의 규칙이 전문화하면서 생긴 자연스러운 결과이다. 이런 전문 용어가 하나의 확고한 개념으로 자리 잡고 있어서 독자 수용 상의 율독(scansion)이 가능하게 된다. 정해진 강세와 휴지, 압운이 인식되지 않으면 자연스러운 낭송이 불가능하기 때문에 이런 요소들을 확인하는 율독은 낭송률에서는 필수적이다. 이는 가창률에서 노래를 익히는 일과 유사하다.

3) 묵독률

마지막으로 묵독률은 모든 율격적 규칙으로부터 자유로워진 상태로, 근대 자유시의 리듬을 가리킨다. 외적으로 나타나는 구체적인 리듬이 없다는 점에서 이것에 '율'이라는 이름을 붙이기도 어렵다. 다만 묵독률 역시 새로운 형태의 리듬으로 본다는 의미에서 이런 이름을 붙일 뿐이다. 사실상 자유시의 발생이 19세기 말과 20세기 초에 일어난 "예술에서의 국제적이고 일반적인 혁명의 일부"³⁶인 것처럼, 이런 시 양식은, 따로 예를 들 것도 없이, 세계 어느 나라나 유사한 형태를 지니고 있다는 것이 특징이다.

초기에는 엘리엇이 지적한 바처럼 자유시(free verse) 개념은

---

35. 王力, 앞의 책, 55쪽.
36. Timothy Steele, *Missing Measures: Modern Poetry and the Revolt Against Meter*, London; University of Arkansas Press, 1990, 6쪽.

부정적 정의로만 존재하였다. 그래서 어떤 이는 "자유시는 율격이나 압운 혹은 이성이 없는 시"[37]라고 조롱하기도 하였다. 그러나 이는 새로운 리듬 형성기에 이전 리듬과의 관계 때문에 생긴 자연스러운 현상일 뿐이다. 엘리엇이 자유시의 리듬을 "율격의 '유령'(the 'ghost' of meter)"[38]이라 하거나, H. 리드가 더 풀어서 "시적 리듬의 미묘한 불규칙성을 깨닫게 하는 배후의 유령"[39]이라 한 것은 묵독률과 그 이전 리듬이 가진 미묘한 관계에 대한 표현이라 할 수 있다. 우리 시를 예로 삼아 이 문제를 살펴보자.

(가) 밤이도다/봄이다.//밤만도 애달픈데/봄만도 생각인데.//날은 빠르다/봄은 가ㄴ다.//깊은 생각은 아득이는데/저 바람에 새가 슬피 운다.

— 김억, 「봄은 간다」(1918) 부분

(나) 아아, 날이 저문다, 서편 하늘에, 외로운 강물 위에, 스러져 가는 분홍빛 놀……. 아아, 해가 저물면, 해가 저물면, 날마다 살구나무 그늘에 혼자 우는 밤이 또 오건마는, 오늘은 사월이라 파일날, 큰길을 물밀어가는 사람 소리는 듣기만 하여도 흥성

---

[37]. 1917년에 발표된 H. 휴스턴 팩크햄(H. Houston Peckham)의 글에 나오는 말이다. Chris Beyers, *A History of Free Verse*, Fayetteville: University of Arkansas Press, 2001, 1쪽 재인용.

[38]. Annie Finch, *The Ghost of Meter: Culture and Prosody in American Free Verse*, Ann Arbor: The University of Michigan Press, 1993, 82쪽.

[39]. H. Read, *English Prose Style*, Boston: Beacon Press, 1952(rev), 59-60쪽. 인용 구절은 이 개정판에 새롭게 첨가된 것이다.

스러운 것을, 왜 나만 혼자 가슴에 눈물을 참을 수 없는고?

— 주요한, 「불놀이」(1919) 부분

(다) 해야 솟아라. 해야 솟아라. 말갛게 씻은 얼굴 고운 해야 솟아라. 산 넘어 산 넘어서 어둠을 살라 먹고, 산 넘어서 밤새도록 어둠을 살라 먹고, 이글이글 앳된 얼굴 고운 해야 솟아라.//
달밤이 싫어, 달밤이 싫어, 눈물 같은 골짜기에 달밤이 싫어, 아무도 없는 뜰에 달밤이 나는 싫어……,

— 박두진, 「해」(1946) 부분

같은 묵독률을 지닌 자유시(산문시 포함)이지만 위 작품들은 리듬의 측면에서 차이가 난다. 이 중에서 엘리엇의 '율격의 유령'을 느낄 수 있는 것이 (가)이다. (가)는 이전의 율격을 어느 정도 읽어 낼 수 있지만('밤만도/애달픈데/봄만도/생각인데'의 4음보) 규칙적으로 반복되지 않아 확신할 수 없다. 이처럼 흐릿하게 존재하는 이전 리듬의 흔적이 엘리엇이 말한바 '유령'이다. 이 중에 가장 이질적인 리듬을 지닌 것이 (다)일 것이다. 이 시는 외형적으로 산문시의 형태를 지니지만 문장 구성에서는 4음보(산 넘어/산 넘어서/어둠을/살라 먹고)의 전통적인 리듬을 유지하고 있다. 다른 작품에 비해 가장 나중에 창작되었지만, 이전 리듬의 영향을 가장 많이 간직하고 있는 특이한 작품이다. 김춘수가 이 작품을 두고 "묘한 산문시의 형태"[40]라 평가한 것도 이 때문이다. 산문

---

40. 김춘수, 『김춘수 시론전집 1』, 현대문학, 2004, 563쪽.

시의 형식으로 가리고 있지만 전통 율격(가창률)이 더 분명하게 드러나고 있다는 점에서 이 리듬은 좀 더 선명한 '유령'이라 할 수 있다. 이 중에서 가장 묵독률다운 성격을 보여 주는 작품은 (나)이다. 여기에는 이전 율격의 그림자가 없다. 어떤 형식으로 끊어 읽기를 하여도 규칙적인 반복 단위로서의 마디가 구성되지 않는다. 그렇지만 감탄사나 짧은 구절의 반복 등을 의도적으로 사용하고 있어 완전한 산문으로 읽히지도 않는다. 이런 점에서 (나)는 진정한 묵독률을 보여 주는 자유시라 할 수 있다.

이런 자유시의 리듬, 즉 묵독률을 평가할 때 초기에는 '이전의 율격이 없는', '이전의 율격으로부터 자유로운' 등의 부정적 표현이 들어간 정의를 사용하였다. '이전의 율격'은 유령으로서 그 정의의 이면에 보이지 않는 기준으로 존재하고 있었던 것이다. 그러나 현재 묵독률의 특징은 다음과 같이 정리하는 것이 일반적이다.

> 첫째, 자유시는 규칙적이고도 강세가 놓인 박자(beat)에 따라 작동되지 않는다. 자유시의 강세 음절들은 율격시(metrical verse)에서보다 더 다양하게 나타난다. 둘째, 자유시의 시행들은 서로 다른 음절 및 어휘의 길이를 지닌다. 이는 무운 율격시에서는 자주 나타나는 현상이지만, 무운 율격시는 어디까지나 규칙적인 박자를 중심으로 음절수를 다양하게 하거나 간혹 반쪽 시행이나 더 짧은 행(더 적은 박자로)을 구성한다는 점에서 차이가 난다. 셋째, 음보(foot)보다는 시행이 리듬의 단위이다. 넷째, 시행 휴지(line breaks)와 타이포그래피적 장치(거기에서 공간 관계들이 표

시되는)가 율격시에서보다 중요하다. 왜냐하면 그것들은 두 진술이나 두 구절 사이의 정확하고도 중요한 율격 마디(measure)를 가리키기 때문이다.[41]

앞부분은 부정적 정의로 보이나 긍정적 정의로 충분히 치환될 수 있는 것이다. 이에 따라 위의 언급을 간단하게 줄이자면, 묵독률은 외적 규칙성 없이 다양한 강세를 실현하는 율격이며, 시행들도 다양한 길이와 형식을 지니며, 그런 불규칙한 시행이 리듬의 단위가 되고, 인쇄상의 시각적인 구성이 리듬의 중요한 요소가 된다는 것이다. 이는 모두 청각적 등시성의 부정에서 비롯된 현상이라 할 수 있다. 이제 시의 청각적 시간성은 시각적 공간성으로 대체되어 버렸다. 그래서 시의 중심 자질을 오직 시행에서 찾는 람핑의 논의도 이런 흐름에 비추어 볼 때 과격한 논의라 하기 어렵다. 그에 따르면 현대시에서 시행의 분절 방식은 정형적이고 규칙적인 리듬, 즉 운율화(Metrisierung)가 아니라 자유로운 리듬, 즉 율동화(Rhythmisierung)에 의해서 이루어지는 것이다.[42] '운율'과 차별화된 '율동'이라는 용어가 필요했던 것은 묵독률이 이전과 전혀 다른 패러다임에 속하는 리듬이기 때문이다.

낭송률이 중세의 리듬이듯이, 묵독률은 일반적으로 근대의 리

---

41. Richard Andrews, *A Prosody of Free Verse: Explorations in Rhythm*, New York: Routledge, 2016, 47쪽. 뜻이 분명해지도록 필자가 원문을 바탕으로 다소 의역하였다.
42. Dieter Lamping, 장영태 역, 『서정시: 이론과 역사』, 문학과지성사, 1994, 46-47쪽 참조.

듬이라 할 수 있다. 리듬과 사회 상황의 밀접한 관련성을 생각할 때, 근대에 들어 묵독률이 지배적인 리듬으로 자리 잡은 이유는 무엇일까. 이는 개인의 자율성과 잠재적 가능성을 존중하는 근대의 시대정신과 맞물려 있을 것이다. 슐라퍼는 운율의 규칙적인 반복이 "천재성을 요구하는 근대에 장애물"[43]로 여겨진 결과라 판단한다. 이런 관점이 절대적일 수는 없겠지만 근대에 묵독률이 세계적인 시행으로 자리 잡은 현상을 설명하는 한 방식으로 유효함은 부정하기 어려울 것이다. 자유시 운동을 근대의 국제적인 운동으로 파악하는 이유도 이와 관련이 있다.

지금까지 자유시 리듬 정착 과정의 일반 모형을 제시하고 그 특성을 구체적으로 살펴보았다. 간단하게 정리하자면, 그 모형은 '가창률-낭송률-묵독률'의 과정으로 이루어지고 있으며, 이는 리듬의 규칙성이 제1기에서 제2기로 가면서 강화되다가 제3기에 이르러서는 완전히 탈각되는 과정이기도 하다. 이런 단계 변화는 예술의 개념 규정의 변화와 상응한다는 사실이 흥미롭다. 단토에 따르면 예술의 역사는 크게 세 시기, ①예술의 시기 이전 ②예술의 시기 ③예술의 시기 이후로 나눌 수 있다.[44] ①은 르네상스 이전으로 예술에 대한 구체적 인식이 부재하던 시기이다. ②는 1400년경에 순수예술 개념이 성립한 이후 예술에 대한 인식이 시작된 시기로, 이 시기는 모방(혹은 재현)의 패러다임이

---

43. Heinz Schlaffer, 앞의 책, 108쪽.
44. Arthur C. Danto, 이성훈 외 옮김, 『예술의 종말 이후』, 미술문화, 2004 참조.

지배하는 바자리 내러티브(1400-1900)와 사진술의 발명 이후 모더니즘에 의해 예술의 자기비판이 이루어지는 그린버그 내러티브(1900-1964)의 시기로 나뉜다. ③은 1964년 이후 기존 내러티브의 영향력이 소멸한 시기이다. 그러나 일반적인 예술사의 관점에서 볼 때 그린버그 내러티브와 이후 논의를 '모더니즘(포스트모더니즘 포함) 시기'로 통합할 수 있을 것이다. 이렇게 보면 단토의 시기는 예술에 대한 정확한 인식이 부재한 시기, 예술에 대한 외재적 기준이 강하게 작동하는 시기, 외재적 기준이 주관적 기준으로 대체되는 시기로 볼 수 있다. 이는 시적 리듬에 대한 인식 변화와 상응한다. 리듬에 대한 엄격한 외적 기준이 모호한 단계(가창률)에서 엄격한 외적 기준을 강조하는 단계(낭송률)를 거쳐 주관적 기준으로 대체되는 단계(묵독률)로의 이행이 그것이다. 시의 여러 요소 중에 이런 상응을 보여 주는 것이 없다는 사실을 고려하면, 이런 상응 자체가 리듬이 예술의 하위 갈래로서의 시의 본질적 요소임을 보여 주는 증거라 볼 수도 있을 것이다. 또한 묵독률이 정형적인 리듬이 소멸한 결과라 할지라도 여전히 리듬의 범주에 포함해야 한다는 사실도 이런 구도에서 이해할 수 있다.

4. 율격 전개의 한국적 특수성

이제 앞의 논의를 바탕으로 우리 시적 리듬의 전개가 지니는 특수성을 해명하고자 한다. 그 전에 우리 학계에서 이루어진 참고할 만한 논의를 검토할 필요가 있다.

> (가) 이 글(개화기 시가의 특성을 다룬 글: 인용자)을 쓸 당시의 견해로는 '가(歌)'의 범주에 '소리 내어 읽는 것'이 포함된다고 생각했지만 이제 와 생각해보면 그것은 문학사에 대한 몰지각의 소치였다는 점을 고백해야겠다. 오늘날의 '읽는 시'의 범주가 오히려 '소리 내어 읽는 시'와 '눈으로 읽는 시'로 양분될 수 있다.[45]

> (나) 위의 악보에서 보는 바와 같이 〈편지〉는 낭송된다. 그러나, 사람에 따라 낭송성조(朗誦聲調)는 모두가 낭랑하지만, 일정한 패턴이 없고, 각양각색으로 나타난다. (…) 다음으로 〈한시〉도 낭송이었다. 그러나 이 낭송은 어떤 패턴이 있었다. (…) 이와 같이 제문(祭文)의 서사(序詞)와 한시, 편지 등은 낭송이나, 〈가ᄉ〉만은 악곡상의 정형 패턴을 그대로 지니고 가창되는 것을 알 수 있었다.[46]

(가)는 '가(歌)'의 범주에서 '소리 내어 읽는 것'을, 즉 가창에서 '읽기'를 분리해 내는 논의이다. 이는 현대시 논의에서는 착안하지 못한 부분이다. 앞에서 인용한 여러 논자가 보여 준 바처럼

---

45. 이명찬, 「근대시사에 있어서의 시조부흥운동의 성격에 관한 연구」, 『한국시학연구』 57, 한국시학회, 2019, 202쪽. 각주 4).
46. 권영철, 「규방가사 연구(1)」, 『연구논문집』 8-1, 대구효성가톨릭대학교, 1971, 14-15쪽.

학자 대부분은 가창과 낭송의 차이를 구별하지 않고 이를 뭉뚱그려 가송(歌誦), 송창(誦唱), 창영(唱詠), 구송(口誦), 음송(吟誦) 등으로 불렀던 것이다. (나)는 실증적인 방식으로 음송 범주의 내적 차이를 지적한 논의로 주목할 만하다. 이 논의는 한시, 편지, 가사(歌辭), 제문(祭文)의 음송 파일을 비교 분석하여 음송의 유형을 크게 낭송과 가창으로 분류하였다. 이에 따르면 한시, 편지, 제문 등은 낭송에 속하고, 가사는 가창에 속한다. 이 논의에서 주목할 만한 점은 일정한 패턴의 유무에 따라 편지와 한시의 음송 차이를 지적하였다는 점이다. 이 패턴은 한시의 정형성에서 유래한 것으로, 앞서 설명한 정해진 율격 법칙의 확인으로서 율독(scansion)에 따른 결과라 할 수 있다. 이 두 논의는 모두 가창을 다른 향수 방식과 구별하여 독립적으로 다루었다는 점에서 공통점을 지닌다.

  그러나 필자의 기준으로 볼 때, 이들 논의의 한계도 분명하다. 먼저 (가)는 향수 방식에 따라 '가창/소리 내어 읽기/눈으로 읽기'로 구분하는데, 여기에서는 '소리 내어 읽기'에 일정한 패턴을 지닌 '읊기(낭송)'와 아무런 패턴 없는 자유로운 '읽기(음독 및 묵독)'의 차이가 무시되었다는 점이 문제이다. (나)는 (가)가 놓친 음송의 내부적 차이를 지적하고 있지만, 산문(편지, 제문)과 정형시(한시)를 동일한 낭송으로 분류한 것이 문제이다. 정형적인 패턴의 차이를 인식하고도 율독의 대상인 한시와 일반적인 산문의 음송 방식을 동일하게 처리한 것은 (가)의 한계를 반복한 것이라 할 수 있다. 이들은 모두 '소리 내어 읽기' 범주 내의 향수 방식이 지닌 명백한 차이를 인식하지 못한 것이다. 초점이 분명하게 드러나도록 각자가 제시한 향수 방식의 차이를 정리하면 다음과 같다.

필자	노래하기(가창)	읊기(낭송)	읽기(음독, 묵독)
(가)	노래하기(가창)	읽기	
		소리 내어 읽기	눈으로 읽기
(나)	노래하기(가창)	낭송	

이제 일반 모형에 비추어 한국 율격 전개의 특수성에 대해 알아보자. 그것을 한마디로 말하자면, 한국의 경우 엄격한 정형률을 지닌 낭송률의 시기가 뚜렷하게 드러나지 않고, 가창률 시기가 묵독률 시기와 바로 맞닿아 있다는 점이다. 즉 '가창률-(낭송률)-묵독률'(괄호는 생략된 부분을 표시함)의 도식을 보여 주고 있다는 것이다.

그러나 엄격하게 말하자면, 우리 시에 낭송률이 전혀 없었다고 볼 수는 없다. 묵독률 이전까지 우리 시의 리듬은 가창률 위주로 이어져 오고 있었으나, 삼국시대부터 개화기까지 한국 한시(漢詩)가 낭송률을 떠맡고 있는 이중적 구조를 보이고 있기 때문이다. 그러나 우리말로 이루어진 시만을 대상으로 한다면 묵독률 이전에는 가창률만이 존재하였다고 할 수 있다.[47] 그래서

---

47. 10구체 향가나 시조를 정형률의 갈래로 보는 것은 오류라 할 수 있다. 조동일은 10구체 향가(사뇌가)의 정제된 규칙이 "향가가 민요에서 분리되어 '노래'가 아닌 '시'가 되게 하는 구실을 한"(조동일, 『하나이면서 여럿인 동아시아문학』, 336-337쪽) 것으로 보고 있다. 그러나 시조의 형식에 비추어 볼 때 사뇌가의 규칙도 가창률의 느슨한 율격으로 보는 것이 상식적이다. 즉 그가 설정하는 '노래'(시경시), '이행 상태'(고시), '시'(당시)의 단계 중 사뇌가

우리 시에서 낭송률이 배태되는 단계는 개화 가사와 그와 유사한 정형률의 시형이 등장한 시기가 아닐까 한다. 그러나 그것은 묵독률의 시와 뒤섞인 채로 단명하고 말아 한 시기로 독립시켜 기록하기는 어렵다.

  시조를 정형시로 보는 대부분의 논자처럼, 조동일도 음보수의 동일한 반복을 정형률의 조건으로 이해하고 있다. 그러나 3음보, 4음보와 같은 '음보수'의 고정을 정형률의 관점에서 이해하는 것은 일종의 억지에 불과하다. 조동일의 의견을 받아들인 김준오의 설명을 통해 이 문제를 조금 더 자세하게 다루어 보자. 김준오는 음절수가 다르더라도 음보 내의 율독 시간이 동일하다는 점, 즉 음보의 정형성을 설명하기 위해 「산토끼」라는 동요를 예로 들고 있다.

  여기서 악곡이론을 시가의 율격과 관련지으면 마디(a)는 음보에, 동기(b)는 구에, 작은악절(c)은 행에, 큰악절(d)은 연에 해당됨을 알 수 있다. 이것은 시간적 등장성에 근거한 음보란 바로

는 여전히 노래의 단계에 놓여 있다는 것이다.

음악의 박자 개념에 해당한다는 사실을 시사한다. '마디'마다 박자가 같아야 한다는 악곡의 원리는, 휴지가 나타나는 '음보'의 시간양이 같아야 한다는 시가의 원리로 연결되는 것이다. 그리하여 〈산토끼〉는 4음보의 정형시임이 입증된다.[48]

김준오는 음악의 '마디'를 시가의 '음보'와 동일시하여 "〈산토끼〉는 4음보의 정형시임이 입증된다"고 단정한다. 그러나 이런 악보의 제시는 오히려 음보의 정형성에 대한 설득력을 감소시키는 역효과를 낸다. 원래 인용에서는 생략한 다음 2절의 노랫말을 살펴보자.

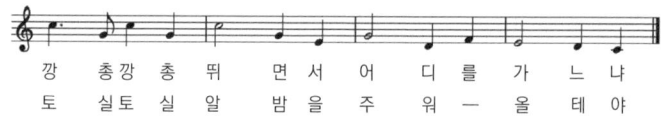

이 노랫말 중에 2절의 후반부("토실토실 알밤을 주워올 테야")에 주목할 필요가 있다. 이 부분을 따로 떼어 내어 음보를 살펴보면, 7·5조로서 3음보(토실토실/알밤을/주워올테야)가 된다. 그렇다면 '4음보의 정형시'에 3음보 노랫말이 들어가 있는 셈이라서 김준오의 논의에 균열이 생긴다. 그런데 노래에서는 마지막 음보를 두 마디로 나누어 4음보(토실토실/알밤을/주워-/올테야)로 만들어 놓았다. '주워'라는 2음절을 1절 부분의 3음절('어디를')에 맞

---

48. 김준오, 『시론』(제4판), 삼지원, 2000, 144쪽. 그림이 불분명하여 보정하였으며, 설명에 마디(a), 동기(b), 작은악절(c), 큰악절(d)의 알파벳은 필자가 첨가하였음.

추기 위해 '주워-'로 표기하고 있는 것이다. 이는 원래 가사가 지닌 음보의 정형성이 노래로 불릴 때에 큰 의미가 없음을 보여 준다. 노랫말의 형식과 무관하게 음악의 성격에 따라 원래 가사의 3음보가 노래에서는 4음보가 될 수도 있음을, 즉 음보라는 노랫말의 규칙이 노래에서는 전혀 정형적이지 않음을 보여 주고 있다. 가창되는 시가의 언어적 리듬(여기서는 음보)이 그 자체의 고유한 자질이 아니라 음악에 종속된 요소에 불과하다는 가창률의 특성을 여기에서 확인할 수 있다. 김준오의 이 예시는, 낭송률(정형률)을 증명하고자 한 그의 의도와 다르게, 필자가 주장한 바 가창률의 특성을 잘 보여 주는 예가 되었다. 이처럼 가창률의 리듬을 정형률로 보는 것은 무리이며, 최대한 인정한다고 하더라도 '느슨한 율격', 즉 '반(半)정형률'로밖에 인정할 수 없다. 이 '느슨한 율격'은 "한국 시의 규칙"[49]만이 아니라 가창률을 따르는 전 세계 모든 시가의 율격 특징이라 할 수 있다.

  낭송률이 형성되지 않고 가창률이 묵독률로 바로 이어지면서 근대 한국 시의 리듬 혹은 리듬 전개에는 낭송률이 존재하는 다른 국가 혹은 문화권과는 다른 특징이 형성되었다. 이를 크게 세 가지로 정리할 수 있다.

  첫째, 정형률의 형성이 없었다. 정형률은 낭송률의 특징인데, 우리 시는 가창률의 강한 자장 안에 있었기 때문에 정형률의 형성이 필요하지 않았다. 묵독률이 도입되어 정착 단계에 이르는 1920년대 후반, 아니 1930년대 중반까지도 가창률은 한국 시

---

49. 조동일, 「현대시에 나타난, 전통적 율격의 계승」, 김대행 편, 앞의 책, 119쪽.

의 지배적인 리듬이었다. 이는 다음과 같은 언급에서 확인할 수 있다.

> (물론 시조는 지어 읽는다는 것보다 부르는 것이 자연스러울 일이오 부르는 데에 시조로서의 의의가 있는 것이지마는 시조창법은 후기로 미루고 위선 읽는다고 아쉽게 가정하면 말이지) (…) 시는 아까 말한 바와 같이 그 근본의 제약은 먼저 부를 수 있게 되어야 되는 것이다. 그러나 소위 자유시라는 것이 생겨나면서부터는 시가 점차 부를 수가 없게 되고 다만 읽을 수 있는 것만이 되고 말았다.[50]

이 글은 가창률이 여전히 시의 세계를 장악하고 있는 1920년대 후반의 당대 상황을 잘 보여 준다. 이 글을 쓴 류엽은 자유시가 확고하게 자리 잡은 시기에 자신도 자유시를 창작하고 있었음에도, 여전히 시의 본질은 시조처럼 '부르는 것', 즉 가창에 있다는 생각을 당연시하고 있다.[51] 이런 관점에서는 가창할 수 없는, '다만 읽을 수 있는' 자유시는 일종의 결핍된 시 갈래가 될 수밖에 없다. 이처럼 가창률을 시의 지배적 리듬으로 인식하게 된 것은, 인용문에도 보이듯이, 당대의 중요한 문학 갈래가 문

---

50. 류엽, 「신시에 대하야 — 나의 사견」(6)·(7), 『동아일보』, 1928. 5. 2-4. 중략 앞부분은 (6), 뒷부분은 (7)에서 인용한 것이다.
51. 이와 관련하여 김기진의 언급도 참조할 만하다. "그들(일반인: 인용자)이 소위 자유시를 시가 아니라고 하는 이유는 자유시는 창(唱)할 수가 없다 하는 것이다. 다시 말하면 음악적이 아니라는 것이다. 그들은 이와 같이 말하고서 직시 시조를 가져온다." 팔봉, 「문예시사감」(2), 『동아일보』, 1928. 10. 28.

학성과 음악성을 공유하고 있는 '시조'('가사' 포함)이기 때문이다. 1930년대 초반에까지 문학론에서 언급하는 시조는 가창하는 음악 갈래에 수반되는 노랫말일 뿐, 그 자체로 독립된 자율성을 지닌 문학 갈래로 존재한 적이 없다.[52] 시조는 줄곧 낭송이나 묵독의 대상이 된 적이 없이, 가창의 대상으로만 존재하였다. 가창률이 지배적인 상황에서는 문학성이 음악성에 종속되어 정형률, 즉 낭송률이 설 자리가 없다. 따라서 시조나 가사와 같은 가창률의 '시가(詩歌)'가 엄격한 정형성을 지니지 못한 것은 당연한 결과가 아닐 수 없다. 정형률이 존재하지 않기 때문에, 시조의 율격에 대해서, "시조는 현재 정형시인가. 아마도 그에 대한 바른 대답은 '시조는 아직 정형시에 이르지 못했다'가 되어야 할 것"[53]이라는 주장도, 심지어 "가곡창으로 부른 시조 작품은 따라서 5행의 자유시로 파악해야 할 것"[54]이라는 주장도 충분히 가능했던 것이다.

둘째, 자유시 정착 과정에 '새로운' 정형률의 시도가 실패하였다. 우리의 개화기에는 여러 엄격한 정형률의 시형이 발생하였다는 점이 특징적이다. 이전에는 볼 수 없었던 4·4조의 정형적

---

52. 1932년이 되어서도 이병기는 "창법(唱法)은 그 전문가에 맡겨두고 우리는 누구나 다른 시가를 읽고 감상하는 것과 같이 시조도 읽어야 하겠다. 낭독이든 묵독이든 어느 것이든 자기의 마음대로 할 것이다."라고 한 바 있다. 이병기, 「시조는 혁신하자」(11), 『동아일보』, 1932. 2. 4.
53. 이명찬, 앞의 글, 231쪽. 그래서 시조 부흥 운동 시기에 "매체와 작가들은 오히려 평시조를 가창(歌唱) 대상이 아니라 율독(律讀)의 대상으로 바꾸어 놓음으로써 이제 막 문학권으로 편입시키려 노력"(206)했다는 평가는 타당하다고 할 수 있다.
54. 정무룡, 앞의 글, 31쪽.

인 가사가 등장하거나 7·5조의 정형시가 새롭게 나타났다. 이런 유형은 최남선이 주관하는 잡지『소년』에 대대적으로 나타난다. 창간호(1908)에 국한할 때도, 여기에 실린 작품 5편은 대부분 엄격한 정형률을 지닌 정형시이다.「해에게서 소년에게」(신체시형),「흑구자의 놀이」(4·4조),「가을뜻」(7·5조),「성신(星辰)」(7·5조) 그리고 산문 속에 등장하는「산유화」(7·5조) 중에,「해에게서 소년에게」만이 자유시 형태를 지닌 '유사 정형시'이며, 나머지는 모두 엄격한 정형률을 보여 주는 정형시이다. 이런 정형시 갈래에 1901년부터 유행한 칠언절구 풍의 '언문풍월(諺文風月)'을 당연히 포함해야 한다. 이런 시들은 한결같이 정형적인 음수율을 고수하고 있다. 그러나 이런 정형시는 지속적인 동력을 지니지 못하여 얼마 지나지 않아 모두 사라졌다. 특히 7·5조의 실패는 가창률의 위력을 보여 주는 중요한 예가 될 만하다.[55] 이런 시도가 발생한 근원적인 동기에 대해서는 여러 추정이 가능하겠지만,[56] 생략된 단계에 대한 문학사의 뒤늦은 보완도 그중의 하나가 아닐까 하는 것이 필자의 판단이다.

셋째, 묵독률의 이른 시도와 신속한 정착이 이루어졌다. 최남선이 신체시를 통해 자유시 형식을 시도한 것이 1908년이다. 그리고 1년 후에 완전한 자유시형의 시가『소년』에 실렸다. 원래

---

55. 김소월의 시에서처럼 7·5조가 잠재적으로 지속되고 있었지만, 정형성은 상실하였다. 그것은 7·5조를 낭송률(음수율)이 아니라 가창률(음보율)로 받아들였기 때문이다.
56. 예창해는 개화기의 엄격한 음수율격 체계화의 원인을 ①규방가사에서 비롯된 율격 의식 변화의 연장, ②찬송가 번역의 영향, ③일본 창가 양식의 이입 등에서 찾고 있다. 예창해, 앞의 글, 232-248쪽.

제목이 없지만 편의적으로 「서문(西門)을 보고」[57]라 부를 수 있는 이 작품은 독립된 시가 아니라 기행문 속에 인용 형식으로 발표된 것이다. 그럼에도 이 시는 "정형률과 노래형식에서 완전히 벗어나 자유시 형태를 취하고 있으며 시인의 시 의식 또한 자유시 형태를 지향하고"[58] 있는 것으로 평가되고 있다. 1년 만에 시는 완전한 자유시의 단계로 올라서고 있는 것이다. 그리고 5년 후(1914)에 『청춘』이라는 잡지가 발간되면서 자유시(산문시 포함)는 아주 자연스러운 시적 갈래가 되었다. 같은 해에 동경에서 유학생들이 『학지광』을 발간하면서 이런 경향은 더욱 강화되었다. 그래서 1914년, 이 해를 "한국 자유시의 본격적인 개화 연대"[59]라 부르는 데 별 이의가 없을 것이다. 이처럼 최초의 자유시형의 시도 이후 5년 만에 자유시는 중요한 시 갈래로 자리를 잡았다.

이처럼 자유시의 이른 시도와 신속한 정착이 가능했던 것도 당시에 낭송률 없이 가창률이 묵독률과 맞닿아 있었기 때문이다. 문자 인식을 바탕으로 이루어지는 낭송률이 없어서, 가창률과 묵독률의 율격 특성의 차이, 노래하기와 읽기라는 향유 방식의 차이가 더욱 두드러질 수밖에 없었다. 이런 불연속성 탓에 가창률과 묵독률의 시는 경쟁 관계가 아니라 전혀 다른 층위의 갈

---

57. 최남선은 이 작품을 "장차 송경(松京)을 등지고 떠날 새 서문을 보고 한 시(詩)가 있으니"라고 하여 이 작품을 시(詩)로 분명하게 인식하고 있다. 『소년』 2-10, 1909. 11. 138쪽.
58. 정우택, 「한국 근대 자유시 형성과정과 그 성격」, 성균관대학교 박사학위 논문, 1998, 66쪽.
59. 김영철, 「개화기의 자유시론」, 『한국현대문학연구』 2, 한국현대문학회, 1993, 47쪽.

래로 인식되었으며, 각 갈래는 당분간 자신의 독자성을 지키며 병존할 수 있었다. 그리고 이런 불연속성이, 읽기 문화를 정착시키는 인쇄술의 대중화와 당대 국제적 연대 속에 새로운 변화를 추구하는 시대정신과 맞물려, 가창률의 시는 낡은 시대의 갈래, 묵독률의 시는 새로운 시대의 갈래라는 인식으로 이어졌다. 이런 인식이 노래로 불리던 시조나 가사에 거리를 두게 만들었고, 그 결과 자유시가 새로운 형식으로 빨리 정착할 수 있었던 것이다.

5. 마무리

필자는 자유시의 리듬 문제를 해결하기 위한 선결 과제로 자유시 리듬 정착 과정의 일반 모형을 제시하였다. 일반 모형은 '가창률-낭송률-묵독률'의 세 단계로 이루어진다. 이것이 지닌 한계가 여러 논의를 통하여 재조정을 거친다면 이 모형은 현대시뿐 아니라 고전시를 포함한 일반 시의 리듬 연구에 유용한 도구가 될 수 있다고 생각한다.

이런 일반 모형을 통해 우리 전통 시가의 율격을 제대로 해명하지 못한 이유도 확인할 수 있었다. 지금까지 전통 율격을 해명하는 데 음수율, 음보율 등이 제기되었으나 어느 하나도 흡족한 설명 도구가 되지 않았다. 그래서 "행을 이루는 음보수는 고정적이면서 행을 이루는 음절수는 가변적인 것이 한국 시의 규칙"[60]

---

60. 조동일, 「현대시에 나타난, 전통적 율격의 계승」, 김대행 편, 앞의 책, 119쪽.

이라는 관점까지 가능하였던 것이다. 이것은 한국 율격의 특수성을 언급한 것이며, 그 바탕에는 이것이 세계 문학사에서 유례를 찾기 어려운 독자적인 특성이라는 국수주의적 판단이 깔려 있다. 지금까지 살펴보았듯이 이런 평가는 오류에 불과하다. 우리의 경우 가창률의 율격밖에 없는데 거기에 낭송률의 율격 규정을 적용하면서 앞서와 같은 엉뚱한 결론이 도출되었던 것이다.

이제 이런 고찰을 바탕으로 삼아 우리 자유시의 리듬 문제를 구체적으로 검토하는 일이 다음 과제로 남았다. 한국 시만의 묵독률이라는 것이 또 다른 '한국 시의 규칙'이 될지는 냉정하게 따져 보아야 할 문제이다. 일반 모형의 설정은 이 문제를 해결하는 데 어느 정도 방향을 제시해 줄 수 있을 것으로 믿는다.

주제 시는 필자의 「민달팽이 — 리듬론」으로, '각질'로 비유된 낭송률의 정형을 벗어나서, '민달팽이' 같은 상태가 되어 버린 묵독률의 형성 문제를 다루고 있다. 낭송률에서 묵독률로의 이행은 각질이라는 주어진 형식 없이 내용만으로 형식을 구성해야 하는 부담을 품게 되었음에 초점을 맞추고 있다. 앞의 논의를 참고한다면, 정형의 각질에 도달하기 전, 각질 비슷한 상태를 지닌 가창률의 특성이 덧붙여질 수도 있을 것이다.

5. 가상적 연행성

나의 노랫가락의 고저장단은 대중이 없습니다.

그래서 세속의 노래 곡조와는 조금도 맞지 않습니다.

그러나 나는 나의 노래가 세속 곡조에 맞지 않는 것을 조금도 애달파하지 않습니다.

나의 노래는 세속의 노래와 다르지 아니하면 아니 되는 까닭입니다.

곡조는 노래의 결함을 억지로 조절하려는 것입니다.

곡조는 부자연한 노래를 사람의 망상(妄想)으로 도막쳐 놓는 것입니다.

참된 노래에 곡조를 붙이는 것은 노래의 자연에 치욕입니다.

님의 얼굴에 단장을 하는 것이 도리어 흠이 되는 것과 같이 나의 노래에 곡조를 붙이면 도리어 결점이 됩니다.

— 한용운, 「나의 노래」 부분

1. 지배적 특성

 우리는 지금까지 시의 형식적 특성과 관련된 여러 개념을 다루었다. 범맥락화, 현재 시제, 시적 화자, 리듬 등을 새로운 관점에서 살펴보았는데, 그 결과 이 개념을 통해 추출한 특징들이 다른 갈래와 구별되는 유의미한 자질임을 확인하였다. 그러나 시의 형식적 특성을 대부분 다루었음에도 각각의 특성이 따로 흩어져 있어서 시 전체의 모습을 보여 주지 못한다는 느낌을 떨칠 수 없다. 이 미흡한 느낌은 이런 특성 전체를 하나로 묶어 줄 지배적 특성이 부재하기 때문이다.

 필자가 지배적 특성에 관심을 두게 된 것은 시적 화자의 특이성('텅 빈 주체')을 해명하고자 시도한 때였다. 여러 자료를 검토하면서, 이 문제를 제대로 풀려면 시적 화자에게 이런 성격을 부여한 더 직접적이고도 근원적인 시적 특성이 필요함을 깨달았다. 이것은 곧 시적 특성들이 서로 관련성을 지니고 있으며, 그 중에 다른 요소들을 포괄하고 제어하는 지배적인 것(단 하나일 수도 있고, 여러 개일 수도 있다)이 있음을 의미했다. 시적 화자에게 중요한 특성을 부여하는 상위 범주(혹은 선행하는 전제)로서 찾아낸 것이 '범맥락화'였다. 그런데 이런 특성 역시 더 상위의 지배적 특성을 요하는 것은 아닌가 하는 의구심을 떨칠 수 없었다.

 필자가 여기에 기술하고자 하는 것도 바로 '범맥락화'를 포함한 시의 형식적 특질 전체를 포괄하는 지배적 특성인데, 그것이 바로 '가상적 연행성'이다. 이것을 제대로 다루기 위해 중요한 출발 지점으로서 시적 시간 현상의 특이성에 주목하였다. 서정

시제에서 다루었지만, 시에 나타나는 현재 시제의 사용은 일상 용법과는 다소 차이가 난다. 일상 용법에서 현재 시제 사용은 현재 발화 상황을 바탕으로 하기에 시제 표현이 자연스럽다. 그러나 시적 용법에서 현재 시제 사용은 시의 내용과 시인의 발화 상황이 어긋나면서 시제 표현상의 모순이 발생한다. 이것이 필자가 주목하는 시적 시간 현상의 특이성이다.

필자는 이런 특이성이 시제 표현상의 단순한 특이 사항에 그치는 것이 아니라 시의 본질을 해명하는 실마리가 될 수 있다고 판단한다. 그래서 이 점에 초점을 맞추어 그것의 구체적인 성격과 원인을 검토하고자 한다. 또한, 이런 특이성이 다른 시적 특성들과 어떤 관련이 있는지도 밝히고자 한다.

2. 서정적 시간 뒤틀림

국어학에서 시제를 다룰 때 기본적 시간 위치를 '발화시(speech time, ST)', '사건시(event time, ET)', '인식시(recognition time, RT)'로 나눈다. '발화시'는 "화자가 사태에 대한 발화를 하는 시간점으로, 발화하는 존재(화자)가 실존하는 시간 위치이며, 시간의 흐름과 더불어 언제나 새로운 현재로 인식되는 시간점"[1]이다. '사건시'는 "사건이 일어난 시간"을 말하며 '인식시'는 "사태나 사실을 화자가 직접 인식한 시점"을 가리킨다. 이런 개념은 다음과 같이

---

1. 이재성, 「국어의 시제와 상에 대한 연구」, 연세대 박사학위논문, 2000, 30쪽.

현재 시제 예문을 분석한 도표를 보면 쉽게 이해가 간다.

   1) 철수가 동화책을 읽는다.
      1´-1) 사건 장소와 발화 장소가 일치할 때의 현재 사건

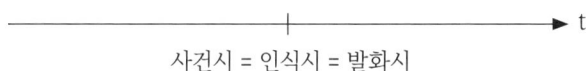

      1´-2) 사건 장소와 발화 장소가 불일치할 때의 현재 사건

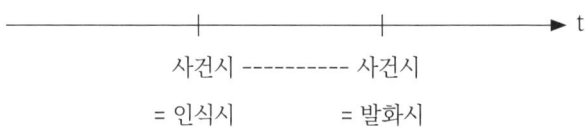

  1´-1)의 경우는 사건 장소와 발화 장소가 일치할 때, 사건시('동화책을 읽는')와 인식시('동화책을 읽고 있음'을 인식한)가 발화시(이 말을 발언한)와 동일한 경우를 나타낸다. 1´-2)는 사건 장소와 발화 장소가 일치하지 않을 때, 사건시가 과거에서부터 현재까지 지속될 경우('(옆방에서 아까부터) 철수가 동화책을 읽는다')를 나타낸 것이다. 어떤 경우든 현재 사건을 다루는 현재 시제 발화일 경우 발화시와 사건시가 일치하게 됨을 확인할 수 있다. 그런데 이런 분석을 시에 적용할 때는 다소 이질적인 결과가 나온다. 다음 시를 예로 들어 보자.

   2) 영화가 시작하기 전에 우리는
      일제히 일어나 애국가를 <u>경청한다</u>

삼천리 화려 강산의

을숙도에서 일정한 군(群)을 이루며

갈대 숲을 이륙하는 흰 새떼들이

자기들끼리 끼룩거리면서

자기들끼리 낄낄대면서

일렬 이열 삼렬 횡대로 자기들의 세상을

이 세상에서 떼어 메고

이 세상 밖 어디론가 <u>날아간다.</u>

우리도 우리들끼리

낄낄대면서

깔쭉대면서

우리의 대열을 이루며

한 세상 떼어 메고

이 세상 밖 어디론가 날아갔으면

하는데 대한 사람 대한으로

길이 보전하세로

각각 자기 자리에 <u>앉는다</u>

<u>주저앉는다.</u>

— 황지우, 「새들도 세상을 뜨는구나」 전문(강조: 인용자)

  이 시는 크게 세 개의 서술어(마지막의 '앉는다', '주저앉는다'를 같은 것으로 봄), 즉 '경청한다, 날아간다, 앉는다'를 지니고 있으며, 모두 현재 시제를 사용하고 있다. 각각의 문장을 독립시켜 분석하면 현재 시제를 사용하고 있는 이 문장들의 시제적 특성은 앞서 제시한 국어학적 분석 결과와 다를 바 없다. 즉 각각의 문장은 사건시와 발화시가 일치하는 전형적인 현재 시제 문장인 것이다.

그런데 이 문장들이 연속적으로 배치된 텍스트 차원에서 볼 때는 앞의 결과와 다소 어긋나는 현상이 나타난다. 한 편의 시에서 각각의 현재적 사건은 서로 연계되어 시간적으로 순차적인 질서를 유지하고 있다는 것이다. 내용상 '①경청한다 → ②날아간다 → ③앉는다'의 순서를 지닌다. 이렇게 현재적 사건이 순차적 질서를 지니면 현재라는 시간적 속성에 혼란이 오게 된다. 현재는 동질적인 현재 그 자체밖에 없기 때문이다.

그러나 현재 사건의 경우는 시간 속성상 '현재, 더 이전 현재' 같은 것이 존재할 수 없다. 현재 사건은 어떤 사건이라도 동등한 현재로서만 존재하기 때문이다. 예를 들어 맨 마지막의 ③을 현재로 삼는다면, 그 이전에 이루어진 ①, ②의 사건과 발화는 과거가 되어야 한다. 그럼에도 현재 시제를 사용하여 이들 사건을 현재로 만들어 버린다면, 이들 사건은 서로 다른 시점에 발생한 것임에도 불구하고 모두 동질적인 현재 사건이 되는 기묘한 상황이 발생한다. 또한 이 문장들은 현재 시제로서 사건 장소(영화관)와 발화 장소(영화관)가 같기에 다소 엉뚱하게도 이 시에서 '사건시 = 인식시 = 발화시'라는 등식이 성립한다. 이를 도표로 표시하면 다음과 같다.

2′-1) 「새들도 세상을 뜨는구나」의 현재 사건

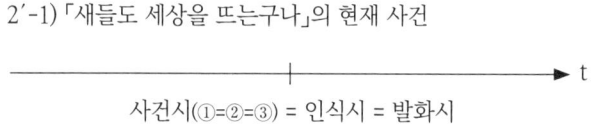

그러나 이것은 논리적으로 명백한 모순이다. 이 모순은 크게 두 가지로 정리할 수 있다. 첫째, 순차적으로 전개된 사건 ①, ②, ③이 현재 시제로서 동질적인 현재를 나타낸다는 점이다. 텍스트 단위로 볼 때 마지막 현재를 기준으로 삼더라도 최소한 앞의 두 사건이 과거 사건이 됨에도 불구하고, 화자가 발화하고 있는 시점이 현재라서 그 사건들은 각각의 시점에서 볼 때는 모두 동일한 현재이다. 현재 시제는 어떤 경우에든 현존의 상태를 나타내는 것이므로 의미상 과거의 사건일지라도 즉각적으로 벌어지고 있는 현존의 상태가 부정될 수는 없다. 따라서 이 세 개의 사건(혹은 최소 두 개의 사건)은 과거이면서 동시에 현재인 이상한 상태에 놓인다.

둘째, '과거가 현재의 형태를 지닌' 사건시가 현재의 발화시와 겹친다는 모순이다. 사실상 과거의 의미를 지니는 사건시는 발화시를 기준으로 할 때 현재 시제가 아니라 과거 시제로 표현되는 것이 적절하다. 가령 ③를 기준 시점으로 할 때, ①의 문장은 '우리는 애국가를 경청했다'처럼 과거 시제로 표현되는 것이 자연스럽다. 이렇게 되면 과거 시제 문장이 되어 '인식시 = 사건시'는 발화시보다 과거에 위치하여야 하며, 이때 사건시와 발화시는 동일 지점에 위치할 수 없다. 그런데 ①-③의 사건시가 현재 시제로 표현됨으로써, 현재 시제의 동일성으로 인하여 이 세 사건의 사건시와 발화시가 동일 지점에 놓이게 되는 기이한 현상이 발생한다.

시에서 발생하는 이런 모순 현상을 '서정적 시간 뒤틀림'이라 부를 수 있다. '서정적'이라 함은 이 현상이 일상 발화에서는 발생하지 않고, 시에서만 발생하는 특수한 시간 현상이기 때문이다. 이것은 현재 시제가 사용되는 시 텍스트에서는 언제나 발생하는 시간 왜곡 현상이라는 점에서, 극소수의 시에 나타나는 특수한 사례가 아니라 시 전반에 나타나는 보편적 현상이라 할 수 있다. 논의의 편의상 후술하겠지만, 현재 시제의 문장이 하나만 나오더라도 이런 특이성이 발생한다는 사실도 강조해 둘 필요가 있다.

3. 시적 규범으로서의 가상적 연행성

이런 '시간 뒤틀림'은 시에서 흔하게 발생하는 것이라서 사소하거나 예외적인 사항으로 치부해 버릴 수 없다. 어쩌면 이 문제는 시의 본질을 해명하는 실마리가 될 수 있는 중요한 현상일 수도 있기에 엄밀한 접근이 필요하다. 그렇다면 이 모순에 어떻게 접근하는 것이 필요할까. 기이한 시적 전통으로서 인정해 버리거나 이 모순을 수용 가능한 논리로 해명하거나 하는 두 가지 방법이 가능할 것이다. 필자는 후자의 입장에서 이 문제를 다루고자 한다.

서정적 시간 뒤틀림이라는 특이한 시적 현상을 수용 가능한 논리로 해명하기 위해서는 먼저 위의 도표에서 사건시와 발화시를 분리하는 것이 필요하다. 물론 현재 시제 발화에서 사건시와 발화시가 일치한다는 원칙을 고려할 때 이것은 다소 모순되게 들릴 수 있지만 모순 해결을 위한 가설로서 분리를 시도하는 것이다. 2´-1)의 도표에서 사건시와 발화시를 분리한다면, 발화시를 사건시 이후, 현재 이후로 두는 것이 논리적이다. 내용상 과거의 사건이 발생한 시간, 즉 사건시가 현재 시점이 되었다면 당연히 그것을 현재 시제로 발화하는 시점, 즉 발화시도 뒤로 미루어져야 하기 때문이다. 물론 과거 시제 문장이라면 발화시가 당연히 현재이기 때문에 굳이 이렇게 할 필요가 없다. 하지만 여기서 다루는 문장이 현재 시제이기 때문에 이런 가설적 상황이 요청되는 것이다. 이런 시점 분리는 마지막 문장 ③의 발화시를 고려할 때, 우선적으로 ①과 ②에 적용되어야 한다. 그러나 이 시 전체가 시인의 과거 경험을 서술한 것처럼 되어 있기 때문에, 궁극적으로는 ③에도 이 규칙이 동일하게 적용되는 것이 바람직하다.

사건시와 발화시를 분리할 때, 이때의 발화시는 동시에 한 가지 조건을 충족시켜야 한다. 아이러니하게도 이 발화시는 현재가 되어야 한다는 것이다. 왜냐하면 처음에 주어진 현재 시제라는 근원적인 성격을 변경할 수 없기 때문이다. 즉 어떤 경우든 현재 시제 사용 문장은 발화시가 현재이어야 한다. 사건시와 발화시를 분리하면서 동시에 현재 시제의 성격을 상실하지 않는 상황은 분명히 모순적이다. 이 난제를 어떻게 해결할 수 있을까.

일단 현재 이후로 발화시를 미룬다면 그 위치는 미래의 어느 시점이 되어야 한다. 그런데 미래 시점이 동시에 현재로서의 발화시가 되는 경우가 가능할까. 필자는 가능하다고 판단하고, 그 시점을 연행시(performance time, PT)라 부르고자 한다. 미래면서 동시에 현재인 그 연행시는 바로 어떤 주체가 시를 읽으며 연행(공연)하는 시점이다. 필자는 연행이라는 개념을 '인쇄 지면에 고립된 시 텍스트를 어떤 방식으로든 활성화시키는 사건'으로 규정한다. 이 연행은 다양한 방식으로 실현될 수 있다. 연행 주체가 시인 자신이어도 좋고 전문 낭송가나 평범한 독자라도 상관없다. 또한 연행 방식도 청중을 대상으로 하는 낭독이라도 좋고, 청중 없이 혼자 실행하는 묵독이라도 좋다. 이런 연행이 이루어지는 시점이 바로 연행시가 된다. 이제 이런 연행시를 앞서 다룬 도표에 표시하면 다음과 같다.

2′-2) 「새들도 세상을 뜨는구나」의 현재 사건

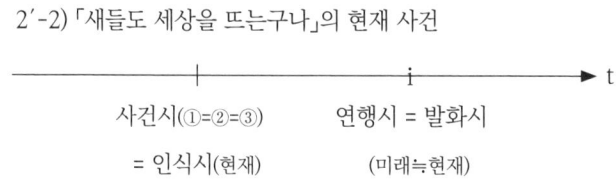

이 도표는 사건시와 구별하여 연행시로서의 발화시를 미래 어느 지점으로 옮겨 놓은 것이다. 이때 이 미래 지점은 실제 미래가 아니라 일종의 가상적인 지점이라는 사실이 강조될 필요가 있다. 연행시의 표시(i)를 사건시 표시(|)와 달리한 것도 이 때문이다. 그래서 연행시는 기본적으로 '가상적 연행시'일 수밖에 없다. 만일 연행시가 가상 시점이 아니라면, 그것은 미래의 특정 시점으로 독립적으로 존재하게 되어 현재와 동일시될 가능성이 없게 된다. 이 가상 설정의 어색함은 후술하듯이 그것이 현실화할 때 해결된다.

가상적 연행시의 도입으로 서정적 시간 뒤틀림이라는 모순이 어떻게 해명될 수 있을까. 일단 주어진 텍스트를 연행 상황으로 옮겨 놓으면 자연스럽게 이 모순이 해결된다. 앞에 제시한 작품을 누군가 어느 공연장에서 연행(낭독)한다고, 즉 가상적으로 설정한 연행시를 실제 공연 장소에서의 발화시로 실현한다고 가정해 보자. 그 자리에서 연행자가 시를 낭송하는 순간, 시적 화자와 연행자가 동일시되고, 시적 화자의 발화 시간은 연행을 실현하는 현재가 된다. 텍스트의 의미상 과거로 해석되었던 각각의 사건들도 연행 상황 속에 들어감으로써 자연스럽게 현재 발생 중인 사건이 된다. 시를 낭송할 때 ①, ②, ③이라는 세 개의 사건은 마치 스포츠 중계와 같은 현장성을 지닌 상황, 즉 '해설적 현재'[2]가 되어 자연스러운 현재 시제 상황이 되는 것이다.

해설적 현재라는 개념은 언어학적 분석보다는 시의 연행성을 설명하는 데 더 적절해 보인다. 언어학적 대상이 되는 발화는 축적되지 않고 일회적으로 이루어지기 때문에, 연속적 사건들의 표현에 이런 개념을 적용하는 것은 어색하다. 즉 연속적 발화를 한 묶음으로 다루는 것은 단일 발화 분석이 아니라 '텍스트' 분석이 되어 기본적인 분석 범주를 벗어난 경우가 되기 때문이다.[3]

---

2. '해설적 현재'는 스포츠 중계 해설에 사용되는 일련의 현재형을 가리키는데, 다음과 같은 발화가 예가 된다. "네 드디어 옆 선수에게 패스했습니다. 그리고는 골대 앞으로 뛰어갑니다. 중앙 수비선에 있던 선수들 한꺼번에 골대 앞으로 몰려 옵니다. 슛, 아 공이 골대를 맞고 튕겨 나가네요." 문숙영, 「한국어 시제 범주 연구」, 서울대학교 박사학위논문, 2005, 153-154쪽.
3. 서정수의 경우, 비지속적인 현재 사건을 (1) 목전의 사건, (2) 일련의 사건, (3) 수행적 사건으로 나누고, 해설적 현재는 (2)의 경우로 다룬다. 그런데 다른 예시와 달리 (2)의 경우만 예시가 여러 문장으로 제시된다("환자가 진찰권을 산다. 진찰실로 들어간다. 다음에는 의사가 시키는 대로 한다"). 서정수, 『국어문법』, 한세본, 2006, 272-273쪽. 이런 예시 자체가 해설적 현재가 다

그러나 이것을 여러 발화가 중층적으로 묶인 시 텍스트에 적용하면 스포츠 중계와 같은 연행 상황의 생생함을 재현하는 데 도움이 된다. 텍스트 내적 시간으로 볼 때 각각의 현재 시제 행위는 순차적 질서를 지니며 모순을 일으키지만, 실제로 이를 연행하게 되면 발화 순간의 행위만 초점화됨으로써 각각의 행위들은 현재 행위로서 자연스럽게 되살아나게 되는 것이다. 이를 통해 사건시와 발화시의 괴리도 해결된다. 연행을 통하여 해당 사건들이 현재 시점으로 자연스럽게 융합되어 이전의 모든 부자연스러움을 일거에 해소해 버리는 것이다. 연행시의 도입으로 도표 2′-2)의 이상한 상황은 도표 2′-1)처럼 '사건시 = 인식시 = 발화시'가 일치하는, 전형적인 현재 시제의 상황이 되는 것이다. 이처럼 '서정적 시간 뒤틀림'은 연행시의 도입으로 해소됨을 확인할 수 있다.

가상적 연행시라는 개념은 이처럼 시 텍스트의 시간적 모순을 해명하는 데 도움을 준다. 그러나 이 개념을 이런 해석의 틀로만 보는 것은 부적절하다. 그것은 시에 나타난 모순을 결과적 현상으로만 해석하는 소극적 적용에 그치기 때문이다. 필자는 이 개념을 더 적극적으로 다룰 필요가 있다고 판단한다. 가상적 연행시는 시 텍스트의 결과적 현상이 아니라 그런 결과를 만들어 내는 원인적 개념, 즉 시 텍스트를 산출하는 일종의 규범 혹은 관례와 관련된 개념으로 다룰 필요가 있다는 것이다. 즉 텍스트 수

른 현재 사건과 동일한 층위를 지니지 않음을 보여 주는 반증이라 할 수 있다. 필자가 보기에 '일련의 사건'은 여러 개의 발화라는 사실만 제외하면 '목전의 사건'과 구별되지 않는 사건일 뿐이다.

용에만 적용되는 개념이 아니라 기본적으로 텍스트 생산에 관여하는 개념이라는 것이다. 이렇게 볼 때, 시에 시간 뒤틀림이 나타나는 것은 어쩌다 나타나는 우연적인 결과가 아니라 시 텍스트를 생산하는 방식 자체가 만들어 내는 필연적 현상이 된다. 그래서 시의 시간적 원근법의 소실점은 언제나 연행시에 맞추어져 있다고 보는 것이 타당하다. 이제 시가 지닌 이런 특성을 강조하여 '가상적 연행성'이라 부르며, 그 구체적인 내용을 '시 내용의 기준시를 시가 공연될 미래의 어느 시점으로 삼는 시적 규범(혹은 관례)'으로 규정한다.

4. 최초 발화시로서 창작시의 은폐

우리는 지금까지 시를 일종의 발화로 처리하여 시 텍스트를 언어학적 관점으로 분석하였다. 그러나 일상 발화와 시적 발화는 쉽게 등가로 처리할 수 없다. 일상 발화와 시적 발화의 가장 큰 차이점은 전자가 하나의 발화시를 가지는 데 비하여 후자는 여러 개의 발화시를 지닌다는 사실이다. 일상 발화는 보통 현장에서 즉각적으로 발생하는 상황을 전제로 이루어지기 때문에 발화시가 하나일 수밖에 없다. 그런데 시는 완성된 작품을 읽는 발화시 이외에 또 다른 발화시를 가지고 있다. 이에 대해서는 슐라퍼의 다음 언급이 도움이 된다.

> 뫼리케가 "나 여기 봄의 언덕에 누워"라고 쓴 시에서 이 "여

기"라는 말은 시의 독자에게는 도처이자 동시에 아무 곳도 아니다. (…) 사실상 그 첫 시구는 "내가 여기 책상 앞에 앉아서, 봄이 되어 언덕 위에 누워 있는 것이 얼마나 좋을까 상상하노라"고 되었어야 할 것이다.[4]

시적 시간 현상이라는 관점에서 볼 때 이 인용에서 주목할 부분은 시의 첫 구절, "나 여기 봄의 언덕에 누워"의 창작 상황에 대한 지적이다. 슐라퍼는 이 시의 실제 발화 상황이 시인이 언덕에 누워 있는 상태가 아니라, 봄의 장면을 상상하며 "내가 여기 책상 앞에 앉아서" 시를 쓰는 상황임을 지적하고 있다. 시인이 시를 쓸 때 그 상황에 적절한 '여기'는 '봄의 언덕'이 아니라 '책상 앞'이라는 것이다.

3) 나 여기 봄의 언덕에 누워[5]
3´-1) 내가 여기 책상 앞에 앉아서, 봄이 되어 언덕 위에 누워 있
 는 것이 얼마나 좋을까 상상하노라

슐라퍼가 '여기'의 지시 대상이 불명확함을 문제 삼는 근거는 3)의 문장이 현재 시제를 사용하고 있기 때문이다. 현재 시제 문장이라면 발화시와 사건시가 일치하여야 하고, 당연히 이 '여기'는 발화 상황이 일어나는 장소가 되어야 마땅하다. 즉 '봄의 언

---

4. Heinz Schlaffer, 변학수 역, 『시와 인식』, 문학과지성사, 1992, 70쪽.
5. 이 작품은 뫼르케의 「봄에」라는 시의 첫 구절로, 원문은 "Hier lieg' ich auf dem Frühlingshügel:"(나 여기 봄의 언덕에 누워 있네)이다.

덕'에서 이 발화를 하고 있어야 자연스러운 것이다. 일상 발화에서 이것은 의심의 여지가 없는 당연한 규칙이다. 그런데 '발화시'가 "발화하는 존재(화자)가 실존하는 시간 위치"[6]라는 규정에 따른다면, 슐라퍼가 지적하고 있듯이, 이 시의 실존적 발화 상황은 3′-1)처럼 책상 앞에서 시를 쓰며 읽는 상황일 가능성이 크다. 이렇게 보면 3)은 발화시와 사건시가 일치하지 않는 모순을 지닌 문장이 된다(이는 현재 시제 문장이 하나일 경우에도 서정적 시간 뒤틀림이 발생하며, 따라서 그 특이성이 시에 보편적임을 확인시켜 주는 예가 된다). 이 모순을 해결하고자 한 문장이 3′-1)이지만, 이것은 독자에게 자연스럽게 받아들여질 수 없는 비시적(非詩的)인 예일 뿐이다.

여기에서 중요한 것은 슐라퍼의 지적으로부터 시 텍스트를 생산하는 또 다른 발화시를 상정할 수 있다는 사실이다. 시인이 시를 쓰고 다듬는 실존적인 발화시, 이것을 다른 말로 창작시(creation time, CT)라 할 수 있다. 창작시는 창작 행위가 실제 발생한 특수한 시간 지점으로서, 창작 과정과 발화가 동시에 이루어지는 시점을 가리킨다. 시를 구상하고 퇴고하여 하나의 텍스트를 완성해 나가는 이 시점 역시 하나의 전언을 발화하는 시점이라는 점에서 첫 번째 발화시라 할 수 있다. 시 텍스트는 시간이 꽤 소요되는 이런 초벌적인 발화시를 거쳐서 최종적으로 완결된 텍스트를 상대로 하는 두 번째 발화시를 갖는다. 두 번째 발화시는 시인이 작품을 완결한 후 최종적으로 읽어 보는(혹은

---

6. 이재성, 앞의 글, 30쪽.

읽으며 완성하는) 시점으로서 시인 외에 어느 독자에게도 허락되지 않는 시점이다. 이는 또한 발화자가 시인의 특수성을 버리고 보편성을 지닌 시적 화자가 되어 발화하는 최초의 시점이기도 하다. 이런 발화시 이후에 비로소 시는 독자의 연행을 통해 발화될 수 있는데, 이 발화시가 바로 연행시이다. 그래서 연행시는 두 번째 발화시가 재활성화되는 '유예된' 발화시라 할 수도 있고, 세 번째 발화시라 할 수도 있을 것이다. 이처럼 시적 발화는 발화시가 여러 개일 수 있다는 점에서 한 개의 발화시를 갖는 일상 발화와 차이를 지닐 수밖에 없다.

이제 이 창작시를 도입하여 기존의 도표를 보완할 수 있다. 그런데 이때 이 창작시의 위치를 어떻게 정할지 문제가 된다. 일단 일반적인 상황을 고려하여 도표를 제시하면 다음과 같다.

2′-3) 「새들도 세상을 뜨는구나」의 현재 사건

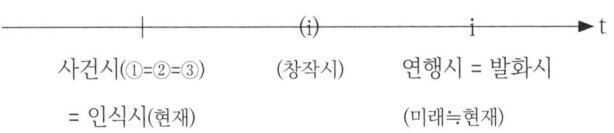

사건시(①=②=③)   (창작시)   연행시 = 발화시
= 인식시(현재)   (미래≒현재)

창작시는 시 내용의 해석에 따라 그 위치가 옮겨 갈 수 있다. 실제 시인이 창작 시점을 작품 말미에 적는다 하더라도 이것이 시의 창작 시점을 특정하는 데 도움이 안 된다는 점에서, 원론적으로 시에서 모든 창작시는 미확정적이라 할 수 있다. 그 지점을 연행시(i)처럼 표시한 것도 이 때문이다. 일단 이 도표에서는 창

작시를 사건시와 연행시 사이에 두었다. 이는 시의 내용을 과거 경험의 반영으로 해석하였기 때문이다. 시적 사건(애국가를 경청하고, 화면에서 새가 날아가는 것을 보고, 자리에 앉음)이 과거라면 창작 시점을 기준으로 할 때 사건시는 과거가 되므로 창작시 이전에 오는 것이 자연스럽다. 하지만 슐라퍼처럼 시적 사건을 일종의 상상으로 해석하면 그때 창작시는 사건시와 동일한 지점(시적 사건이 현재일 때)이나 사건시 이전(시적 사건이 미래의 상황일 때)에 올 수 있다. 그러나 대부분의 시는 뫼리케의 시처럼 시적 상황이 과거의 경험을 반영한 것인지 일종의 상상인지를 분간하기 어렵다. 또한 시인은 의도적으로 경험과 상상을 융합하여 범맥락화된, 새로운 차원의 시적 상황을 구성하기 때문에, 창작시의 정확한 지점을 사건시와 구분하여 표기하기는 쉽지 않다. 다만 어떤 경우든 창작시는 연행시보다 앞서 있다는 사실은 지적할 수 있다.

또한, 창작시의 위치 확정은 내용 해석에 관여하는 근원적인 문제 때문에 더 복잡해진다. 즉 시의 허구성 여부, 혹은 화자와 시인의 관계가 그것이다. 시적 화자가 시인과 동일시될 때는, 즉 시가 시인 자신의 경험을 고백한 것일 때는, 창작시는 텍스트 내적 시간이 되어 그 시점을 어느 정도 추정할 수 있다. 그러나 랭거처럼 시의 주관성을 '가상적 주관성', 즉 "몰개성적 주관성(impersonal subjectivity)"[7]으로 본다면, 즉 화자와 시인을 동일시하지 않는다면, 창작시는 텍스트 외적 시간이 된다. 이때 시인

---

7. Susanne K. Langer, 이승훈 역, 『예술이란 무엇인가』, 고려원, 1982, 233쪽.

은 텍스트를 만들어 낸 사람으로서 텍스트로부터 독립되어 있으므로 텍스트는 창작 상황의 시제 규정을 따를 필요가 없다. 따라서 창작시 또한 텍스트를 산출한 시간으로서 텍스트와 독립된 시점일 뿐이다. 이처럼 시인과 화자의 관계가 미묘하기 때문에 창작시는 텍스트 내부와 외부 사이의 어중간한 위치에 놓이고, 창작시의 특정도 모호한 상태로 남는다.

그런데 더 중요한 것은 이 창작시가 일반적으로 시에서 은폐되어 있다는 사실이다(도표에서 창작시를 괄호로 처리한 것은 이 때문이다). 슐라퍼처럼 의도적으로 읽으려 하지 않는다면, 독자는 텍스트에서 창작하고 있는 시인의 구체적인 상황을 떠올리지 않는다. 예를 들어 「새들도 세상을 뜨는구나」를 읽는 독자가, 시인이 책상 앞에 앉아 영화관 체험(혹은 상상)을 시로 쓰는 상황을 떠올리는 것은 그다지 자연스럽지 않다. 시 텍스트의 특성상 시적 상황으로부터 시인의 실제적인 창작 상황이 추론되기 어렵기 때문이다. 즉 일상 발화에서는 발화자의 상황이 현장에서 즉각적으로 주어지는 데 반하여, 시에서는 시 텍스트가 액자 상황처럼 독립적으로 존재하여 시인의 구체적 발화 상황은 그 외부에 존재하는 것이다. 서정시를 허구적 발화로 보는 헌스타인 스미스가 시 작품의 앞에 "예를 들면 나 또는 누군가는 (다음처럼) 말할 수도 있다(For example, I or someone could say)"[8]는 말이 생략된 것으로 보는 것도 이런 맥락과 관련이 있다.

그렇다면 왜 시인은 창작시를 은폐할까. 다시 말해 왜 시인은

---

8. Chaviva Hošek & Patricia Parker 편, 윤호병 역, 『서정시의 이론과 비평』, 현대미학사, 2003, 68쪽.

창작의 실제 상황(책상 앞에서 상상으로 시적 사건을 구성하는 상황)을 은폐해 버리고 대신 '나 여기 봄의 언덕에 누워'라고 '허구적인'(시적 사건은 완전한 허구일 수도 있고, 실제 경험의 변형일 수도 있다) 장면을 제시할까. 이 의문은 창작시의 은폐라는 단순한 사실과 관련된 것이 아니라, 근원적으로 가상적 연행성의 실제적 효과와 관련이 있으므로 쉽게 간과해선 안 된다.

이 의문 역시 가상적 연행성에 근거하여 해결할 수 있다. 연행을 전제로 창작되고 수용되는 전통에 따라, 시의 모든 시점은 가상적 연행시에 초점이 맞추어질 수밖에 없다. 가령 3)을 여러 사람 앞에서 낭독한다고 가정해 보자. 연행자가 시 작품을 낭독하면 내용상의 공간이 바로 무대가 되고 공연 배경이 된다. 그는 (실제로든 연극적으로든) 누워 있는 자세를 흉내 내며 자신이 누워 있는 곳('여기')을 가리키는 장면을 연출하면서 시적 내용을 현재의 사건으로 만들 것이다. 이때 시인의 구체적인 창작 상황(책상 앞에서 시를 쓰는 상황)이 등장한다면 연행 자체가 상당히 부자연스럽게 될 것이 분명하다. 공간적으로나 시간적으로 불연속성이 발생하기 때문이다. 그래서 시인은 자신이 처한 특수한 조건을 떠나 미래의 공연 상황에 어울리게 시적 상황과 시제 등을 조율할 수밖에 없다. 그 결과 창작시의 상황과 무관하게, 그 자체로 완결된 하나의 시적 상황이 구성되는 것이다. 이처럼 창작시의 은폐 역시 가상적 연행성의 당연한 결과라 할 수 있다.

만일 시 텍스트에서 창작시의 은폐가 이루어지지 않는다면 어떻게 될까. 우리가 기억할 만한 시 중에 창작시를 은폐하지 않은 작품을 찾기는 쉽지 않다. 그 대신 윤동주의 다음 시를 차선의 예로 들 수 있다.

> 4-1) 창 밖에 밤비가 속살거려,
> 육첩방(六疊房)은 남의 나라,
>
> 시인이란 슬픈 천명인 줄 알면서도
> 한 줄 시를 적어볼까,
>
> 4-2) 땀내와 사랑내 포근히 품긴
> 보내주신 학비 봉투를 받아
>
> 대학 노트를 끼고
> 늙은 교수의 강의 들으러 간다.
> ― 윤동주, 「쉽게 씌어진 시」 부분

 이 시의 초고에는 작품 마지막 부분에 '1942. 6. 3'이라는 창작 일자가 표기되어 있다. 이것이 「쉽게 씌어진 시」의 '창작시(CT)'이다. 그리고 구체적인 창작 상황은 4-1)에서 밝힌 대로, '(일제강점기 일본의) 육첩방에서 창밖의 빗소리를 들으면서 시를 쓰는 상황'이다. 그리고 흥미롭게도 이 작품에는 시적 화자가 쓰고 있는 시가 액자 형태로 들어 있다. 4-2)가 바로 그것이다. 따라서 「쉽게 씌어진 시」는 '시 속의 시'를 창작하는 상황을 보여주는 액자 형식의 작품이라 할 수 있다. 이때의 사건시, 즉 '육첩방에서 시를 쓰는 밤'은 시인이 시를 쓰고 있는 실존적 시간으로서 창작시와 일치하는 것으로 볼 수 있다.

이런 상황을 감안하더라도 다음 구절 4-2)에서 화자가 늙은 교수의 강의를 들으러 가는 현재 장면을 제시한 것은 '사건시 = 창작시'의 동일성을 혼란스럽게 한다. 4-1)의 창작시('육첩방에서 시를 쓰는 밤)와 달리, '시 속의 시'의 시간적 배경은, 통상적으로 생각할 때, 강의를 들으러 가는 '낮'이다. 창작시와 '시 속의 시'의 사건시가 일치하지 않는 것이다. 그럼에도 이 두 사건은 동일한 현재 시제를 사용하고 있어 독자를 혼란에 빠트린다. 뫼리케의 시와 똑같이 '시 속의 시'는 창작시를 은폐하고 있다.

그런데 「쉽게 씌어진 시」를 하나의 완결된 작품으로 보아서, 이 '시 속의 시'의 창작시(CT)를 이 작품에서처럼 밝혀 둔다면 어떻게 될까. 시를 하나의 완결된 완성체로 생각하는 독자는 이 시를 읽으며 당황할 것이다. 전체 작품이 현재 시제로 이루어져 있기 때문에, 시 속의 사건을 동질적 시간대에 이루어진 동질적 사건으로 이해할 수밖에 없다. 그런데 '시 속의 시'의 사건(늙은 교수의 강의를 들으러 가는 장면)이 동일한 현재 시제로 표현되고 있지만, 앞에서 밝힌 창작시와 아무런 연속성도 지니고 있지 않다. 이때의 사건시(강의를 들으러 가는 낮)는 앞의 사건시(육첩방에서 시를 쓰는 밤)와 동질적이지도 않고, 그 공간도 전혀 이질적이다. 따라서 현재 밤 빗소리를 들으며 시를 쓰던 화자가 갑자기 일어나 "대학 노트를 끼고/늙은 교수의 강의 들으러" 가는 비현실적인 상황이 발생하게 된다. 결국 이는 창작시가 등장하는 부분과 그렇지 않은 부분의 연결이 조화되기 어렵다는 사실을 보여 주는 반증이 된다고 할 수 있다.

따라서 창작시의 은폐는 시적 완결성과 완성도를 위한 고의적인 배려라 할 수밖에 없다. 즉 창작시가 은폐되지 않으면 작품의 완결성에 중대한 결함이 발생하고, 이는 연행 상의 상당한 부자연스러움으로 이어질 위험성이 크다는 것이다. 이런 위험성에 대한 고려가 축적되어 창작시를 은폐하는 관습이 하나의 시적 규범으로 굳어졌을 것으로 추측할 수 있다. 우리는 여기에서 시에서 현재 시제를 주로 사용해야 한다는 시적 규범 혹은 특성을 연행성과 관련해서 다루었을 뿐이지만, 가상적 연행성은 이와 유사한 여러 시적 규범의 최종 심급이라 할 수 있다.

5. 가상적 연행성의 기원

이제 가상적 연행성이라는 개념을 인정한다면, 한 가지 의문이 남는다. 시에 왜 이런 특성이 생긴 것일까 하는 의문이다. 동시에 이것은 시의 기원에 대한 질문이기도 하다. 이 의문 역시 가상적 연행성의 자체 특성으로부터 풀어 나갈 수밖에 없다.

앞에서 살펴보았듯이 흔히 눈으로 읽는 현대시에서 연행이란 것은 청자를 가정하는 가창이나 낭송에 비하여 상당히 퇴화한 (그래서 '가상적인') 행위이다. 현대시의 문자 텍스트를 연행의 대본으로 생각하는 사람이 거의 없다는 사실에서 이를 확인할 수 있다.[9] 그만큼 현대시와 연행의 관계는 연결고리가 매우 약하다.

---

9. 다만 예외적으로 조너선 컬러는 『서정시의 이론』에서 서정시의 근본적인 특징을 "특별한 '지금'"이라는 서정적 현재로 이루어지는 사건의 반복적이

연결 고리를 인정한다고 하더라도 우리가 살펴본 바처럼 '가상적'이라는 꾸밈말이 필요할 정도로 매우 미미하다. 그렇다면 명확한 연행성을 지닌 갈래가 선행하고, 이후에 시가 이 갈래로부터 그 특성을 계승하였다고 보는 것이 논리적으로 타당할 것이다. 그렇다면 그 선행 갈래는 무엇일까. 그것은 우리가 상식적으로 알고 있는 '노래'이다.

시의 기원으로서 노래를 상정하는 것은 상식적이지만, 의외로 연결 고리의 핵심을 정확하게 지적한 논의는 많지 않다. 시와 노래의 상관성을 대부분 소재나 형식 차원의 피상적 유사성에서 찾는 우를 범한다. 먼저, 가장 고전적인 논의로서 시와 노래의 관련성을 시적 내용이나 소재에서 찾는 경우부터 살펴보자.

> 대체로, 원시 사회에 있어서의 가요의 동기는 우선 남녀 상애(相愛)의 정(情)과 귀신 제사의 염(念)이다. 화조월석 남녀 양성이 서로 아름답다, 사랑스럽다 하여 상접하는 심혼의 부르짖는 소리, 또 심중의 불안과 생활의 고민을 들어서 신에게 의뢰하고자 하는 성심의 말이 원시 가요 붕아기의 시다.[10]

최남선은 시의 기원으로서 가요를 언급하면서, 그 가요가 발생하게 된 동기에 주목한다. 그것은 남녀 사이 애정의 토로이거

고도 반복 가능한 연행(공연)"(226)에서 찾는다. 또한 일부 시가 "공연을 위한 대본"(187)에 더 적합할 수 있는데, 컬러는 괴테의 「들장미」와 로르카의 「달이 뜬다」를 예로 들고 있다. Jonathan Culler, *Theory of the Lyric*, Harvard University Press, 2017.

10. 최남선, 「조선문학 개설」, 『육당최남선전집 9』, 현암사, 1974, 451쪽.

나 초월적 존재를 향한 소망의 표현이다. 그러나 이것은 시의 기원에 있어서 노래의 대상이나 소재만을 중시하고, 정작 노래 자체에 대한 검토는 제외하고 있다는 점에서 문제를 지닌다. 그것들이 노래의 내용적 요소에 어느 정도 영향을 미쳤겠지만, 그 내용을 실어 나르는 노래 자체의 특성과는 동일시될 수 없는 것들이다.

다음으로 형식적 특성에 주목하여 현대시의 기원으로서 노래에 주목하는 논의를 살펴보자. 주요한은 현대시의 선구로 찬미가나 창가 등의 노래를 거론한 바 있다. 주요한은 신시의 효시로 찬미가, 7·5조의 신체시, 갑오 이후에 유행한 창가를 들고 있다.[11] 이런 관점에서 볼 때 최초의 현대적 자유시로 평가되는 최남선의 「해에게서 소년에게」는 창가 가사 형식을 모방한 작품이 된다. 그 시의 각 연이 동일한 글자 수를 정형적으로 반복하는 기묘한 형태를 띠는 것은 노래의 반복적 가사 양식을 고려하였기 때문일 것이다. 다른 논자는 우리 현대 자유시의 탄생이 사설시조나 잡가 등과 관련 있다고 주장하기도 한다.[12] 그러나 이런 논의들은 노랫말의 외적 형식에서만 친연성을 찾는 논의라 할 수 있다.

이들 논의는 시와 노래의 친연성을 소재나 형식에서 찾으면서 그 핵심으로서 노래 자체의 특성에 주목하지 못하였다는 점에서 동일한 한계를 지닌다. 시와 노래의 친연성 문제를 따질 때 중요

---

11. 주요한, 「노래를 지으시려는 이에게 (1)」, 『조선문단』 1, 1924, 48쪽.
12. 오세영, 「자유시 형성에 있어서 사설시조와 잡가」, 『한국문화』 14, 서울대학교 규장각한국학연구원, 1993 참조.

한 것은 노래 그 자체의 특성이다. 그 특성은 무엇일까. 그것은 바로 '연행성'이다. 즉 노래는 기본적으로 청중을 전제로 펼치는 공연이라는 것이다. 이런 기본적인 전제를 인정한 후, 당연히 노래가 지닌 종차(種差)로서 그 특수성이 언급되어야 한다. 연행성은 노래, 연극, 무용 등에 모두 적용할 수 있는 특성일 뿐 아니라 갈래에 따라 구체적인 특성이 다르기 때문이다. 그래서 노래와 관련해서 '가창(歌唱)', 즉 노래를 부르는 연행이라는 특성이 제시되어야 한다. 노래의 연행성은 '가창'에 바탕을 두고 있으며, 따라서 연행성의 형식과 내용도 '가창'이라는 특수성과 관련을 지닐 수밖에 없다. 그래서 시적 기원으로서 노래의 모든 요소 역시 가창이라는 연행성에 초점을 맞추어 조율되는 것이 당연하다.

시가 노래를 기원으로 삼아 발달한 갈래인 만큼 연행성(가창)에서 유래한 특성을 계승할 수밖에 없다. 다만 차이가 있다면 노래는 철저히 연행을 실제 목적으로 삼는 데 반하여, 시는 그 목적을 상실하고 흔적만 희미하게 지니고 있다는 사실뿐이다. 이런 사실에 주목한다면 한국 현대시가 우리 고전 시가의 영향을 받았건 서구 시의 영향을 받았건 간에 그 본질에는 아무 변화가 없다. 동서를 막론하고 시의 기원은 노래이며, 어떤 식으로든 가창이라는 연행성을 보편적인 기반으로서 공유하고 있기 때문이다.

시와 노래가 가창이라는 연행성을 그 공통 특성으로 지닌다면, 우리가 지금까지 다룬 시의 형식적 특성들과 우리가 다루지 못한 시의 일반적 특징도 노래 작품을 통해 해명할 수 있어야 할 것이다. 발생론적 사실을 고려할 때 노래의 특성이 먼저 형성되었고 그것이 시에서 변화를 겪으며 수용되었지만, 우리가 시의 문제를 먼저 다루었기에 순서를 바꾸어 검토할 수밖에 없다. 이 문제를 다루는 데 다음 시조를 예로 삼고자 한다.

> 일곡(一曲)은 어드매고 관암(冠岩)에 해 비친다
> 평무(平蕪)에 내 걷으니 원근(遠近)이 그림이로다
> 송간(松間)에 녹준(綠罇)을 놓고 벗 오는 양 보노라
> — 이이, 「고산구곡가」 부분

「고산구곡가」는 이이(李珥)가 황해도 해주에 은거할 때 석담 계곡 아홉 구비의 아름다움을 노래한 총 10연의 연시조이다. 인용 작품은 그중 제2연으로, 고산 9곡 중 첫 구비의 장면을 다루고 있다. 이 작품의 갈래가 가창을 전제로 하는 시조이며, 이 작품 역시, 제목에 들어 있는 '가(歌)'라는 어휘에서 충분히 짐작할 수 있듯이, 노래로 부르기 위해 만들어진 노랫말이다. 가창을 목적으로 지어진 작품으로서 연행성의 특성을 확인하는 데 적절하다.

시적 특성을 노래의 연행성에서 확인하기 위해, 먼저 흔히 언급되는 시적 특성부터 정리할 필요가 있다. 앞에서 반복적으로 제시한 슐라퍼의 특성들을 예시로 사용하겠다.[13] 그것은 크게 세 모둠으로 나눌 수 있다.

---

13. 슐라퍼는 시의 특성으로 "짧은 길이, 운율, 시연, 현재형, 화려하고 이미지로 가득한 언어, '나'라고 일컫는 불특정한 주체, 그리고 정확하게 지칭할 수 없는 '너/당신'이란 것들"을 나열하고 있다. Heinz Schlaffer, 변학수 역, 『신들의 모국어』, 경북대학교출판부, 2014, 211쪽.

가) 형식적 특성: 짧은 길이, 운율, 시연

나) 언어적 특성: 현재형, 화려하고 이미지로 가득한 언어

다) 범맥락적 특성: '나'라고 일컫는 불특정한 주체, 정확하게 지칭할 수 없는 '너/당신'이란 것들

이런 정리를 바탕으로 각각의 특성이 노래의 연행성과 어떤 관련이 있는지 살펴보자(물론 내용적 요소와 관련 있는 부분, 즉 시적 언어 혹은 비유 문제는 이후 논의에서 다루어지지만, 여기에서는 일반적인 이해를 전제로 한다).

첫째, 가)의 형식적 특성들은 가창이라는 연행성과 직접 관련이 있다. 이것은 일상어와 다른 노랫말의 특성이기 때문이다. 일상어와 노랫말의 차이는 신흠의 시조에 보이듯 '이름(말하기)'과 '부름(부르기)'의 차이이다.[14] '이름'은 일상적인 발화를 의미하는 것으로 상식적이고 산문적인 양식임에 반하여 '부름', 즉 노래하기는 비일상적이고도 서정적인 양식이다. 노랫말이 '부름'의 양식에 어울리게 되다 보니 길이는 짧아지고, 운율을 지니게 되고, 그것을 문자로 옮겨 놓았을 때 행과 연을 지니게 되는 것이다.

구체적으로 살펴보면, '짧은 길이'는 연행을 목적으로 하는 노래의 시간적 제약 때문에 발생하는 필연적 특성이다. 우리의 서사무가나 서구의 서사시처럼 이야기를 서사적으로 길게 풀어내려는 특별한 의도가 있지 않다면, 노래의 길이는 외우기 쉬우면서도 한 번에 부를 수 있는 정도로 제한될 수밖에 없다. 그 길이

---

14. 신흠의 시조는 다음과 같다. "노래 삼긴 사람 시름도 하도할사/닐러 다 못 닐러 불러나 푸돗던가/진실로 풀릴 것이면 나도 불러 보리라."

는 시조창이 보여 주듯이 길어야 5분 내외가 적절할 것이다. 그 제한된 시간에 연행할 내용 역시 적을 수밖에 없기에 시의 길이가 짧은 것은 당연한 결과다.[15]

또한 '운율'과 '시연'은 노래의 구성 방식과 관련되어 있다. 노래는 전체를 단숨에 부를 수 없기 때문에, 그 전개를 위해 몇 마디를 한 묶음으로 만들고, 그 묶음을 다시 몇 개 모아 전체를 구성한다. 이때 한 묶음을 엮는 방식이 결과적으로 노랫말의 운율을 빚어내게 된다. 가령 「고산구곡가」는 한 묶음을 네 마디로 구성하여 4음보와 같은 운율을 만들어 내고 있다. 그리고 이런 노래 구성 방식 때문에 노랫말을 문장으로 배치하면 그것이 행과 연을 지닌 형식을 이루게 된다.

그러나 근대에 들어 시가 노래로부터 완전하게 독립하게 되면서 노래와 시의 간격이 벌어지게 된다. 시의 분량에 있어서는 시 텍스트를 눈으로만 읽게 되면서 내용의 정보량이 늘어나는 추세에 따라 시의 길이가 길어지기도 하였으며, 운율에 있어서 정형적 규칙성이 미약하게 되거나 소멸하게 되었으며, 시연 형태에 있어서도 기존의 몇 가지 유형에서 벗어나 다양하게 되거나 시연을 아예 무시하는 형태가 등장하기도 하였다.

둘째, 시적 언어의 성격을 가리키는 나)의 두 가지 특성(현재형, 화려하고 이미지로 가득한 언어) 역시 '가창'이라는 연행성의 본질과 밀접한 관련이 있다.

먼저, 현재 시제의 문제인데, 앞에서 시를 통해 충분하게 다루

---

15. 따라서 시의 단형성을 "생의 순간적 파악"(김준오)과 연계시키는 것은 직접적인 관계로 보기 어렵다. 김준오, 『시론』(제4판), 삼지원, 2000, 43쪽.

었으므로, 여기에서는 「고산구곡가」를 예로 들어 살펴보자. 시조에 사용된 시제는 종장('송간에 녹준을 놓고 벗 오는 양 보노라')에 드러나듯이 현재 시제이다. 현재 시적 화자는 고산의 계곡 첫 구비의 어딘가에 서서 벗이 오는 모습을 지켜보고 있다. 그런데 뫼르케의 시와 마찬가지로, 이 발화 상황을 실제 창작 상황과 동일시할 수는 없다. 「고산구곡가」에서 9곡이라는 아홉 개의 장소가 이 작품처럼 모두 발화시의 장소로 설정되어 있지만, 각각의 장소에서 즉흥적으로 한 곡씩 창작하여 노래하였다고 보기는 어렵기 때문이다. 창작의 일반적인 정황을 고려할 때, 고산 구곡을 둘러본 경험을 바탕으로 자신의 서재에서 시일이 걸려 이 작품을 완성하였다고 추정하는 것이 자연스럽다. 그렇다면 왜 실제 창작 상황과 다르게, 자신이 계곡 한 구비에 서서 벗이 오는 걸 지켜보는 것처럼 노랫말을 썼을까. 그것은 바로 미래의 연행 상황을 창작의 기준으로 설정하였기 때문이다. 즉 연행의 효과를 극대화하기 위해서는 연행 상황이 현재형이 될 필요가 있다. 그렇다면 작품의 시제 역시 미래 언젠가 현재형으로 공연될 연행 상황과 일치시키기 위해 현재 시제를 사용할 수밖에 없다. 이처럼 시제의 문제에 제한해서 보더라도, 노래의 특성은 시의 경우와 크게 다르지 않다.

다음으로 화려한 심상으로 가득한 언어는 일상적 언어와 달리 노래의 형식에 맞추어진 노랫말의 특징이다. 일상적 언어가 내용 전달이라는 도구적 성격을 지니는 데 반하여, 노랫말은 정서의 미적인 표현에 집중하기 때문에 일상어의 무미건조한 형식과 달리 다양한 비유나 참신한 이미지를 선호할 수밖에 없다. 현대

시에 와서 이 특성들은 그대로 유지되고 있지만, 언어의 난해성이 증가하고 이미지의 비약적인 충돌 등 실험성이 강화된 것이 그 차이라 할 수 있다.

셋째, 마지막 특성('나'라고 일컫는 불특정한 주체, 정확하게 지칭할 수 없는 '너/당신'이란 것들)은 일상적 맥락으로부터 이탈한 노랫말의 범맥락화를 가리킨다. 노래의 연행은 일상적 상황과 독립된 공연 상의 특별한 시공간을 요구하며, 외적 맥락에 의존하지 않고도 자연스럽게 이해될 수 있도록 그 자체로 완결된 세계 구성을 요청한다. 그 결과 노랫말의 화자나 상황 지시(deixis)가 특이한 상태로 존재하는데, 이를 아우르는 특성을 우리는 '범맥락화'라 규정한 바 있다.

구체적으로 시적 화자의 특성부터 다루어 보자. 노랫말의 화자는 연행시에 그 화자를 누구나 대체할 수 있도록 고안될 필요가 있다. 연행시의 화자, 즉 가창자가 창작시의 실제 화자(즉 시인)와 다를 것은 이미 예정되어 있다. 만일 창작 상황의 구체적이고 특수한 화자를 고집할 경우, 연행할 때 연행 상황의 가창자와 괴리가 생겨 연행의 성공을 보장할 수 없을 것이다. 따라서 창작자의 특수성을 벗어나 연행의 상황에 어울릴 수 있는 화자, 즉 치환 가능한 화자의 성격이 요청되는데 그것이 바로 '일반적이고 불특정한 주체'인 것이다. 「고산구곡가」에서 "벗 오는 양 보노라"의 생략된 주어 '나'가 그런 화자이다. 이 '나'에는 그의 신분이나 나이, 성별 등을 가리키는 표지가 전혀 없어 가창자는 그 누구라도 자연스럽게 이 '나'를 대체할 수 있다.

다음으로 "정확하게 지칭할 수 없는 '너/당신'이란 것들"은 단순히 '너/당신'뿐만 아니라 지시어 '여기', '지금' 등 모든 상황 지시어를 포함할 수 있다. 앞에서 슐라퍼가 뫼리케의 시에 나오는 '여기'의 모호성을 지적한 바 있듯이 시에서 상황 지시는 고정되어 있지 않고 항상 유동적이다. 이런 유동성은 텍스트로 읽을 때는 다소 관념적이고도 추상적으로 느껴질 수 있지만, 연행 상황이 되면 이것은 현장에서 즉시 활성화되어 구체적인 의미를 얻을 수 있다. 「고산구곡가」를 연행하면 일종의 '너/그대'인 '벗'은 가창자 앞에 있는 청중이 될 수 있으며, 가창자가 가리키는 장소는 '이곳'으로서 순식간에 '관암', '송간'이 될 수 있는 것이다.

지금까지 살펴보았듯이, 여러 시적 특성들은 노래의 연행성을 통해 충분히 해명할 수 있었다. 이는 시가 노래로부터 파생되었으며, 시의 가상적 연행성이 노래의 연행성을 직접 계승하였다는 사실을 확인시켜 준다. 또한, 시의 가상적 연행성이라는 특성이 시적 특성 중의 일부가 아니라 다른 시적 특성들을 모두 제어할 수 있는 지배적 특성이라는 사실도 이로부터 확인할 수 있다.

5. 마무리

여기에서는 기존에 주목되지 않았던 특이한 시적 시간 현상, 즉 '서정적 시간 뒤틀림'을 검토하여, 그것의 발생 이유와 그 의미에 대해 살펴보았다. 그 현상은 시의 현재 시제 문장에서 사건시와 발화시가 불일치하는 경우를 가리킨다. 이런 현상을 설명하는 데 '가상적 연행성'이라는 개념, 즉 '시 내용의 기준 시점을 시가 공연될 미래의 어느 시점으로 삼는 시적 규범 혹은 관례'가 도움이 되었다.

가상적 연행성이라는 개념은 시적 특성에 대한 관념적인 접근이 지닌 한계를 극복하는 데 도움을 준다. 가령 서정 시제의 경우를 보자. 지금까지는 이것을 시적 정서의 순간성, 직관적 파악의 찰나성 등과 같이 관념적인 차원에서 다루었다. 그러나 그런 순간성 및 찰나성이 왜 다른 시제가 아니라 현재 시제와 연계되어야 하는지에 대한 해명은 필연성이 부족해 보였다. 가상적 연행성은 가창의 구체적 연행 상황을 제시함으로써 그 필연성을 명쾌하게 밝혀 준다. 이처럼 가상적 연행성은 시의 다른 특성들도 새로운 관점에서 접근할 수 있는 계기를 제공한다는 점에서 매우 유용한 시학적 개념이라 할 수 있다.

주제 시는 한용운의 「나의 노래」로서, 자신의 시를 '노래'라 부르고 있는 작품이다. '님'에 바치는 송가로서 자신의 시는, 인위적이고 장식적인 세속의 노래와 다르게 오로지 참되고 자연스러운 미덕을 지니고 있음을 강조하고 있다. 묵독률, 즉 자유율을 따르는 현대시를 '노래'라 부르는 것은, 휘트먼의 「나의 노래(Song of myself)」에서 보듯이, 동서양 모두에서 발견되는 보편적인 현상이다. 이것은 모든 문화권에서 현대 자유시가 노래의 단계를 거쳐 정착되었기 때문이다. 따라서 현대시가 노래의 핵심적인 특성을 유전적으로 계승한 것은 너무나 당연한 일이다.

6. 상호 주체적 서정성

죽은 꽃나무를 뽑아낸 일뿐인데
그리고 꽃나무가 있던 자리를 바라본 일뿐인데
목이 말라 사이다를 한 컵 마시고는
다시 그 자리를 바라본 일뿐인데
잘못 꾼 꿈이 있었나?

인젠 꽃이름도 잘 생각나지 않는 잔상(殘像)들
지나가는 바람이 잠시
손금을 펴보던 모습이었을 뿐인데

인제는 다시 안 올 길이었긴 하여도
그런 길이었긴 하여도

이런 날은 아픔이 낫는 것도 섭섭하겠네.

— 장석남, 「왼쪽 가슴 아래께에 온 통증」 전문

1. '서정성'이란 것

서정성은 서정시의 본질적 특성을 가리킨다. 서정시의 본질로서 서정성은 단순히 주관적 정서나 감정의 문제를 넘어서서, 그 근원에 존재하는 세계관 혹은 이념의 표현이다. 서정성을 한마디로 표현하자면 "자아와 세계의 동일성"[1]이다.

서정시가 지닌 보편적 성격 때문에 이런 서정성의 본질에 관한 질문은 '시란 무엇이냐' 하는 질문과 동등한 것으로 취급할 수 있다. 시대 변천에 따라 시 갈래들이 다양하게 생성 소멸하였다고 하여도 대부분 사소한 형식상의 변화를 보여 주었을 뿐 기본적으로 서정시의 범주를 벗어나지 않았기 때문이다. 근대에 들어 기존 서정시와 전혀 다른 실험적인 시들이 등장하면서 서정성의 위상이 다소 흔들리기는 하였으나 여전히 서정시가 주도적인 갈래를 유지하면서 그 위상은 그다지 큰 변화를 겪지 않았다.

그러나 서정성의 개념을 구체화하는 방식은 학자마다 각인각색이어서 그 목록을 정리하는 것 자체가 하나의 연구 주제가 될 정도이다. 그동안 다양한 서정성 규정이 동일한 내용을 지니는 것으로 이해됐지만, 면밀히 고찰해 보면 유사한 용어라 할지라도 근본적인 이질성 때문에 도저히 동일한 범주에 넣을 수 없는 것이 많다. 여기에서는 여러 규정을 크게 두 가지 범주('독백주의

---

1. 김준오, 『시론』(제4판), 삼지원, 2000, 34쪽. 아도르노에 따르면 '동일성'이란 말은 철학사적으로 세 가지 의미를 지니는데, 첫째, 개인적 의식의 통일성, 둘째, 논리적 보편성으로서의 사유, 셋째, 인식론적으로 주체와 객체의 일치를 의미한다. 서정성 논의의 동일성은 마지막의 의미로 사용된다. T. W. Adorno, 홍승용 옮김, 『부정변증법』, 한길사, 1999, 217쪽 참조.

적 서정성'과 '상호 주체적 서정성')로 정리하고 그 의미와 이론적 근거를 검토하고자 한다.

2. 주관성 이론과 독백주의적 서정성

우리의 경우 서정성을 규정한 논의에 있어서 가장 표준적인 것은 김준오의 동일성 시론일 것이다. 그는 서정성을 이기 철학의 개념, 즉 '본연지성(本然之性)'과 '기질지성(氣質之性)'을 통해 풀어낸다.[2] '본연지성'은 '기질지성'과 대립되는 것으로, 본성이 아직 현실태를 갖추지 않은 원론적이고 선험적인 차원의 상태를 의미한다. 이 상태에서 세계와 자아는 구분되지 않으며, 따라서 차별과 대립이 존재할 수 없다. 본연지성의 세계는 자아와 세계의 완전한 일치라는 서정적 동일성의 궁극적인 모델이 되는 것이다. 또한 현상적 차원에서는 세계와 자아가 완전한 합일에 이르지 못하는 상황을 기질지성을 통해 설명함으로써 서정성의 현실적 측면도 고려하고 있다. 이는 서정성의 특성을 입체적으로 접근하였다는 점에서 주목할 만하다.

그러나 이런 성과에도 불구하고 '자아와 세계의 동일성'으로 요약되는 김준오의 동일성 시론은 한계 역시 분명하게 보여 준다. 그의 서정성 이론은 다음 구절에 간단명료하게 정리되어 있다.

---

2. 김준오는 조동일의 다음 논의를 참조하고 있다. 조동일, 「시조의 이론, 그 가능성과 방향설정」, 김열규 편, 『고전문학을 찾아서』, 문학과지성사, 1976.

자아와 세계, 곧 인간과 사물 사이에는 간격이 없다. 자아와 세계는 서로 동화되어 어떤 것이 인간이고 어떤 것이 사물이라는 구별이 없이 미적 전체로 통일되어 있다. 그러므로 서정시는 극과 서사와 달리 자아와 세계 사이의 거리를 두지 않는다. '거리의 서정적 결핍(lyric lack of distance)'이 서정시의 본질이다. 자아와 세계가 구분되지 않을 만큼 동화되어 있듯이 서정시에 있어서 대상(세계)은 자립적 의미를 갖지 못하고 주관(자아)에 종속된다.[3]

김준오는 서정시의 특성을 "자아와 세계의 동일성", 즉 "자아와 세계의 일체감"으로 정리하고, "거리의 서정적 결핍"으로 표현하기도 한다. 자아와 세계, 즉 주체와 객체의 실존적인 구별이 무화되는 상태를 가리킨다는 점에서 동일하다. 주체와 객체의 완전한 동화로 존재의 개별성이 사라지고 미적 전체 속에서 새로운 차원의 혼융 일체가 이루어지는 것이다. 이것은 주객이 어느 쪽에 치우침이 없이 공존하며 상호 동화된 상태를 말한다. 그런데 이런 설명이 마지막 구절과 연결될 때 논리적 균열이 일어난다. 마지막 구절에서 서정시의 객체는 "자립적 의미를 갖지 못하고 주관(자아)에 종속된다"고 하였는데, 이는 주체가 객체를 일방적으로 포괄해 버리는 상태를 의미한다. 여기에는 객체를 압도하는 주체라는 일종의 위계질서가 개입되어 있다. 앞부분에

---

3. 김준오, 앞의 책, 36쪽.

서 다른 평등한 상호공존과 전혀 다른, 어느 한쪽이 다른 쪽을 복속시키는 종속 상태인 것이다.

이것은 우리가 일반적으로 예상하는 동일성의 상태와 어긋난다. 동일성의 바람직한 상태는 주관과 객관의 평등한 상호 융합이기 때문이다. 그래서 주관에 치우친 동일성은 그 자체로 개념상의 모순을 지닐 수밖에 없다. 그러나 김준오는 이 모순을 인식하지 못하고 있는 듯하다. 이어지는 부분에서도 이 모순을 반복하고 있기 때문이다. 인용문에 이어 그는 동일성과 유사한 용어로 조동일의 '세계의 자아화', 슈타이거의 '회감(回感)', 카이저의 '내면화' 등을 예로 들고 있다. 그러나 구체적 내용을 검토해 보면 이 개념들이 동일한 범주에 들어갈 수 없는 이질성을 지니고 있음을 발견할 수 있다. 이 중 김준오의 동일성과 가장 가까운 것은 조동일의 용어이다. '세계의 자아화'는 시적 화자가 객체를 자기 편으로 끌어들여 자아화한 것으로 이때 객체로서의 세계는 주체에 관여하지 못하는 피동적인 상태에 놓여 있다. 그래서 "자아화된 세계는 세계로서의 외연적 의미보다 자아로서의 내포적 의미를 갖게 마련"[4]이다. 결국 세계는 자아의 변용 내지 확장으로 존재할 뿐이다. '세계의 자아화'는 세계에 대한 자아의 심리학적 반응에 그치기에, 객체에 어떤 능동성도 부여되지 않는다. 주체와 객체 사이에는 형식 논리적이고 관념적인 관계만 설정될 뿐이어서, 객체는 유명무실한 존재가 되어 버린다. 이런 점에서 김준오와 조동일의 용어는 동일한 차원, 즉 심리주의적 차원

---

4. 조동일, 『한국소설의 이론』, 지식산업사, 1977, 101쪽.

에 놓여 있다. 카이저의 '내면화'도 "심령적인 것이 대상성에 깊이 파고들어서 그 대상성이 내면화되는 것"[5]이라는 점에서 이들의 용어와 동궤에 놓인다.

이는 김준오가 '동일성'을 '일체감'과 등가에 놓는 부분에서 어느 정도 예견된 일이다. 동일성이 일체감과 동질의 것이라 한다면 동일성은 주관적 심리 작용의 일종이 되기 때문이다. 이는 그가 "서정적 자아는 세계를 내면화(자아화 또는 인간화)"하며, 이것이 이루어지는 곳을 "동일성·일체감의 상상적 공간 속"[6]이라 단정한 데에서 확인할 수 있다. 서정성은 서정적 자아가 세계를 '내면화'한 상태를 의미하는데, 이는 그가 밝히고 있듯이 "자아화 또는 인간화"와 동질의 것이다. 객체가 유명무실한 상태로 존재하고 있는 상태에서 서정적 자아가 객체를 심리적인 작용에 의해 인간화한다. 결국 내면화는 주체의 일방적인 주관화에 불과한 것으로 판명된다. 내면화가 이루어지는 곳이 "상상적 공간"이라는 심리적 공간인 것은 당연한 귀결이 아닐 수 없다.

그러나 조동일, 카이저와 달리, 슈타이거의 '회감'은 김준오의 동일성 시론과 본질적인 차이를 지니고 있어 같은 범주에 들어갈 수 없다(다음 절에서 구체적으로 다룬다). 김준오가 슈타이거의 시각과 유사한 듀이의 논의를 가져오는 부분이 논리적으로 편

---

5. Wolfgang Kayser, 김윤섭 역, 『언어예술작품론』, 대방출판사, 1982, 521쪽. 번역본으로 볼 때, "서정적인 것 속의 세계와 자아는 정녕 자기표현적 정조의 자극 속에서 융합하고 상호 침투하는 것"이라는 부분에서 다소 주체와 객체의 상호작용이 드러나기도 하지만 결론적으로 정리하는 부분에서 이런 상호작용은 무시된다.
6. 김준오, 앞의 책, 394쪽.

향되어 보이는 것도 이 때문이다. 듀이에 따르면, '미적'이란 것은 "유기체와 환경의 각각이 소멸되어 아주 충분히 통전되는 체험을 구성하도록 이 양자가 융합되는"[7] 상태를 말한다. 김준오는 이것을 "자아와 세계가 각기 특수한 성격을 '상실'하고 하나의 새로운 동일성의 차원에서 승화"[8]된 미적 체험으로 풀이한다. 그가 스스로 잘 설명하고 있다시피 듀이의 미적 체험은 자아와 세계의 특수성이 동시에 사라지면서 새로운 차원의 동일성을 형성하는 쌍방향의 상호 소통 상태를 의미한다. 듀이는 이것을 "자아와 객체가 상호작용하는 방식(the way in which self and objects interact)"[9]이라 부르며, 실용주의 철학자답게 신비 현상이 아니라 과학적 현상으로 다룬다. 마치 산소와 수소가 결합하여 축축한 물을 만들듯이 주체와 객체는 '상호작용(interaction)'을 하여 그런 체험에 도달한다는 것이다. 김준오는 듀이의 미적 체험이 단순한 심리적인 현상에 국한된 것이 아니라 객체의 능동적 역할을 승인하는 '상호작용'으로서의 총체적 체험임을 알

---

7. 김준오, 위의 책, 35쪽. 이 부분의 원문은 다음과 같다. "For the uniquely distinguishing feature of esthetic experience is exactly the fact that no such distinction of self and object exists in it, since it is esthetic in the degree in which organism and environment coöperate to institute an experience in which the two are so fully integrated that each disappears." John Dewey, *Art as Experience*, Van Ree Press, 1934, 249쪽.
8. 김준오, 위의 책, 35쪽.
9. John Dewey, 앞의 책, 249쪽. 듀이의 '체험(experience)'은 "주체와 객체의 유기적 통일(an organic unity)"을 가리키므로, 주객의 구별은 무의미하다. 즉 체험에는 선행적으로 주어진 것으로서 독립된 주체나 객체가 존재할 수 없다는 뜻이다. 임한영, 『듀이철학』, 법문사, 1987, 95쪽.

고 있지만, 그는 이에 대해서는 눈을 감는다. 이는 무지의 결과라기보다는 논리 전개 방식이 지닌 폐쇄적 구조의 효과라 할 수 있다. 주체와 객체의 진정한 동일성을 승인하지 않는 폐쇄적인 논리 구조에 의해서, 역으로 개별 용어들의 차이가 무화되고, 회감과 동일성, 내면화 등이 등가로 다루어진 것이다.

김준오처럼 학자 대부분은 서정성을 다룰 때 객체의 자립성을 인정하지 않고 주체의 심리적 현상에만 초점을 맞춘다. 이는 일종의 인간학 혹은 심리학의 산물이라 할 수 있다. 따라서 현재 우리의 서정성 논의는 람핑의 규정에 따른다면 '주관성 이론'의 그늘 아래 있다. '주관성 이론'이란 주체와 객체의 관계를 '내면성(Innerlichkeit)'의 관점에서 규정하는 이론이다. '내면성'이란 "모든 객관적인 것과 현실적인 것이 주관적인 표상과 감각으로 변환되는 것"[10]을 의미한다. 즉 객체가 그 자체의 독립적 성격을 상실하여 주체의 심리학적 과정과 인식 작용 속에 무화되어 버리는 상황인 것이다. 이것이 주관성 이론이라 명명되는 이유는 주체와 객체의 관계에서 주체에만 과도한 의미를 부여하고 그 관계를 주체의 내면적 사건으로 처리하기 때문이다. 람핑은 주관성 이론의 가장 선구적이고 전형적인 예를 헤겔의 『미학 강의』에서 찾고 있다. 람핑이 인용한 부분은 잘 알려진 다음 부분이다.

> 서사시와는 다른 측면을 이루는 것이 서정시다. 그 내용은 주관적이며, 내면세계, 관찰하고 느끼는 심정은 행동으로 나아가지

---

10. Dieter Lamping, 장영태 옮김, 『서정시: 이론과 역사』, 문학과지성사, 1994, 186쪽.

않고 오히려 내면적인 자아 속에 머무르면서 주체가 스스로 표현하는 것을 유일한 형식이자 궁극적인 목표로 삼는다.[11]

헤겔은 여기에서 서정시는 그 내용이 주관적이라고 단정적으로 밝히고 있는데, 이 주관성은 주체가 외부 세계와 단절되어 내적 자아 혹은 내면세계에 침잠한 상태를 의미한다. 객체와 단절된 상태이기 때문에 시적 발화는 "주체가 스스로 표현하는 것", 즉 독백이 될 수밖에 없다.[12] 이 때문에 서정시에서 주·객의 설정은 무의미해진다. 아도르노의 지적대로 헤겔의 규정에 있어서 객체는 "주관에 압도된 객관"[13]일 뿐이기 때문이다. 헤겔이 주관성 이론의 전형적인 이론가로 거론되는 것 역시 이 점 때문이다.

주관성 이론은 주체와 객체의 동일화를 상정하기는 하지만 그 구조는 주로 주체에서 객체로의 투사만 가능하고 그 반대는 불가능한 비가역적인 방향으로 이루어져 있다. 아도르노에 따르면 이런 비가역성은 "요지경식 형이상학"[14]의 영향이라 할 수 있다. 이 형이상학의 세계에서 주체는 성탑의 구멍을 통하여 외계를

---

11. 람핑의 책 번역에서 이 부분의 번역이 부자연스러우므로 두행숙의 번역으로 대체함. G. W. F. Hegel, 두행숙 역, 『헤겔의 미학강의 3』, 은행나무, 2010, 676쪽.
12. 서정시를 독백으로 규정한 최초의 논의는 J. S. 밀의 「시란 무엇인가」(1833)이다. 거기에서 밀은 시를 '엿듣는 발화'로 규정한다. N. 프라이도 이 견해를 지지하고 있다. Northrop Frye, 임철규 역, 『비평의 해부』, 한길사, 1982, 348쪽 참조.
13. 김주연, 「아도르노의 문학이론」, T. W. Adorno, 김주연 역, 『아도르노의 문학이론』, 민음사, 1985, 178쪽.
14. T. W. Adorno, 『부정변증법』, 214쪽.

바라보는데, 이때 객체는 철저하게 주관화되어 장벽의 그림자로 존재할 뿐이다. 즉 주관주의에 감금된 세계에서 객체는 주체의 시선으로만 구성되는 주체의 그림자일 뿐이다. 주관성 이론의 내면성 역시 신격화된 주체의 성벽 속에서 객체의 소외를 바탕으로 성립하는 비가역적 현상인 점에서 동일하다. 이 때문에 헤겔의 서정시 개념은 김준오나 조동일의 서정성을 가장 정확하게 표현하고 있는 경우라 할 수 있다.

우리의 서정성 논의도 전반적으로 이와 같은 주관성 이론의 틀을 벗어나지 못하고 있다. 대부분의 논의는 김준오처럼 서정성을 자아의 심리적 현상으로 축소시키며 주체와 객체를 일방적인 종속 관계에 둔다. 이런 부류의 서정성을 '독백주의적 서정성' 혹은 '나르시스적 서정성'이라 부를 수 있을 것이다. 이런 관점은 객체를 수동적인 것으로 간주하고 주체의 고립적인 활성화만을 강조한다는 점에서 문제를 지닌다. 주체는 객체의 존재 여부와 무관하게 자신의 입장에서 객체를 탈영토화 하고 재영토화해 버린다. 이때 객체는 주체의 연장(延長)에 불과하다. 세계의 자아화는 주체가 주체에게 던지는 폐쇄적인 독백에 그치고 마는 것이다. 주체 중심의 단일 관점에 의해 타자로서의 객체를 억압하는 이 상황은 바흐친이 비판한 바 있는 독백주의(odnogism; monologism)의 부정적 상황과 동일하다.[15]

---

15. 바흐친은 다성성, 대화주의의 반대항으로 타자의 존재 가능성을 배제하는 독백주의를 내세웠다. 그는 "단일한 독백과도 같이 폐쇄적"이며, "타인들의 의도를 제거"한다는 점에서 시를 독백주의적이라 비판한다. Mikhail Bakhtin, 전승희 외 옮김, 『장편소설과 민중언어』, 창작과비평사, 1988, 107쪽.

주·객의 역할 상 균형 감각을 잃어버린 주관성 이론이 성행하게 된 이유는 무엇일까. 그것은 객체의 능동성을 인정하는 데에 학문적 부담이 있기 때문이다. 서정성 논의가 학문의 장에서 논의되기 위해서는 이른바 학적 체계성과 보편성이 요구된다. 그런데 세계와 자아의 동일성을 논하는 데 주체에서 객체로 향하는 주관주의적 서정성은 그 반대의 방향을 열어 두는 서정성보다 학문적 부담이 적다. 왜냐하면, 전자는 심리학이라는 학문에 기대어 공식적으로 옹호할 수 있기 때문이다. 즉 주체의 인식 효과로 설정할 경우 학적 체계 내에서 서정성 논의가 가능해진다는 것이다. 이에 비하여 후자는 학문적 범주를 벗어나는 탈논리적인 혐의가 짙기에 아무래도 학적 체계 내로 끌어오기에 부담스러울 수밖에 없다. 김준오가 보여 준 이론상의 균열도 여기에 기인한다. 듀이의 이론을 가져오는 데서 보듯이, 그는 객체와 주체의 상호작용을 완전히 부정하지도 않지만 그렇다고 완전히 승인하지도 않는다. 서정성에 대한 이런 양가성은 객체의 자율성 인정에 대한 학문적 부담이 작용하였기 때문이라 할 수 있다.

바로 이 지점이 근대과학의 위력에 위축된 시학의 무기력함이 드러나는 부분이다. 과학적으로 검증할 수 있거나, 혹은 검증할 유사한 방식을 지닌 것만이 학문의 대상이 될 수 있기에, 주관성 이론이 그동안 많은 학자의 동의를 얻고 있었다고 할 수 있다. 이런 점에서 주관성 이론은 심리학에 기대어 서정성을 해명하려는, 근대과학의 권위에 위축된 이론이다. 그래서 모든 문제가 심리학의 후광을 업고 심리 과정의 문제로 환원되고 객체는 주관의 연장으로 변모되었던 것이다. 그러나 정확하게 말하자면 심리학 역시 과학적으로 검증된 학문의 한 분야라고 단언할 수 없다. 많은 논쟁에서 드러났듯이 심리학은 일종의 가설에 불과하기 때문이다. 또한 더 근원적으로 학문과 비학문의 구별에 있어서 과학주의적 검증 가능성은 절대적인 기준이 될 수가 없다. 그 또한 하나의 가능성에 불과할 뿐이다. 따라서 서정성 논의에 그 기반이 심리학이냐 아니냐가 절대적인 기준이 될 수 없음도 당연하다. 주관성 이론의 한계는 이처럼 19세기 과학주의의 한계와 맞물려 있다.

3. '회감'과 상호 주체적 서정성

김준오의 동일성 시론에서 기본적인 바탕이 되는 것은 슈타이거의 논의이다. 그의 논의에서 슈타이거의 '회감'은 조동일의 '세계의 자아화', 카이저의 '내면화'와 등가에 놓인다. 이런 등식은 람핑의 논의에서도 동일하게 나타난다. 그는 주관성 이론의 대표적인 이론가로 헤겔, 슈타이거, 아도르노, 캐테 함부르크 등을 들고 이들을 동일한 차원에 놓인 것으로 평가한다. 그는 슈타이거를 주관성 이론의 대표자로 보고 있기 때문에 주로 그의 '서정적 정조'에 비판의 초점을 맞추고 있다.[16] 그러나 앞에서 살펴

---

16. Dieter Lamping, 앞의 책, 186-189쪽. 람핑은 슈타이거의 핵심적인 개념 '정조(Stimmung)'는 18세기 갈래론의 분화 시기에 사용된 심리적, 철학적 범주의 적용으로서, 당대의 서정시에만 적용 가능한 헤르더의 주관성 이론("열정적 감정의 직접적인 표현"으로서의 서정시)의 확장이라 현대시를 논하는 데 한계가 많다고 지적하였다. 또한 슈타이거의 개념은 시적 현상

본 것처럼 조동일, 카이저, 헤겔이나 함부르거의 서정성 논의는 주관성 이론에 포함될 수 있지만, 슈타이거나 아도르노의 그것은 논란의 여지가 있다. 람핑이 제시한 바처럼 주관성 이론의 핵심은 "모든 객관적인 것과 현실적인 것이 주관적인 표상과 감각으로 변환되는 것을 뜻하는 내면성"(186)에 있다. 이것은 객체의 독립적인 가치가 주체에 의해 소멸되는 독백주의적 혹은 나르시스적 포괄을 뜻하는 개념이다. 그러나 슈타이거의 회감이나 정조 개념이 과연 독백주의적 서정성, 즉 주관성 이론에 속할 것인가는 이론의 여지가 있다.

지금부터 장황할 수도 있지만 제대로 검토된 적이 없다고 판단되므로, 슈타이거의 논의를 영역본 중심으로 검토하면서 이 문제를 풀어 가고자 한다.[17] 하이데거의 영향력 안에 놓여 있는 슈타이거는 주체와 객체의 이분법에 동의하지 않는다. 그래서 서정시에 있어서 주체·객체를 언급하거나 이 두 개념 간의 차이나 간격을 암시하는 어떤 용어도 거부한다. 괴테의 서정시에서 "거리의 상실(the lack of distance)"(79)을 읽어 내는 일반적인 접

을 더 포괄적이고 인간학적인 연관성 가운데 위치시킬 수 있다는 장점을 지니지만, 그 적용이 시학적 개념을 너무 확대시켜서 실체와 엄밀성을 상실해 버릴 위험에 빠지게 한다고 비판하였다. Dieter Lamping, 위의 책, 22, 94, 135쪽 참조.

17. Emil Staiger, *Basic Concept of Poetics*, translated by Janette C. Hudson and Luanne T. Frank, Pennsylvania State University Press, 1991. 기존 번역본(Emil Staiger, 이유영 외 옮김, 『시학의 근본개념』, 삼중당, 1978)에 의미가 모호한 부분이 많으므로 영역본을 따르기로 한다. 따라서 여기에서 사용하는 쪽수는 전부 영역본의 해당 부분을 가리킨다. 그러나 번역의 적절성이 의심되지만 이미 널리 유포된 중심 개념들(예를 들어 회감, 정조, 상면 관계 등)은 그대로 사용하기로 한다.

근법을 비판적으로 보며, 이 '거리'를 "서정시에는 결핍되어 있는 것"(79)이라고 부연한 것도 이 때문이다. 즉 서정시에는 '거리'라는 용어를 사용할 수 없다는 뜻이다. 그 용어를 사용한다면 사실상 주체·객체의 대립을 승인하는 셈이며, 따라서 "자아-비자아, 정신-자연의 대립쌍이나 헤겔 변증법 등의 관념론"(79)과 그로부터 파생되는 헤겔의 3분법(서정시-주체적, 서사시-객체적, 극시-주·객의 종합)을 인정하는 셈이 된다. 그래서 슈타이거는 주체·객체 대신 '상면 관계(Gegenüber; an opposite)'라는 용어를 사용한다. 자신의 논리적 구도 속에서 주·객 이분법을 사용한다면 서사시에서는 주체와 객체의 관계가 기준이 되고, 서정시에서는 그 관계가 존재하지도 않아 또 다른 기준이 적용되어야 하는데, 이럴 때 갈래 기준의 일관성에 혼란이 생기기 때문이다.

그는 이와 유사한 이분법, 즉 경험주의적 인식론에 근거한 내면·외면의 이분법도 거부한다. 인간을 일종의 요지경(peepshow)과 같은 구조를 지닌 것으로 파악하는 관점이 투영되어 있기 때문이다. 그 관점에 따르면 영혼은 몸속에 존재하고 있는데, 내면의 영혼이 감각을 통해 외부 세계를, 특히 눈을 통해 심상을 들어오게 한다는 것이다. 물론 서사적 존재 양식에서는 몸이 구체적 형상을 지니며 그에 따라 사물은 외계에 속한 것이 된다. 그러나 서정적 존재 양식에서는 그렇지 않다. "여기에는 여전히 어떤 객체도 존재하지 않는다. 그리고 어떤 사물도, 어떤 객체도 존재하지 않는 까닭에 또한 주체도 존재하지 않는다. (…) 오히려 〈내면적〉과 〈외면적〉, 또한 〈주체적〉과 〈객체적〉이란 말은 서정적인 시에서는 구분되지 않는다"(80).

이와 관련하여 슈타이거가 서정시의 주·객 문제와 관련하여 피셔의 통찰과 한계를 동시에 지적하는 부분에 주목할 만하다. 이 부분은 서정성의 두 가지 층위를 다루는 우리의 논의에 어떤 시사점을 준다고 판단되므로 상세하게 다룰 필요가 있다. 그는 피셔의 말을 두 번 인용한다.

> (가) 서사시에서처럼 주체가 객체에 종속되어 있는 주·객의 단순한 종합은 예술의 본질을 만족시킬 수 없다. 그래서 더 높은 단계가 요청되는데, 여기에서 세계가 본질적으로 스스로를 주체 속으로 융화시키며, 또한 세계는 주체에 의해 충만하게 된다. (80)

> (나) 감정에는 주체와 객체의 명쾌한 교체가 없다. 그런 교체는 잠과 깨어남과 같은 인식과 유사할 터이지만, (감정 속에서) 주체는 자기 속에 침잠하여 외부세계와의 대립 관계를 상실한다. (80)

슈타이거는 (가)에 대해서는 "통찰의 불꽃"이 있다며 높이 평가하고, 이 통찰이 주체성 개념의 등장으로 무화됨을 안타까워한다. (나)에 대해서는 주체가 자기 내면 속에 침잠함으로써 외부 세계와 대립 관계를 상실한다는 말을 부정적으로 언급하며 서정시에는 주체와 객체의 구분이 없다고 주장한다. 즉 "서정시의 주체는 정체성을 의식적으로 유지하는 '목적격 나(moi)'의 의미가 아니라, 정체성을 유지하지 못하고 매순간 흐트러지는 '주격 나(je)'의 의미이기 때문"(81)이다. 즉 서정시에는 고정된 주체가 없다는 말이다. 그렇다면 (가)에 등장하는 주체와 객체(세계)는 무엇인가.

여기에 슈타이거 서정성의 핵심이 관여되어 있다. (가), (나)에 대한 평가에 있어서 단지 주체·객체의 설정 여부가 기준이 된 것 같지는 않다. 주·객 이분법을 상면 관계로 대체한다고 해도 사실상 주체·객체의 설정이 무화된다고 볼 수는 없기 때문이다. 그렇다면 이 평가의 기준은 무엇일까. 그것은 주체와 객체의 동등성을 인정하는 상호 주체성과 관련되어 있다. (나)에는 유아독존적이고 고립적인 주체만 존재한다. 주체는 객체와 단절함으로써 대립 관계를 청산한다고 생각한다. 그러나 이런 관계는 주체로부터 소외된 객체와, 고립된 채로 자가 발전하는 주체의 불균등한 관계, 즉 일방적이고 독백적인 주체 우위의 관계일 뿐이다. 이에 반하여 (가)는 세계가 주체 속으로 융화되고 동시에 주체가 세계를 충만하게 만드는 관계를 보여 준다. 이때 주체와 객체는 어느 한쪽이 다른 쪽에 복속되는 종속적 관계가 아니라, 서로가 서로에게 영향을 미치는 상호 주체적인 관계 속에 있게 된다. 주체와 객체는 어느 한쪽도 소외되지 않는 능동적인 위치에 놓이며 서로는 서로에게 하나의 주체로 인정된다. 독백이 아니라 대화이며 의사소통이다. 대화나 의사소통 구조에서 소통 코드를 공유한 존재는 누구나 발화자의 위치에 놓이기 때문에 객체는 능동적인 상태에 있다. 바로 이런 서정성이 바람직한 것으로서의 '상호 주체적 서정성'이다.

슈타이거가 (가)에서 "통찰의 불꽃"을 읽어 낸 것은 상호 주체적인 서정성을 바람직한 것으로 생각하고 있다는 뜻이다. 이런 서정성에서 주체와 객체의 구별은 무화된다. 거기에는 고정된 주체가 있을 수 없다. 고정된 주체가 없기에 당연히 그 주체가 인식해야 할 객체도 따로 있을 수 없다. 이는 상호 융합되어 주체와 객체를 구분할 분별심 자체가 없는 상태를 의미한다. 그가 'Stimmung'을 언급하는 것도 이 때문이다. 정조(情調)로 번역된 'Stimmung'은 번역 불가능한 애매한 용어이다. 영역 번역자에 따르면 독일어 'Stimmung'은 내적 상태(기분, mood)와 외적 컨디션(분위기, atmosphere)을 동시에 의미하는 말이다.[18] 그래서 "저녁의 Stimmung"과 마찬가지로 "영혼의 Stimmung"이라는 표현이 가능한 것이다. 객체(저녁)나 주체(영혼), 혹은 외면과 내면에 동시에 사용되는 이 말은 주체·객체의 이분법이 무화된 상태와 절묘하게 맞아떨어진다고 할 수 있다. 어휘의 의미를 이해할 때, "이 상태 속에 있는 모든 것은 하나의 객체가 아니라 하나의 상태(condition)이다. 상태성은 서정시에서의 인간과 자연의 존재 양식이다"(81)라는 말이 명쾌하게 이해된다. 이런 상태를 표현하는 말이 바로 회감(Erinnerung; Interiorization)[19]이다.

---

18. 영역자는 이 말에 다음과 같은 각주를 달고 있다. "독일어 'Stimmung'는 내적 상태(기분, mood)와 외적 컨디션(분위기, atmosphere)을 동시에 의미한다. 이 구절에서 슈타이거의 이 말의 용법은 기분과 분위기를 동시에 의미하는 것이기 때문에, 영어 단어는 둘 다 제한적 의미를 지닐 수밖에 없다. 그래서 원어로 사용한다"(81). 따라서 우리말 번역 '정조'는 기분이라는, 즉 내적인 심리 상태만을 의미하므로 부적절한 셈이다.
19. 이 말은 주로 '회상'으로 번역되었으나 번역본에서 '회감(回感)'으로 번역하면서 고정되었다. 카이저는 이 개념에 불필요한 시간적 의미가 들어가 있다고 비판하며 대신 '내면화'라는 말을 사용한다. Wolfgang Kayser, 앞의 책, 521쪽. '회감'의 의미에 대해서는 영역자의 설명이 이해에 도움이 된다. "명사 'Erinnerung'이 일어날 때, 우리는 이것을 어떤 때는 '내면화(interiorization)'로, 어떤 때는 '회상(remembrance)'으로 번역한다. 그러나 독자는 이 말이 이 둘 모두를 의미함을 기억해야 할 것이다. 슈타이거가 'erinnert'란 단어를 사용할 때, 특히 타동사로 사용할 때(독어에서

회감은 "주체와 객체 간의 거리의 결핍(the absence of distance between subject and object)"(82)을 의미하기도 하고, 서정적 융화(Ineinander; interpenetration)를 의미하기도 한다. 이 개념은 내면이니 주체성이니 하는 용어와 무관하다. 왜냐하면 회감이란 것은 '주체 속으로 세계를 완전히 융화시킴'을 의미하는 것이 아니라 "그 둘의 부단한 융화(a perpetual interpenetration of the two)"(82)를 뜻하기 때문이다. 앞에서 검토한 상호 주체적 서정성의 진면목이 명쾌하게 드러나는 부분이다. 주체와 객체가 대등한 위치에서 상호소통의 방식을 유지하는 것이 "그 둘의 부단한 융화"가 의미하는 바이다. '주체 → 객체'의 일방통행만이 가능한 독백주의적 서정성이 아니라 양자의 쌍방향적 의사소통이 가능한 상호 주체적 서정성의 의미를 요약적으로 보여 주는 표현이다. 그래서 이어지는 "시인이 자연을 회감하고 이와 마찬가지로 자연이 시인을 회감한다"(82)는 말은 이제 사족에 불과하다고 할 수 있다.

지금까지의 논의를 바탕으로 할 때 주관성 이론의 일방향적 내면화와 슈타이거의 회감은 본질적인 차이를 지니고 있어 도저히 동일한 범주에 넣을 수 없음을 확인할 수 있다. 전자에서 주체와 객체는 일방통행적이며 나르시스적 위계질서 내에서 '주체 → 객체'의 비가역적인 방향만이 가능하다. 또한 객체는 자체의 물질성 혹은 비동일성을 상실하고 주체의 심리주의적 영역 내에

일상적인 용법이 아니다), 우리는 반드시 이 두 의미를 분명하게 구별해서 써야 한다. 그래서 우리는 'erinnert'를 '기억하다(remember)'와 '내면화하다(interiorize)'로 번역한다"(82).

서 주체의 효과로서만 존재하게 된다. 그러나 슈타이거의 회감은 객체의 존재를 인정한다. 비록 회감 속에서 주체와의 차이가 소멸하지만 주체와 객체는 여전히 대등한 상태로 존재하고 있다. 그렇지 않다면 회감 속에서 "그 둘의 부단한 융화"도 불가능하고, 시인이 자연을 회감하고 이와 마찬가지로 자연이 시인을 회감하는 상황도 불가능할 것이다. 슈타이거의 회감과 김준오, 람핑의 동일성이 갈라지는 지점이 바로 이곳이다. 김준오나 람핑은 주관성 논의를 슈타이거의 이론과 동일한 것으로 다루며 그 차이를 무시해 버림으로써 서정성의 또 다른 층위에 대한 통찰을 놓치게 되었다.

상호 주체적 서정성에서 객체와 주체는 그 정체성을 유지하지 않는다. 객체와 주체의 자리는 고정된 것이 아니며, 능동성은 양쪽 모두에게 주어져 있다. 이런 주객의 상태가 잘 그려진 것이 서정주의 다음 작품이다.

> 언제든가 나는 한 송이의 모란꽃으로 피어 있었다.
> 한 예쁜 처녀가 옆에서 나와 마주 보고 살았다.
>
> 그 뒤 어느날
> 모란 꽃잎은 떨어져 누워
> 메말라서 재가 되었다가
> 곧 흙하고 한 세상이 되었다.
> 그게 이내 처녀도 죽어서
> 그 언저리의 흙 속에 묻혔다.

그것이 또 억수의 비가 와서
모란꽃이 사위어 된 흙 속의 재들을
강물로 쓸고 내려가던 때,
땅 속에 괴어있던 처녀의 피도 따라서
강으로 흘렀다.

그래, 그 모란꽃의 사윈 재가 강물에서
어느 물고기의 배로 들어가
그 혈육에 자리했을 때,
처녀의 피가 흘러가서 된 물살은
그 고기 가까이서 출렁이게 되고,
그 고기를, — 그 좋아서 뛰던 고기를
어느 하늘가의 물새가 와 채어 먹은 뒤엔
처녀도 이내 햇볕을 따라 하늘로 날아올라서
그 새의 날개 곁을 스쳐 다니는 구름이 되었다.

그러나 그 새는 그 뒤 또 어느날
사냥꾼이 쏜 화살에 맞아서,
구름이 아무리 하늘에 머물게 할래야
머물지 못하고 땅에 떨어지기에
어쩔 수 없이 구름은 또 소나기 마음을 내 소나기로 쏟아져서
그 죽은 샐 사 간 집 뜰에 퍼부었다.
그랬더니, 그 집 두 양주가 그 새고길 저녁상에 먹어 소화하고,
이어 한 영아를 낳아 양육하고 있기에,

뜰에 내린 소나기도
거기 묻힌 모란 씨를 불리어 움트게 하고
그 꽃대를 타고 또 올라오고 있었다.

그래, 이 마당에
현생의 모란꽃이 제일 좋게 핀 날,
처녀와 모란꽃은 또 한번 마주보고 있다만,
허나 벌써 처녀는 모란꽃 속에 있고
전날의 모란꽃이 내가 되어 보고 있는 것이다.

— 서정주, 「인연설화조」 전문

  이 시에서 '모란꽃'이라는 객체와 그것을 보는 주체인 '처녀'는 애초에 서로 독립적인 존재처럼 보인다. 그러나 이들 존재는 여러 차례 변형을 거쳐 다른 위치를 차지하게 된다. 정리하자면, 애초에 모란꽃은 '모란꽃-재-물고기-물새-부부-영아-나'로, 애초의 처녀는 '처녀-흙-물살-구름-소나기-모란꽃'의 과정을 거친다. 주체와 객체는 무한유전(無限流轉)을 계속하는 연쇄적 작용을 통해, 각각의 독립적 자질을 상실하고 상호 주체적으로 존재하게 되는 것이다. 이런 사유에서 주체와 객체는 이미 독립적인 존재가 아니다. 언제든지 주체는 객체가 되고 객체는 주체가 될 수 있기 때문이다. 슈타이거가 말한 바 "정체성을 유지하지 못하고 매순간 흐트러지는 '주격 나'(je)"[20]로서의 주체인 것이다.

---

20. Emil Staiger, 앞의 책, 81쪽.

이런 주체는 객체를 독립적인 대상으로 보는 것이 아니라 또 다른 주체로 인식한다. 이처럼 이 시는 상호 주체적 서정성을 시적으로 절묘하게 풀어낸 작품이라 할 수 있다.

물론 상호 주체적 서정성에 대한 비판이 없는 것은 아니다. 상호 주체적 서정성을 암시하는 '나-너 관계(I-You relations)'를 일종의 환각으로 다루는 시각이 그것이다. 해체주의 비평가 폴 드 만의 논의가 대표적인데, 그는 서정시의 본질을 돈호법(apostrophe), 의인법(prosopopoeia), 의인화(anthropomorphism) 등에서 찾는다. 이런 수사학이 주체와 객체의 순간적인 합일을 보여 주는 서정시의 지배적인 비유이기 때문이다. 그러나 그는 이와 같은 '의사 인간화'의 수사학을 일종의 기만(conceit)으로 평가한다. 그에 따르면 이 "기만을 통해서 인간 의식이 자연 세계로 투사되고 전이된다."[21] 의인화를 기만으로 보는 것은 서정시의 '나-너 관계'를 주체의 환각에 의해 발생하는 상상의 관계로 파악하는 관점으로, 이 속에서 '너'의 실재성은 부정된다. 그가 말하는 "현상성의 부정(the denial of phenomenality)"[22]은 곧 '너'의 부정이라 할 수 있다. 이 탈근대주의적 비판은 서정성을 근원적으로 문제 삼고 있다는 점에서 의의를 지니고 있지만, 서정성 자체를 심리학적 오류로 본다는 점에서 여전히 심리주의의 한계를 벗어나지 못하고 있다.

---

21. Paul de Man, "Wordsworth and the Victorians", *The Rhetoric of Romanticism*, Columbia University Press, 1984, 89쪽.
22. 폴 드 만은 "서정성은 자신의 실존을 위해 전적으로 현상성의 부정에 의존한다."고 본다. Paul de Man, "Anthropomorphism and Trope in Lyric", 위의 책, 259쪽.

폴 드 만의 환각 이론이 제기한 비판에도 불구하고, 여러 가지 면에서 주체와 객체의 실재론적 위상은 부정할 수 없는 바이며 그 둘의 관계 설정 역시 경험적으로나 논리적으로 문제가 없다. 경험적으로 사물의 외재성을 부정할 수는 없으며, 논리적으로도 다음에서 다룰 우리 전통 사상이나 칸트의 물자체 개념 등에서 그 가능성을 충분하게 확인할 수 있기 때문이다. 이런 점에서 인간의 모든 것을 심리주의 혹은 일종의 환각으로 처리해 버리는 회의주의적 시각은 이론적 매력은 있을지언정 현실적인 설득력은 부족하다. 다음 논의에서 상호 주체적 서정성의 가능성을 확인하고, 사상사적 맥락에서 이론적 근거를 제시함으로써 환각 이론의 비판에 대응하고자 한다.

4. 상호 주체적 서정성의 이론적 근거

상호 주체적 서정성의 전형적인 예는 슈타이거의 이론보다는 우리 전후 전통주의의 서정성 논의, 즉 조지훈의 '생명 시학'과 서정주의 '신라 정신론'에서 찾을 수 있다. 물론 슈타이거의 이론보다 몇 년 늦긴 하였지만,[23] 우리 논의가 구체적이고도 풍부하며, 독특한 문화사적 배경으로 인하여 더 전형적이라 할 수 있다. 이런 주장은 다음 분석에서 어느 정도 타당성을 획득할 수

---

23. 슈타이거의 『시학의 근본 개념』은 1946년에 나왔으며, 조지훈의 『시의 원리』는 초고가 1949년에, 서정주의 신라 정신론은 1950년 후반에 발표되었다.

있으리라 생각한다.

조지훈이 제시하는 시의 정의를 보면 우리가 지금까지 논한 상호 주체적 서정성이 얼마나 우리의 정신 풍토와 어울리는가를 알 수 있다. 또한 전통주의적 시선이 현대시 이론의 발전에 어떤 기여를 할 수 있을지도 짐작할 수 있다.

> 우주의 생명이 분화된 것이 개개의 생명이요, 이 개개의 생명의 총체가 우주의 생명이라고 볼 것이다. 그러므로 나는 '시는 자기 이외에서 찾은 저의 생명이요, 자기에게서 찾은 저 아닌 것의 혼'이라고 한다. 다시 말하면, '대상을 자기화하고 자기를 대상화하는 곳에 생기는 통일체 정신'이 시의 본질이라고 나는 믿는다. '인간의식과 우주의식의 완전일치의 체험'이 시의 구경이라고 믿어진다는 말이다.[24]

"대상을 자기화하고 자기를 대상화하는 곳에 생기는 통일체 정신"은 슈타이거가 말한 '회감', '주체와 객체의 부단한 융합'과 완전하게 일치한다. 이때 '대상'은 능동성을 회복한 객체를 말한다. 주객의 부단한 융합이 시적으로 표현된 것이 "시는 자기 이외에서 찾은 저의 생명이요, 자기에게서 찾은 저 아닌 것의 혼"이라는 구절이다. 여기에서 주체와 객체는 한 단계 더 상승한 관계로 등장한다. 이것을 주체·객체의 구도로 정리하면 시는 '주체 밖(즉 객체)에서 찾은 주체, 주체 안에서 찾은 객체'가 된다. 상

---

24. 조지훈, 『시의 원리 ─ 조지훈전집 2』, 나남출판, 1996, 26쪽.

호 융합되어 그 위치가 전도되어도 본질을 잃지 않는 주객 관계의 최고 단계가 여기에 그려져 있다. 이것은 완전한 단계의 상호주체적 관계라 할 수 있다. 위의 구절에는 이것이 가능하게 되는 근거가 논리적으로 제시되어 있는데 그것이 바로 총체적인 우주관이다. 우주의 생명과 개개의 생명이 총체적인 관계 속에서 혈연과 같이 맺어져 있기에 주체와 객체의 위치 변화는 어떤 의미를 지니지 않는다. 생성 소멸하는 모든 존재는 주체의 객체이자 객체의 주체이기 때문이다. 여기에서 시는 종교와 동등한 수준에 도달한다. 조지훈의 시론이 슈타이거의 논의보다 더 설득력 있게 보이는 것은 조지훈의 생명 시학이 전통적 사유의 지적 축적 위에 서 있기 때문일 것이다.[25]

서정주의 '신라 정신' 역시 동일한 맥락을 지니고 있으나 전통적 사유의 내용이 다를 뿐이다. 조지훈의 시론이 유가적 상상력(리일원론, 즉 유리론)에 주로 기대고 있다면, 서정주의 시론은 기층 신앙인 샤머니즘적 상상력을 바탕으로 하고 있다. 신라 정신은 '영통(靈通)'과 '혼교(魂交)'를 핵심으로 하는 '영통주의(靈通主義)' 혹은 '영원주의(永遠主義)'로 설명된다.[26] '영통'과 '혼교'는 세계와 자아에게 영원히 소멸하지 않는 영혼이 있으며, 이 영혼은

---

25. 조지훈 시론은 영남의 유리론(唯理論)을 바탕으로 삼고 있다. 박현수, 「조지훈 시론의 체계와 사상사적 기반」, 『한국문화』 99, 서울대학교 규장각 한국학연구원, 2022 참조.
26. 영원주의에 대한 논의는 신범순, 「반근대주의적 혼의 시학에 대한 고찰 — 서정주를 중심으로」, 『한국시학연구』 4, 한국시학회, 2001; 박현수, 「현대시와 마법성의 수사학」, 『현대시와 전통주의의 수사학』, 서울대학교 출판부, 2004 참조.

다른 존재와 상호 소통할 수 있음을 나타내는 개념이다. 「인연설화조」라는 시에서 보았듯이, 불멸의 영혼은 주체와 객체의 관계를 주체와 주체의 관계로 전환시키는 기반이 된다. 영혼은 불멸의 성격으로 인하여 다른 주체로 다시 탄생할 수 있으며, 현세의 주체는 내생에는 다른 객체가 될 수 있다. 그러나 그것은 단순한 객체가 아니라 변화된 주체로서의 객체이다. 따라서 이 세계에는 주체도 객체도 독립적으로 존재할 수 없다. 변신의 연쇄 속에 모든 것이 새로운 주체로 생성 중이기 때문이다.

서정주가 샤머니즘과 『삼국유사』에 관심을 기울인 것도 이런 상호 주체적 세계관의 매력 때문일 것이다. 기층문화인 샤머니즘의 세계는 언제나 주체-주체 관계의 세계이다. 당연히 혼교와 영통의 세계이다. 서사무가 「천지왕본풀이」에는 이런 관계의 원형이 잘 보존되어 있다.

> 천지의 혼돈이 아직 완전히 바로잡힌 것은 아니었다. 하늘에는 해도 둘, 달도 둘이 떠 있으므로, 낮에는 만민 백성들이 더워 죽게 마련이고, 밤에는 추워 죽게 마련이었다. 그뿐 아니라, 이때는 모든 초목이나 새·짐승들이 말을 하고, 귀신과 인간의 구별이 없어 사람 불러 귀신이 대답하고, 귀신 불러 사람이 대답하는, 그야말로 혼잡한 판국이었다.[27]

비록 인간중심주의적 질서 의식이 개입되어 있기는 하지만, 세

---

27. 현용준, 『제주도 신화』, 서문당, 1976, 12쪽.

계가 능동적인 상태로 존재하는 상호 주체적 서정성의 원형이 여기에 그려져 있다. 새, 짐승뿐 아니라 초목, 인간은 모두 상호 주체적 관계 속에서 대등하게 존재한다. 가시적 존재뿐 아니라 비가시적 세계, 즉 유계(幽界)의 존재인 귀신들도 인간과 대등한 상태로 존재한다. "사람 불러 귀신이 대답하고, 귀신 불러 사람이 대답하는" 상황은 이 세계의 의사소통적 상태를 잘 보여 주는 예가 된다. 상호 주체적 관계의 세계는 단일 코드의 세계다. 초목과 짐승, 귀신들의 공용어로 언어가 존재하는 것도 이 때문이다. 이 단일 코드를 통하여 세계와 자아는 소통할 수 있다. 그래서 사람이 초목을 부를 수도, 귀신이 사람을 부를 수도 있고 그 부름을 통하여 힘을 작용하게 할 수도 있는 것이다. 『삼국유사』 역시 이런 세계관을 계승하고 있다. 곰과 호랑이가 신과 소통을 하고(「고조선」), 천상계는 수시로 인간계와 소통하고(「경덕왕, 충담사, 표훈대덕」), 쥐가 인간의 말을 하기도 한다(「사금갑」). 곰이 인간으로 화하고(「고조선」), 용이 늙은 중으로 변하기도 하고, 여자가 꽃으로 변하기도 한다(진성여왕과 거타지」). 하나의 존재는 단일한 차원에 구속되지 않고 다차원적으로 열린 세계에서 역동적으로 살아간다. 이 세계에서 모든 존재는 가능성 그 자체로 놓여 있는 것이다. 어느 존재도 다른 차원의 존재가 될 수 있으며 그 가능성을 바탕으로 모든 존재는 상호 소통이 가능하다. 이 세계의 정체성은 폐쇄적이고 단일한 정체성이 아니라 변신술의 수많은 연쇄로 엮인 상호 주체적 정체성이라 할 수 있다.

  전후의 피폐하고 삭막한 시대, 세계가 균열되어 소통할 초월적 공간이 사라진 시기에 전근대적이라 비판받는 상호 주체성의 원형적 세계에 침잠하여 새로운 서정성을 꿈꾸었다는 점에서, 조지훈과 서정주는 과거를 통하여 미래를 선취한 시론가라 할 수 있다. 그러나 이들의 사상이 고립적으로 이루어진 것이 아니라 청문협(속칭 문협정통파)의 전후 초월주의의 영향 아래 등장한 것으로, 그 이전부터 축적되어 온 사상사적 맥락을 지니고 있다는 점이 중요하다.[28] 사상사적 맥락은 크게 두 가지로 정리할 수 있는데, 인물성동론과 동학사상이 그것이다.

먼저 '인물성동론(人物性同論)'을 살펴보자. 이것은 주체와 객체의 동일성을 증명하는 치밀한 논의로서 상호 주체성에 대한 새로운 암시를 제공해 준다. 조선 후기 성리학의 중요한 논쟁인 인물성동이론(人物性同異論)은 인성(人性)과 물성(物性)이 같은가 다른가를 두고 외암(巍巖) 이간(李柬)과 남당(南塘) 한원진(韓元震)을 중심으로 이루어진 논쟁을 말한다. 성품(性品)을 본연지성(本然之性)과 기질지성(氣質之性)으로 나눌 때 전자는 선천적으로 동일하게 지닌 보편적 성질을 말하고, 후자는 현상계에서 달라지게 되는 특수한 성질을 가리킨다. 인물성동이론에서 언급하는 성은 본연지성이다. 기질지성은 개별적 특수성에 따른 차이를 전제하고 있으므로 논쟁의 여지가 없다. 논쟁은 본연지성이라는 범주를 어디까지 적용할 것인가를 두고 벌어진 것이다. 이때 인물성동론은 본연지성을 현실적 차원에까지 확장하여 인성과 물성이 같다고 주장하는 쪽의 논리이다. 인물성동론을 주장한 중심적인 학자는 이간(李柬)으로, 그는 본연지성의 성격을 적극적으로

---

28. 전후 초월주의에 대해서는 박현수, 「한국 전후 서정시의 성격과 층위 연구」, 『개신어문학』, 2007. 6 참조.

해석하여 사물도 인간과 동일한 리(理)를 받았으므로 인성과 물성은 같다고 본다.

> 무릇 우주지간에 이기(理氣)가 있을 따름이다. 그 순수지선(純粹至善)의 실상과 무성(無聲) 무취(無臭)의 신묘함은 천지만물이 모두 이 하나의 근원(一原)으로 동일하게 지니고 있는 바이다. 이것을 높여 지목하면 이른바 태극(太極)이라는 것으로 혼연(渾然)하다고 일컬으며, 이것이 갖추고 있는 것을 세분하면 이른바 오상(五常)이라는 것으로 그 조리가 찬연(粲然)하다. 이는 곧 '아! 목목(穆穆)하여 그치지 않는다'라고 하는 실체이니, 인간과 사물이 부여받은 온전한 덕(全德)이다. 자고로 일원지리(一原之理)와 본연지성(本然之性)을 말하는 자 어찌 일찍이 성명(性命)을 쪼개고, 인간과 사물을 나누던가?[29]

이것은 이간이 '태극-리(理)-오상-성(性)'의 동등성을 강조하는 부분이다. 오상은 인의예지신(仁義禮智信)으로서, 현상계의 윤리의식을 가리키는 말이다. 이간은 태극과 오상, 리를 선험적인 보편적 범주들로 파악하기 때문에 이것을 골고루 받은 인간과 사물은 본질적으로 동일한 존재가 아닐 수 없다. 태극과 리가 동일하다는 것은 성리학자라면 누구나 인정하는 바이겠지만, 오상과 성이 태극과 동일하다는 것은 이론의 여지가 많다. 이에 대하여 한원진은 "오상 = 기질에 의한 리 = 성(기질지성)"이라고 주장

---

29. 李柬, 『巍巖遺稿』, 「五常辨」.

하여 인성과 물성이 다름을 강조하였다. 이간은 한원진의 입장을 반박하여 '태극 = 오상 = 리 = 성(본연지성)'이라는 등식을 강조하였다.

이간이 태극과 오상을 동일하게 두는 것은 정이(程頤)의 '성즉리(性卽理)'라는 명제에 따른 것이다. 이 성은 본연지성이자 오상이라는 윤리의식의 정수와 동질의 것이다. 이 논리에 의해 "성(性)은 단지 사람과 사물의 리(理)이며, 리는 사람과 사물의 성"[30]이라는 주장이 가능해진다. 하늘이 리(理)로써 부여한 성(性)은 인간과 사물이 똑같이 이어받은 것으로 개별적인 차이가 없다. 이 기준에 의하여 주체와 객체는 동등한 지위에 놓이게 된다. 그래서 그는 "사물이라고 어찌 인의예지(仁義禮智)가 없겠는가? 다만 편중된 것일 뿐"[31]이라 단언할 수 있었다. 동질적인 본연지성을 타고 난 존재이기에 인간과 사물은 본연지성과 리(理)가 의미하는 완전한 특성을 모두 갖춘 존재가 된다. 여기에 인의예지라는 윤리의식도 예외가 될 수 없다.

물론 인성과 물성이 동일하다고 한 것은 본질적인 측면이지 현실적인 측면은 아니다. 현실적으로는 인성과 물성이 기질지성에 의해 차이가 나는 점은 인물성동론에서도 충분히 인정되는 바이다. 그러나 현실적인 차이에도 불구하고 본연지성을 통하여 근원적인 동일성을 강조하는 주장에는 주체와 객체의 관계에 대한 새로운 시선을 담고 있다. 리 혹은 본연지성이라는 보편적 기준에 따라 주·객의 동등함을 증명하고 있는 인물성동론은 타자

---

30. 李柬, 『巍巖遺稿』, 「上遂庵先生」.
31. 李柬, 『巍巖遺稿』, 「五常辨」.

성과의 공존을 지지하는 이론으로서, 상호 주체적 서정성의 상호작용과 상호 소통의 근거가 될 수 있다는 점에서 주목할 만하다. 주체와 객체의 관계는 개별성의 차원에서 접근할 때 동등하게 될 수 없다. 그것은 이미 차별을 전제로 하고 있어서 주객 사이에 놓인 심연을 건널 수 없기 때문이다. 이때 주객의 관계를 근원적인 차원에서 접근한다면 동일성을 명쾌하게 정리할 수 있는 논리적 기반이 마련될 수 있을 것이다. 이 점에 서정성 논의의 이론적 기반으로서 인물성동론의 의의가 있는 것이다.

또한, 여기에 동학의 물오동포론(物吾同胞論)을 덧붙일 수 있다. 해월 최시형은 "인오동포(人吾同胞) 물오동포(物吾同胞)"[32]라는 말로, '타자와 자아와의 동일성, 사물과 자아와의 동일성'을 주장한 바 있다. 전자('인오동포')는 주체가 모두 인간이기 때문에 상호 주체성을 설정하는 데 논리적으로나 실제적으로 그다지 어려움이 없다. 서구의 상호 주체성 이론이 주로 이 점에 치중하고 있는 것도 이 때문일 것이다. 그러나 후자('물오동포')는 사물이 상호 주체성의 한 주체로 놓인다는 점에서 설명이 필요하다. 동학은 이 두 가지 동일성이 가능한 근거를 '지기(至氣)'에서 찾는다.

> 대개 천지, 귀신, 조화라는 것은 유일한 지기(至氣)로 생긴 것이며, 만물이 또한 지기의 소사(所使)이니, 이렇게 보면 하필 사람뿐이 천주(天主)를 시(侍)하였으랴. 천지만물이 시천주(侍天主) 아

---

[32]. 「삼경(三敬)」, 『천도교경전』, 천도교중앙총부출판부, 포덕 142년(2001), 354쪽.

님이 없나니.[33]

인물성동론이 사물과 자아의 동일성을 리(理)의 편재성에서 찾는 것과 달리 동학은 지기(至氣)의 편재성에서 찾는다. 동학에서는 지기가 리(혹은 태극)의 위치에 놓인다. 그래서 지기의 소산인 사물 역시 동일한 자질을 지닐 수밖에 없다. 사물도 사람과 마찬가지로 한울님을 모신 존재인 것이다. 이때 한울님은 주체와 객체의 동일성을 지지해 주는 가장 강력한 근거가 된다. "모든 사물이 한울님이요 모든 일이 한울님(物物天 事事天)"[34]이기에 이 한울님을 통해 우주의 모든 존재는 등가에 놓이게 되며 근원적으로 서정적 동일성을 성취한 존재가 된다. 이는 서정주의 신라정신론에 그 맥이 닿고 있다는 점에서 주목할 만하다. 이처럼 인물성동론과 동학은 서정성의 근거를 형이상학적이고 근원적인 동일성에서 찾는다는 점에서 상호 주체적 서정성의 이론적 기반으로 새롭게 주목할 가치가 있다.

상호 주체적 서정성의 논리를 보편적으로 논의하는 데에 서구 철학의 개념도 도움이 된다. 가장 적절한 개념으로 칸트의 '물자체(Ding an sich)'를 들 수 있다. 물자체는 칸트 철학의 가장 핵심

---

33. 이돈화, 『천도교창건사』, 『동학사상자료집 2』, 아세아문화사, 1979, 126쪽. 『천도교경전』에는 이와 유사한 구절로 "우리 사람이 태어난 것은 한울님의 영기를 모시고 태어난 것이요, 우리 사람이 사는 것도 또한 한울님의 영기를 모시고 사는 것이니, 어찌 반드시 사람만이 홀로 한울님을 모셨다 이르리오. 천지만물이 다 한울님을 모시지 않은 것이 없느니라." 가 있다. 『천도교경전』, 293-294쪽.
34. 「이천식천(以天食天)」, 『천도교경전』, 364쪽.

적인 개념이자 가장 난해하고도 모순적인 개념으로 평가되어 왔다.[35] 칸트는 인식 대상을 현상과 물자체로 나눈다. 전자는 감성 직관의 순수 형식인 공간과 시간을 매개로 한다는 점에서 인식 대상이 될 수 있는데 반하여, 후자는 순수직관 형식에 주어질 수 없는 것이므로 인식의 영역 밖에 놓여 있는 어떤 것이다. 즉 인식 대상은 순수직관 형식에 의해 구성된 현상으로서의 대상일 뿐이기 때문에 물자체는 우리의 인식에서 배제된다는 것이다. 물자체는 현상의 근저에 있는 원인으로서 우리의 인식으로 접근할 수 없지만, 실재하는 어떤 대상으로, 그리고 감관을 촉발하는 대상으로 규정된다. 물자체의 성격 때문에 칸트의 이론은 관념론이라고 비판받았지만, 칸트는 "우리의 바깥에 물체 즉 사물이 있는 것을 인정"[36]한다는 점을 들어 자신의 이론이 관념론이 아니라고 주장하였다. 즉 그는 관념론과 자기 이론의 차이점을 물자체에 두고 있는 것이다. 그렇지만 "우리의 바깥에 있는 물체"는 구체적인 사물이 아니라 물자체란 점에서 칸트의 철학은 관념론과 실재론의 혼용으로 보이며 이것이 균열로 읽히기도 한다.[37]

---

35. '물자체'라는 개념은 저서에 따라 시기적으로 변화하고 있어 분명하게 파악하기는 쉽지 않지만 여기에서는 가장 명확하게 언명하고 있는 『순수이성비판』을 중심으로 다룬다. 물자체의 개념상의 변화에 대해서는 한단석, 「Kant 철학에 있어서의 물자체(Ding an sich)의 개념의 전회」, 『논문집』 17, 전남대학교, 1975 참조.
36. I. Kant, *Prolegomena zu einer jeden künftigen Metaphysik, die als Wissenschaft wird auftreten können*; 한단석, 위의 글, 14-15쪽 재인용.
37. 이 균열을 최초로 지적한 이는 야코비인데, 그는 관념론과 물자체가 양립 불가능함을 주장하고 있다. N. Hartmann, 이강조 역, 『독일관념론철학』, 서광사, 1989, 52-53쪽 참조.

그러나 여러 비판에도 불구하고 물자체는 관념론의 불순한 침전물이자 객관주의의 마지막 보루라 할 수 있다. 그것은 관념론의 입장으로 보자면 주체 속에 완전하게 용해되지 않는 불편한 대상이며, 실재론의 입장에서 보자면 주관주의에 저항하여 마지막까지 남은 질료의 본체가 된다. 아도르노가 칸트의 물자체에서 '객체의 우선성'을 읽어 내는 것도 이 때문이다. 그는 칸트가 『순수이성비판』에서 인식능력의 주관적 분류를 객관적 의도에 따라 조종하고, 초월적인 물자체를 집요하게 옹호한 점을 높이 평가하였다. 관념론의 결함으로 여겨지던 요소들이 그에게는 오히려 장점으로 평가된다. 그는 물자체의 관념적인 특성을 즉자의 특성으로 이해하여 즉자의 개념과 객체의 개념이 양립할 수 있음을 인정하고 있다. 그에게 칸트는 "타자성의 이념을 희생시키지 않"[38]은 철학자로서 의미를 지닌다.

상호 주체적 서정성과 관련해서 주목할 점은 물자체의 두 가지 특성이다. 하나는 물자체의 인식 불가능성이다. 관념론의 악순환에 자신의 철학 체계가 함몰되는 것을 방지하기 위해 설정한 물자체라는 개념은 인식론의 구도상 주관화된 현상과 분리되면서 어떤 실재성을 획득한다. 그리고 당연히 인식의 범위 밖에 놓임으로써 그 구체적 성격은 불가지의 영역에 속하게 되었

---

38. T. W. Adorno, 앞의 책, 265쪽. 아도르노의 '객체의 우선성'이라는 개념은 타자성의 승인을 목표로 하고 있다는 점에서 칸트의 물자체 개념과 연계된다. 아도르노는 기존의 주관주의적 주체를 "절대자로 날조된 주체"(267)로 보고 주체의 제거나 억압이 아니라 주체와 객체의 새로운 관계, 즉 의사소통적 혹은 상호 주체적 관계, 즉 "상호침투"(213)의 관계로서 "짜임 관계"를 형성시키는 것을 자기 철학의 목적으로 삼고 있다.

다. 이것이 지금까지 그의 명쾌한 도식주의의 결함으로 인식되어 왔지만, 상호 주체적 서정성의 문제에 있어서는 오히려 가능성으로 평가된다. 바로 이 미지의 가능성 중에 『삼국유사』나 서사무가, 혹은 생명 시학의 물활론적 세계의 역동성이 포함될 것이다. 즉 우리 기층문화에 전제되어 있는 객체의 활력, 소통 주체로서의 위상이 단순히 인지능력의 부족이 가져온 오류가 아니라 '객체의 어떤 가능성의 계시'로 읽힐 수 있는 것이다. 그러므로 물자체의 미지의 영역은 상호 주체적 서정성의 가능성의 영역으로 적극적으로 해석할 필요가 있다.

다른 하나는 물자체의 능동성이다. 앞에서 지적하였듯이 물자체는 우리의 감관을 촉발(觸發)하는 역할을 한다. 물자체는 알 수 없는 어떤 것이라는 소극적 특성을 지님에도 불구하고 감성을 촉발(affektion)하는 적극적인 역할을 하는 것으로 규정된다.[39] 칸트는 『순수이성비판』 곳곳에서 대상이 어떤 방식으로 심성을 촉발해야만 직관이 발생한다고 누누이 강조하고 있다. 이때의 대상이란 앞에서 살펴보았듯이 인식 주체의 외부에 존재하는 물자체일 것이다. 만일 물자체가 아니라 한다면 그 대상은 현상이 될 터인데, 칸트의 인식론에서 현상은 이미 주관화된 상태로서의 표상이다. 주체의 인식에 포괄된 표상이 주체에 어떤 자극을 가할 수는 없다. 따라서 대상은 물자체가 아닐 수 없다. 물자체로서 객체는 칸트 인식론의 실질적인 주체로 승격된다. 이제 주체는 객체의 촉발을 기다리는 수동적인 상태에 놓여 있다.

---

39. 이 촉발(affektion)이라는 개념은 경험주의자 로크나 흄의 영향 아래 놓여 있는 것으로 판단된다. 한단석, 앞의 글, 9-11쪽.

주체와 객체의 역할이 뒤바뀌어 있는 것이다.[40] 이처럼 칸트의 물자체 논의는 객체의 능동성을 직접적으로 언급함으로써 객체의 역할을 적극적으로 옹호하는 상호 주체적 서정성 논의에 도움을 준다.

앞에서 다룬 한국과 외국의 개념들은 상호 주체적 서정성의 타당성에 힘을 실어 주는 역할을 할 수 있다. 이런 관점은 최근 더욱 많은 분야에서 힘을 얻고 있으며, 새로운 학문적 흐름을 형성하고 있다. 조너선 컬러의 다음 문장이 이를 잘 요약해 보여 준다.

> 왜 꽃들이 우리에게 구해 달라고 요청할 수 없는 것일까? 우리가 자연을 착취할 대상이 아닌 행위자로서 더 생생하게 상상했더라면 더 나았을까? 테오도르 아도르노는 우리는 자연을 잃어버렸으며 오직 의인화를 통해서만 회복하거나 되찾을 수 있다고, 즉 "인간의 형태로 변화된 후에야 자연은 인간의 지배가 앗아간 것을 다시 얻을 수 있다."라고 말한다. '행위자-네트워크 이론'부터 객체-지향 존재론, 생태학 이론에 이르기까지 최근의 다양한 철학적 전개는 인간 주체의 예외성, 즉 인간만이 행동할 수 있다는 개념, 또는 제인 베넷이 『생동하는 물질』에서 언급한 "세계를 무기력한 물질(사물)과 활발한 생명(우리, 존재)으로 구

---

40. 이 때문에 촉발론은 칸트 철학의 파탄 지점으로 읽혀 왔다. 이에 대한 비판은 크게 세 가지(대상 = 물자체, 대상 = 공간 속의 대상, 이중 촉발론)로 요약된다. 자세한 내용은 서벤자민, 「칸트 인식론에서 물자체의 의미와 역할」, 연세대학교 석사학위논문, 2000, 10-14쪽 참조.

분하는 습관"에 대해 의문을 제기했다. 그녀는 비인간적 신체의 생명력, 즉 우리의 계획을 좌절시킬 뿐만 아니라 준-행위자로서 작용할 수 있는 능력(우리는 항상 그것을 인지하고 있었다)을 진지하게 받아들인다면 어떻게 될지 묻는다.[41]

인간중심주의적 시각이 점점 쇠퇴하고 그 대안이 여러 방면에서 부상하고 있음을 이런 흐름에서 확인할 수 있다. 상호 주체적 서정성은 이런 학문적 흐름의 시학적 반응이라 할 수 있다.

5. 마무리

필자는 기존 서정성론이 지닌 결함을 지적하고 새로운 대안으로서 상호 주체적 서정성을 제시하였으며, 그 이론적 근거로서 인물성동론, 동학사상 및 칸트의 물자체론 등을 다루었다. 물론 서구 철학에 등장한 상호 주체성 이론이 '회감'이나 전후 초월주의와 동질적이라 할 수는 없을 것이다. 그러나 주관성 이론의 한계를 극복하려는 노력으로 평가할 수 있다는 점에서 상호 주체적 서정성 논의의 발판으로 삼을 수는 있을 것이다.

독백주의적 서정성에서 상호 주체적 서정성으로의 전환이 지닌 시학적 의미는, 흥미롭게도 철학에 있어서 주체 철학에서 상호 주체성(상호주관성) 철학으로의 전환이 지닌 철학사적 의미와

---

41. Jonathan Culler, *Theory of the Lyric*, Harvard University Press, 2017, 242쪽.

견줄 수 있다. 아래 논지를 서정성론에 적용하면 그 의미가 더욱 명확해진다.

> 상호주관성은 우리 시대의 가장 중요한 철학적 개념들 중의 하나로 간주된다. 상호주관성은 후설이 선험적 자아에 의존하고 있는 자신의 초기 현상학의 유아론적 한계를 극복하기 위해 도입하였다. (…) 상호주관성의 구조는 주체-주체(S-S)의 관계로 표시된다. 주체철학의 주체-객체(S-O) 패러다임에서 상호주관성의 S-S 관계로의 패러다임 전환은 이들에게 "질적인 도약" 혹은 과거와의 "혁명적인 단절"로 간주된다.[42]

위의 논지에 따르면 독백주의적 서정성론은 "주체-객체(S-O) 패러다임"에 입각한 논의이다. 주체·객체라는 대립쌍은 하나는 인식 주체로, 다른 하나는 인식 대상으로 설정되기 때문에 인식 능력이나 능동성이 한쪽에만 부여되어 있다. 그렇기 때문에 인식의 방향은 주체에서 객체로 일방통행적으로 이루어질 수밖에 없다. 이에 반하여 상호 주체적 서정성은 '주체-주체(S-S) 패러다임'에 입각한 이론으로, 객체를 주체에 종속된 것으로 보지 않고, 능동성을 지닌 또 다른 주체로 본다. 독백주의적 서정성에서 상호 주체적 서정성으로의 패러다임 전환은 시학상에 있어서도 '혁명적인 단절'이라고 적극적으로 평가할 수 있다.

주관주의의 유아론적 한계를 극복하기 위해 등장한 상호 주

---

42. 정대성, 「하버마스 철학에서 상호주관성 개념의 의미」, 『해석학연구』 17, 2006, 192쪽.

체적 서정성은 우리 시대의 소외 현상과 평면성을 극복하는 문화 기획이 될 수 있다. 근대화는 입체적 가능성을 차단하여 이 세계를 단순한 평면으로 고정시켜 버렸다. 현대의 많은 문제는 사실상 이 세계의 평면화에 기인한다고 할 수 있다. 다층적이고도 중층적인 세계를 회복하기 위해서는 역시 세계의 능동성을 인정하는 상호 주체적 서정성에 대한 긍정적인 고찰이 있어야 할 것이다.

주제 시는 장석남의 「왼쪽 가슴 아래께에 온 통증」이다. 이 시는 시적 화자가 죽은 꽃나무를 뽑아내고 그 자리를 바라보는 순간 왼쪽 가슴 아래께에 통증을 느낀 경험을 다루고 있다. 자신과 무관할 수도 있는 꽃나무의 죽음이 그에게 직접적이고 구체적인 아픔으로 다가온 희귀한 경험이 아닐 수 없다. 이 순간이 바로 자아와 세계(꽃나무)가 동일성을 이루는 순간, 즉 서정성의 순간이다. 이 경험을 "다시 안 올 길"이라 표현한 것은 이것이 일상에서 자주 경험할 수 없는 아주 희귀한 의사소통의 길이기 때문이다. 서정성의 순간과 이것의 상실에 대한 아쉬움을 잘 표현한 이 시는, 서정성이 현재에도 작동하고 있는 시의 근원적인 특성임을 보여 주는 적절한 예라 할 수 있다.

7. 심상과 현량

재잘거리는 새 소리는
음악을 위한 것이 아니며,
톡 톡 튀는 벌레의 몸짓은
모양을 꾸미기 위한 것이 아니라네.
슬프면 곡하는 법이니
어찌 미리부터 생각한 것이겠으며,
가려우면 긁는 법이니
어찌 하고 안 하고를 가려서 한 것이겠는가.

여보게,
시란 평상시의 마음에 있는 것이니
이 마음의 신령함이야
예나 지금이나 다를 게 뭐가 있겠는가.
당과 송, 원과 명의 시는
그저 지난날의 문서에 불과할 뿐,
이 산과 시내, 풀과 나무야말로
아직 글자가 안 된 시구가 아닌가.

— 박제가, 「이사경을 애도하며」 부분

1. 심상과 개념의 대립

심상(心象)은 이미지(image), 혹은 이미저리(imagery)의 번역이다. 이 용어에 시각적인 측면이 강조되어 있지만, 이것은 시각, 청각, 촉각 등 감각 자료 전체를 대상으로 하는 개념이다. 심상의 의미에 대해서는 수많은 논의가 있어 왔다. 사전에 정리된 것만 해도 여러 개 된다. ①은유, 직유 또는 언어 문채(figure of speech), ②구체적인 언어적 지시, ③되풀이되는 모티프, ④독자의 마음속에 나타나는 심리적 사건, ⑤은유의 보조관념, ⑥상징이나 상징적 패턴, ⑦통합적 구조로서의 한 편의 시에 대한 전체적 인상 등이 그것이다.[1] 이런 정의에서 확인할 수 있듯이 심상은 시의 여러 요소와 관련되어 있지만, 그중 가장 관련이 깊은 것이 시적 언어와 비유이다. 시적 언어나 비유의 특성 중 공통분모로 존재하는 것이 심상이다.

여기에서는 심상의 전반적인 특성을 다루지는 않는다. 심상의 성격을 명확하게 하려고 심상과 개념의 대립에 초점을 맞추기로 한다. 흔히 시에 있어서 심상은 개념과 양립하지 않는 것으로 평가된다. 그러나 심상의 어떤 본질에 근거하여 심상과 개념의 양립 불가능성이 성립되는 것인지에 대한 구체적인 논의는 없었다. 심상이 개념의 개입으로부터 자유로울수록 시적으로 바람직한 결과에 도달할 수 있다는 이런 관점은 심상의 본질에 대한 검토 없이는 성립하기 어렵다.

---

[1] Alex Preminger(ed), "image", *Encyclopedia of Poetry and Poetics*, Princeton University Press, 1993, 556쪽.

심상과 개념의 양립 불가능성이라는 문제를 본격적으로 제기한 이는 바슐라르다. 그는 심상을 '구성적 심상'과 '문학적 심상'으로 나누어 전자를 비판의 대상으로 삼는다. 그에 따르면 구성적 심상은 개념적으로 체계화된 심상으로서, "상상적(인 것으로서의) 원리로부터 유리되어, 어떤 결정적 형태 속에 고정되어"[2] 버린 것이다. 이는 다른 말로 "정체되어 있고 완수된 이미지"(12)로 표현하기도 하는데, 이것은 고정적이고 상투적인 형태로 굳어버린 일종의 논리에 불과하다. 이에 반하여 문학적 심상은 "정신적 가동성(mobilité spirituelle)"(13)을 지닌 것으로서, 운동성 혹은 창조적인 활기를 지닌 심상이다. 이런 심상은 우리를 몽상하게 하고 꿈을 꾸게 하며 정신적인 면뿐만 아니라 신체적인 면에까지 활력을 불어넣어 주는 역할을 한다. 바슐라르는 다른 곳에서 이런 대립을 '메타포'와 '심상'의 대립으로 다시 보여 준다. 즉 "절대적 상상력의 소산인 이미지"에 반하여, 메타포는 "표현하기 어려운 인상에 구체적인 형태를 주기 위해 있는 것"으로서 "깊고 참되고 실제적인 뿌리가 없는 조작된 이미지"[3]에 불과한 것이다. 바슐라르에게 있어서 심상에 대한 이런 조작성, 논리성은 시인의 무능력에 대한 증거가 되기도 한다.[4] 바슐라르에 있어서 구성적 심상과 문학적 심상, 혹은 메타포와 심상의 대립은 한

---

2. Gaston Bachelard, 정영란 옮김, 『공기와 꿈』, 민음사, 1993, 11쪽.
3. Gaston Bachelard, 곽광수 옮김, 『공간의 시학』, 민음사, 1990, 202쪽.
4. "(포우와 반대로) 더할 나위 없이 진귀한 심상들을 그만 범상한 것으로 만들어버리는 사람들도 있다. 그런 사람들은 개념들을 미리 갖고 있어서 그 속에 심상을 끼워 넣을 채비가 늘 되어 있는 부류들이다." Gaston Bachelard, 위의 책, 209쪽.

마디로 개념과 심상의 이항 대립으로 요약할 수 있다.

이런 이항 대립은 시적 심상을 다루는 논의에서 그다지 낯선 것이 아니다. 김춘수의 '비유적 심상'과 '서술적 심상'의 대조가 한 예이다. 김춘수에 따르면 전자는 관념 전달의 도구로 쓰이는 심상을 말하고, 후자는 심상의 배후에 관념이 존재하지 않는 심상 그 자체를 위한 심상을 가리킨다. 서술적 심상을 읽을 때, 독자는 "이러한 심상이 모여서 빚어내는 선명한 정경을 그려봄으로써 신선한 감각적 체험을 할 수만 있다면 그만이지, 더 이상 이러한 심상들의 배후에 있는 관념이나 사상을 탐색할 필요는 없다."[5] 이에 반하여 비유적 심상은 "관념에 봉사하는 역할을 하기 때문에 심상이 불순"(247)한 것이 된다.

바슐라르나 김춘수가 보여 준 심상과 개념의 양립 불가능성은 심상의 본질과 직결된 문제라는 점에서 중요하다. 여기에서는 이런 이항 대립을 계기로 삼아 심상의 본질을 인식론적 관점에서 검토하고, 이를 새롭게 조망할 수 있는 유식 철학이라는 불교적 관점에서 심상의 본질과 가능성에 대해 조명하고자 한다.

2. 지각의 인식론적 위상과 심상의 본질

심상 문제를 제대로 다루기 위해서는 심상과 관련된 '지각'의 인식론적 위상을 검토하는 일이 필요하다. 심상은 지각의 결과

---

[5] 김춘수, 『시론 — 시의 이해』, 송원문화사, 1971; 『김춘수전집 2 시론』, 문장사, 1982, 244쪽.

물이기 때문이다. 먼저 서구 인식론에서 이 문제를 어떻게 다루는지 살펴보자. 서구 인식론에 의하면 우리가 대상을 인식할 때 '감각(sensation)'과 '지각(perception)', 그리고 '인식(cognition)'의 단계를 거친다. '감각(sensation)'은 우리의 감각 기관이 대상과 관계하여 포착한 오관의 느낌 그 자체를 수용하는 단계이다. 눈과 귀, 코, 혀, 피부 등을 통해 일차적으로 포착하게 되는 생리학적 질료들이 바로 감각이다. 이 단계에서 감각은 어떤 인식을 위한 기초적인 계기로서만 기능을 한다. '지각(perception)'은 감각적 질료 그 자체를 감각 자료(sense data)로 받아들이고 인식을 위한 준비를 하는 단계이다. 이때 인식의 대상으로 포착된 감각 자료가 바로 '심상'이다. 칸트의 용어로 하자면 구상력의 종합을 기다리는 상태의 '지각들', 혹은 '인상들'[6]이라 할 수 있다. 이런 단계를 거쳐 비로소 '인식(cognition)', 즉 지각의 대상을 하나의 개념적 틀로서 명확하게 구별하는 단계에 도달하는 것이다. 이 단계에 이르러야 비로소 대상을 하나의 변별적인 존재로 이해하게 된다.

심상을 산출하는 '지각'은 이런 인식론적 흐름에서 "신체적 감각과 개념적 인식 사이에서 벌어지는 인식 과정을 가리키는 개념"으로, 이는 "대상을 포착해서 알아보긴 하지만, 아직 명확하게 개념화되지 않은 그런 중간 과정"[7]을 가리킨다. 따라서 지각은 순수한 감각도 아니며 지성적 개념도 아닌 모호한 성격을 지닌다. 이를 다른 말로 하자면, 지각은 사물 혹은 외계와 직접적

---

6. I. Kant, 최재희 옮김, 『순수이성비판』, 박영사, 1984, 138쪽.
7. 이정우, 『영혼론 입문』, 살림출판사, 2003, 62쪽

으로 연계되는 객관적인 면과 그것의 의식 내적 자각이라는 주관적인 면이 상호 충돌하는 "이중적 차원"[8]을 지닌다는 것이다. 이런 이중성 때문에 서구 철학사에서 지각에 대한 평가는 그다지 호의적이지 않았다. 특히 근대 의식 철학의 전통에 서 있는 데카르트나 칸트 같은 경우, 지각과 인식(혹은 의식)의 이분법적 사고에 따라 지각 자체를 수동적 상태로만 이해하여 능동적인 인식의 단계에 도달하지 못한 것으로 판단하였다. 그들에게 지각은 일종의 "인식론적 카오스"[9]였던 것이다. 특히 데카르트는 『성찰』에서 시대사적 과제를 "우리의 정신을 지각으로부터 격리시키는"[10] 것이라고 규정하여 지각의 폄하에 적극적이었다. 이는 수동성과 인식적 결핍을 특징으로 하는 지각을 타자로 배제하고 주체의 자명한 의식을 높이 평가하는 의식 철학이 근대의 시대적 과제와 호응한 결과라 할 수 있다. 서구 철학에서 이루어진 지각에 대한 인식은 다음과 같은 평가에 잘 요약되어 있다.

> 지각 단계를 '인식'이라 할 수 있는가? 이 문제를 둘러싼 철학사적 논의가 있다. 지각은 그것을 인식으로 본다 해도 전(前)개념적(preconceptual) 차원의 인식, 즉 불충분한 의미에서의 인식이기 때문에 인식론적으로 저급한 위상을 부여받아 왔다. 그러나 20세기 중엽의 메를로 퐁티 등은 지각의 차원에서 이미 의미가, 즉

---

8. Renaud Barbaras, 공정아 옮김, 『지각-감각에 관하여』, 동문선, 2003, 7-8쪽.
9. 이정우, 앞의 책, 64쪽.
10. 이상인, 「아리스토텔레스의 지각론: 『영혼론(de anima)』의 지각의 자발성 논증을 중심으로」, 『철학연구』 54-1, 2001, 133쪽.

'전(前)코기토적 의미'가 형성되어 있다고 보며, 그 후 그것이 개념적 인식으로 추상화된다는 새로운 입장을 제시하기도 했다.[11]

지각에 대한 평가는 곧 심상에 대한 평가와 맞물려 있다. 서구 철학에서 지각이 인식론적으로 저급한 위상을 가지게 된 것은 지각의 애매한 존재론적 지점이 그 자체로 인정될 수 없었기 때문이다. 지각의 이런 한계는 곧바로 심상에 대한 한계로 이어진다.[12] 이런 경향에 대하여 반기를 든 철학적 흐름이 현상학이다. 현상학은 의식 철학의 이분법적 시각에 대한 회의를 바탕으로 지각에 대한 새로운 이해를 시도하였다. 후설, 베르그송의 현상학적 이해는 지각의 주체를 일종의 총체성으로 이해하는 데 많은 계시를 주었다. 특히 베르그송은 내면적 의식으로서가 아니라, 총체성으로서의 '우리'가 사물에서 직접 지각한다는 점을 강조하였다. 지각의 주체는 '살아 있는' 하나의 총체적 존재로서, 표상을 거치지 않고 직접적 지각을 한다는 주장이다. 이런 흐름의 연장선상에서 새로운 심상론의 등장이 가능해졌는데, 대표적인 것이 메를로퐁티의 논의이다. 메를로퐁티는 지각을 하나의 독립적이고 완결한 단계로 이해하여 개념적 인식의 개입 없이 지각이 스스로 작동함을 강조하였다. 그는 '신체의 통일성'에 근거하여 "감각들은 해석 없이도 상호 번역되고 생각을 경유하지 않고도 상호 이해"[13]되는 것으로 해석한다. 감각에 이러한 전-인식

---

11. 이정우, 앞의 책, 62쪽.
12. 심상의 폄하에 대한 서구 철학의 흐름에 대해서는 유평근·진형준, 『심상』, 살림, 2009, 101-117쪽 참조.

적인 가치를 부여함으로써, 지각은 감각과 대상의 총체성을 계시하는 역할을 맡게 되는 것이다.

그러나 이런 흐름에서조차 지각, 그리고 심상의 중간자적 특성은 그 자체로 인정되었다고 할 수 없다. 강조의 차이가 있기는 하지만 서구 철학에서 지각의 성격을 감각과 인식의 어느 한쪽에 배당하는 것이 통례였기 때문이다. 지각을 "감각기관들에서 발생하는 일종의 사건"[14]으로 파악하는 것은 지각을 감각의 일종으로 다루는 관점이며, 메를로퐁티의 '전(前)코기토적 의미'는 지각을 개념적 인식의 일종으로 다루는 관점이라 할 수 있다. 메를로퐁티의 관점이 지닌 진보성에도 불구하고, 신체, 감각, 지각 등에 대한 그의 시각은 현상학적 환원을 통해 세계의 핍진성에 다가가고자 하는 '의식'의 자기반성이라는 한계를 벗어나지 않았다고 할 수 있다. 그가 지각을 인식적 행위에 앞서는 "의식 흐름"이나 "앞서 있는 로고스"[15]로 본다는 것은 지각을 그 자체로 인정하는 것이 아니라 의식의 범주로 옮겨 놓은 일이기 때문이다. 『지각의 현상학』에서 메를로퐁티가 몸을 결국 "암묵적 코기토"[16]로 보는 데에서 이 한계가 확실히 드러난다. 이것 역시 "데

---

13. M. Merleau-Ponty, 류의근 옮김, 『지각의 현상학』, 문학과지성사, 2002, 358쪽.
14. 이 말은 Salkey의 언급이다. 이상인, 앞의 글, 134쪽에서 재인용.
15. 김희봉, 「지각과 진리의 문제: 후설과 메를로 퐁티를 중심으로」, 『철학과 현상학 연구』 12, 한국현상학회, 1999, 305쪽.
16. M. Merleau-Ponty, 앞의 책, 603쪽. 이 말은 '침묵의 코기토', '말없는 코기토' 등으로 번역된다. 메를로퐁티는 "말해진 코기토, 즉 언명에로 변환되고 본질적 진리로 변환되는 코기토의 저쪽에는 암묵적 코기토, 즉 나에 의한 나의 경험이 실로 존재하고 있다."고 하는데, 이는 코기토 중심의

카르트적 코기토의 잔재"[17]라는 점에서 서구 지성사에 있어서 개념적 인식에 대한 집착이 얼마나 강력한가를 짐작할 수 있다. 따라서 메를로퐁티에 이르러서도 지각과 심상의 독자성은 인정되지 않았다고 할 수 있으며, 결국 서구 철학사 전체에서 지각과 심상의 가치는 제대로 평가된 적이 없다고 할 수 있다.

서구 철학에서 인정받지 못한 지각의 이중성(혹은 절충성)이 지각의 본질이며 동시에 심상의 본질을 결정하는 기반이라 할 수 있다. 지각의 이중성에 따라 심상 역시 완전한 감각 자료도 아니고 개념적 인식도 아닌 완충지대에 놓여 있게 된다. 지각의 이런 중간자적 특성 때문에 심상 역시 신체적 감각과 개념적 인식 사이의 모호한 지점을 공유하게 되는 것이다. 베르그송이 정리한 바처럼 심상은 "관념론자가 표상이라고 부른 것 이상의, 그리고 실재론자가 사물이라 부른 것보다는 덜한 어떤 존재 — 즉 〈사물〉과 〈표상〉 사이의 중간 길에 위치한 존재"[18]인 것이다. 바로 이런 중간 지대에 놓여 있다는 사실이 심상의 본질적인 특성이며, 존재론적 위상이라 할 수 있다. 이때의 이중성은 사물과 표상의 성질을 공유하는 것이 아니라, 그 두 개념으로부터 최대한 거리를 유지하는 것이라는 사실이 중요하다. 즉 사물과 표상의

사유 체계를 드러내는 언급이라 할 수 있다. 후기 저작 『보이는 것과 보이지 않는 것』에서는 이 말없는 코기토를 완전히 철회한다. M. Merleau-Ponty, 남수인, 최의영 옮김, 『보이는 것과 보이지 않는 것』, 동문선, 2004, 250-251쪽.
17. 장문정, 「후기 메를로-퐁띠 철학에서 살의 키아즘에 대하여」, 『대동철학』 6, 대동철학회, 1999, 3쪽.
18. Henri Bergson, 박종원 옮김, 『물질과 기억』, 아카넷, 2005, 22쪽.

성격을 함께 지니는 중간이 아니라, 사물과 표상의 성격으로부터 이탈하려는 '탈중심적 중간'인 것이다.

이런 관점에서 볼 때 심상의 본질을 두 가지로 규정할 수 있다. 먼저 다룰 것이 반질료성(半質料性, semi-matterness)이라는 특성이다. 이것은 사물에 가까운 감각적 질료로서의 성격을 최대한 지니고 있으면서 어느 정도 인식의 과정에 들어갈 준비가 되어 있는 그런 반(半)질료적 상태를 가리킨다. 이 상태는 감각의 질료들이 자신의 생생한 물질성을 그대로 지니고 있으며, 개념에 의해 물질성의 활기를 잃기 전의 상황이다. 또한, 감각적 활기를 유지한 채 의식으로 현현할 준비가 되어 있는 상태이기도 하다. 심상은 지각의 과정에 놓인 것이므로 완전한 감각적 질료일 수 없다. 그럼에도 이때의 심상은 주체보다는 사물의 상태에 더 가까운 실재성을 보유하고 있다. 반질료성이라 부를 수 있는 것도 이런 실재성의 감각 때문이다. 어떤 경우든 이런 특성을 제외하고 심상의 특성을 논하는 것은 심상의 일부를 다루는 것에 불과하다.

또 다른 심상의 본질은 '유동성'이다. 이는 심상이 끊임없는 동요, 진동을 내포하는 개념이라는 것이다. 그래서 심상은 "우리의 직관에 나타나 있는 그대로의 객관적 실재로 환원시킬 수도 없고, 경험적 현실에 대한 추상적 개념, 사고로 환원시킬 수도 없"[19]는 것이다. 지각의 대상이 되는 감각적 질료는 끊임없이 소멸의 위기 속에 놓여 있다. 개념적 인식이 이 질료들을 항상 범

---

19. 유평근·진형준, 앞의 책, 26쪽.

주화하기를 원하기 때문이다. 심상은 감각적 질료들을 생생한 상태 그대로 포착하면서 개념적 범주화에서 벗어나기 위해 끊임없는 유동 상태를 유지한다. 여기에 심상의 팽팽한 긴장이 형성되는 것이다. 이는 곧 어떤 심상이 감각적 질료 자체에 머물거나 하나의 명확한 개념으로 존재할 때, 그것은 그 자체의 본질적 속성을 떠난 것임을 의미한다. 결국 심상은 감각과 개념 사이의 긴장 속에 놓여 있을 때 진정한 가치를 지닌다고 할 수 있다. 코울리지가 고정되지 않은 심상을 상상력과 연계시킨 것은 심상의 이런 특성과 관련되어 있다.[20]

실제 작품을 통해 심상의 두 가지 본질을 구체적으로 확인해 보자.

(가) 찌르라기떼가 왔다
　　쌀 씻어 안치는 소리처럼 우는
　　검은 새떼들
　　　　　　　— 장석남, 「새떼들에게로의 망명」 부분

(나) 마침내 사자가 솟구쳐 올라
　　꽃을 활짝 피웠다
　　허공으로의 네 발

---

20. "정신이 어떤 한 심상에 고정되자마자 이는 오성(understanding)의 영역에 속하는 것이 된다. 하지만 고정이 되지 않은 채 어느 한쪽에도 영구히 고착되지 않은 채 심상들 사이를 떠도는 경우 이는 상상력(imagination)의 영역에 속하는 것이 된다." 장경렬, 『코울리지: 상상력과 언어』, 태학사, 2006, 62쪽.

> 허공에서의 붉은 갈기
> 나는 어서 문장을 완성해야만 한다
> 바람이 저 동백꽃을 베어물고
> 땅으로 뛰어내리기 전에
>
> — 송찬호, 「동백이 활짝」 전문

위의 시는 반질료성이라는 심상의 본질을 잘 보여 준다. (가)에서 찌르라기 떼의 울음소리를 대체한 "쌀 씻어 안치는 소리"에는 감각의 질료성이 생생하게 살아 있다. 그래서 독자는 어떤 매개도 없이, 즉 어떤 설명도 없이(사실 설명이라는 것은 개념의 가장 대표적인 매개 행위이다) 찌르라기 떼 울음을 자신의 귀로 듣는 듯이 느낄 수 있는 것이다. (나)에서는 동백꽃이 활짝 핀 모습을 "사자가 솟구쳐 올라/꽃을 활짝 피"운 것으로 표현하고 있다. 동백꽃의 견고하고 기품 있는 모습이 사자의 심상과 겹치면서 질료성이 더욱 두드러진다. 이 시들에서 심상의 반질료성은 시적 어휘가 지닌 감각의 싱싱한 생기를 재현하는 데 중요한 역할을 한다. 더 정확하게 말하자면 '재현(representation)'이 아니라 '현현(epiphany)'이라 해야 할 것이다. 재현은 기억 속에 존재하는 최초의 감각을 최대한 실제에 가깝게 환기하는 것인데, 이는 기억 속에 이미 개념화 된 상태로 저장된 감각을 재생하는 것에 불과하다. 이에 비하여 현현이란 기억 과정의 매개를 거치지 않고 감각 요소의 어떠한 손실 없이 최초의 감각을 그대로 불러오는 것을 말한다. 이때 감각은 애초의 질료 그 자체를 보존하고 있어, 심상의 생산이나 수용 시에 질료의 생생한 활기를 그대로 느끼게 한다.

또한 이 시에는 심상의 유동성이 잘 드러나 있다. 언어라는 매개를 사용하는 갈래상의 한계에도 불구하고 심상들은 개념에 포섭되지 않고 감각 자료로서의 상태를 잘 유지하고 있다. 이 유동성이 어느 한쪽으로 기울게 되면 심상의 시적 가치는 손상되고 만다. 언어라는 매개의 특성 탓으로 그 기울어짐은 늘 개념 쪽으로 향하게 된다. 심상의 유동성이 균형을 유지하지 못하고 개념 쪽으로 기울었을 때 우리는 그 언어 표현을 '죽은 비유(dead metaphor)'라 부른다. '죽은 비유'는 곧 '죽은 심상'이라는 함의를 포함한다. 죽은 비유는 많은 사람들에게 사용되어서 혹은 시간이 많이 흘러서 생긴 것이 아니라, 비유의 심상이 개념화되어 심상의 유동성을 상실하였기 때문에 발생한다. '쏜살같이 지나가다', '부랴부랴 뛰어나갔다', '그 말에 맞장구치다'라는 표현이 상투어가 된 것은 여기에 나오는 심상들이 개념화되었기 때문이다. '쏜살같이'는 원래 '쏜 화살', '부랴부랴'는 '불이야 불이야', '맞장구'는 '풍물놀이할 때 둘이 마주 서서 장구를 치는 것'이라는 구체적 정황을 지니지만, 현재 이 말은 구체적 심상이 없이 그저 하나의 개념으로만 남아 있다. 가령 사전에서 '맞장구'를 찾으면 풍물놀이의 생생한 심상은 사라지고 "남의 말에 그렇다고 덩달아서 호응하거나 동조하는 일"이라는 설명만 보인다는 점에서 이를 확인할 수 있다. 즉 이들 표현에 사용된 심상은 원래 상황이 지닌 질료성을 유지하지 못하고, 즉 유동성의 균형을 유지하지 못하고 개념이 되어 버린 것이다.

이런 특성에 비추어 볼 때 바슐라르와 김춘수가 구성적 심상이나 비유적 심상을 그토록 혐오한 이유도 명확해진다. 그런 심상은 심상의 본질적인 특성(반질료성, 유동성)을 **관념적이**고 추상적인 개념이나 의도에 종속시켜 버림으로써 심상의 본질적인 영역을 벗어났기 때문이다. 반질료성이나 유동성의 종식은 심상의 근원적 생기가 형해화하여, 심상이 개념의 장식이나 도구로 전락했음을 의미한다. 즉 심상은 감각적 질료를 전혀 지니고 있지 않은 관념이 된 것이다. 이때 심상은 감성적 공감이 아니라 논리적 설득을 위한 장치에 불과하다.

3. 유식 철학의 '현량'과 심상의 가능성

앞에서 살펴본 심상의 본질은 유식 철학(唯識哲學)의 관점에서 접근할 때 그 진면목을 제대로 볼 수 있다. 유식 철학은 모든 것을 공(空)으로 보는 중관(中觀) 사상을 계승하여 인식주체(마음)와 인식 대상의 허망함을 인정하면서도 인식주체가 만들어 내는 허구적 현상 세계에 주목하는 사상이다. 즉 "일체가 공임에도 불구하고 경험적으로 대상 세계가 존재한다는 것은 부정할 수 없으므로, 이러한 가(假)의 현상 세계를 형성해 내는 마음의 활동성을 철학적 분석과 논의의 중심 과제로 삼"[21]는 사상인 것이다. 이러한 유식 철학에서 심상과 지각에 대한 평가는 서구 철학사

---

21. 한자경, 『유식무경, 유식불교에서의 인식과 존재』, 예문서원, 2000, 25쪽. 유식 철학은 무상유식(無相唯識)과 유상유식(有相唯識)으로 나누어지는데, 여기서 말하는 유식 철학은 후자를 가리킨다.

와 사뭇 다르다. 지각이나 심상이 서구 철학사에서 철저하게 외면당하는 것과 달리 유식 철학에서는 긍정적인 개념으로 다루어진다.

그런데 유식 철학이나 불교 전반에 나타나는 심상 문제를 다룰 때 그 개념에 유의할 필요가 있다. 흔히 경전에 '영상'이나 '상(相)'이라는 표현으로 나타나는 것들만을 심상으로 보는 경향이 많다. 즉 영상이라는 말뿐만 아니라 니미따, 락샤나, 삼즈냐, 즉 상(相)으로 번역되는 대부분의 어휘가 그것이다. 그러나 이런 말은 시각적 심상에 국한된 것이거나 이미 개념적 사유를 거친 표상이라는 의미로 사용되고 있어 앞에서 다룬 심상의 본질과 거리가 있다. 구마라집에 의해 상(相)으로 번역되는 니미따, 락샤나, 삼즈냐를 재현 심상으로 보는 관점이 있는데,[22] 이는 결국 심상이 지각의 대상으로서의 감각 자료와 달리 사유와 개념작용을 거친 표상임을 보여 준다. 가령 원효가 깨달음의 단계를 설명하면서 "비록 명(名)을 취하지 않더라도 (법신의 차원에서 보면) 여전히 고(苦)의 일에 대하여 고(苦) 등의 상(相)을 취하니[取苦等相], 이는 법공의 진여를 깨닫지 못한 것"[23]이라 할 때, 이 상(相)은 개념적 인식의 고정성과 연계된 심상으로서, 반질료성의 심상은 아닌 것이다. 시각적인 심상이건 상(相)으로 번역되는 심상이건, 모든 것이 식(識)의 왜곡('변계소집성')으로 실재처럼 인식된다는

---

22. 이에 대한 논의는 박용주, 「대승불교의 이미지론 연구」, 『동아시아불교문화』 6, 동아시아불교문화학회, 2010 참조. 이 논의는 모든 상(相)은 환(幻)이라는, 즉 모든 재현 심상은 시뮬라크르적 심상에 의해 만들어진 것이라는 주장을 대승불교의 심상관으로 정리하고 있다.
23. 원효, 은정희 옮김, 『이장의』, 소명출판, 2004, 51쪽.

유식 철학의 기본 구도 내에서 이런 시뮬라크르적 심상은 긍정적인 평가를 받을 수 없다. 유식 철학에서 심상과 관련하여 자주 드는 구절이 있다.

> 미륵보살이 부처님께 물었다. "세존이시여, 모든 비바사나사마타 중에서의 영상(影像)은 그 마음과 같은 것입니까, 아니면 다른 것입니까?" 부처님께서 미륵보살에게 말씀하셨다. "선남자여, 마땅히 다름이 없다고 말해야 한다. 왜냐하면 그 영상은 오직 식(識)일 뿐이기 때문이다. 선남자여, 식의 대상은 오직 식이 현현한 것일 뿐이라고 나는 설한다."[24]

이것은 비바사나사마타, 즉 지관(止觀)이라는 요가 수행 중에 떠오른 심상이 주관적 심상인지 아니면 마음 밖에 따로 실재하는 것의 반영인지에 대한 의문을 다루는 부분이다. 부처는 그 심상은 식이 현현하여 나타난 것, 즉 진정한 대상이 없이 마음이 만들어 낸 것에 불과할 뿐이며, 마음을 떠나 따로 존재하는 실재가 없다는 점, 즉 유식(唯識)의 보편성과 필연성을 강조하고 있다. 이런 입장에 서면 심상에 어떤 특별한 가치 부여를 하기 힘들 것이다. 모든 심상은 우리의 식이 만들어 낸 구성물로서 올바른 깨달음을 위해서는 부정해야 할 것들이기 때문이다.

시의 핵심 요소로서의 심상은 이런 시뮬라크르적 심상과 다른 차원의 것이다. 유식 철학에서 반질료적 심상의 본질에 적합

---

24. 『해심밀경』, 제3권, 「분별유가품」; 한자경, 앞의 책, 117쪽에서 재인용. 이 인용 부분에서 유식이라는 개념이 처음 등장하였다고 평가된다.

한 것은 지각과 관련된 논의로부터 도출될 수 있다. 유식 철학에서 지각에 해당하는 말은 현량(現量, pratyakṣa)이다. '량(量)'은 일종의 인식 방법으로서 "바른 지식을 가져오는 원천"[25]이나 수단을 가리키는데, 이에는 현량(現量)과 비량(比量, anumāna)이 있다. 이 중 현량은 개념적 사유가 개입하지 않은 인식을 가리키고, 비량은 추리나 유추 같은 개념적 방식으로 이루어지는 인식을 가리킨다. 현량과 비량은 '직접지', '간접지' 혹은 '직접 지각'과 '간접 지각' 등으로 번역되는데, "전자(현량)는 지각(perception, Wahrnehmung)에 해당되고 후자(비량)는 추리(inference, Schluβ)에 해당된다"(148)는 것이 통설이다.

불교 인식론에서 인식 방법의 종류는 학자에 따라 여러 갈래로 나뉜다. 그러나 현재는 현량과 비량으로 좁힌 진나(陳那, 디그나가)와 법칭(法稱, 다르마키르티)의 논설이 정설에 속한다. 이들이 인식 방법을 이 두 가지로 제시한 논리적 근거는 인식의 대상이 자상(自相)이라는 개체와 공상(共相)이라는 일반 개념 두 가지밖에 없다고 보기 때문이다.[26] 자상은 직접적인 지각인 현량의 인식 대상이고, 공상은 논리적 추론인 비량의 인식 대상이다. 이에 대해서는 다음과 같은 설명이 도움이 된다.

---

25. 三枝充悳 편, 심봉섭 옮김, 『인식론·논리학 — 불교학 세미나 2』, 불교시대사, 1995, 148쪽.
26. 法稱, "바른 인식수단은 [직접지각과 추리의] 2종이다. 왜냐하면 대상이 [자상과 공상의] 2종이기 때문이다." 「量評釋」; 전치수, 「法稱의 '量評釋'의 이해를 위하여(I): 제2장과 제3장을 중심으로」, 『한국불교학』 14, 한국불교학회, 1989, 285쪽에서 재인용.

감각에 주어지는 사물의 속성은 감각의 순간에 개별적으로 포착되는 표상이다. 그처럼 개별적이고 구체적인 표상을 그 각각의 자체 상이라는 의미에서 자상(自相, svalaksana)이라고 한다. 직접적 인식인 현량의 대상이 곧 자상이다. 반면 자상들을 비교 분석하고 추상화하여 개념으로 얻게 되는 표상은 더 이상 자상이 아니다. (…) 이와 같은 추상적이고 일반적인 상을 공상(共相, sāmānyalaksana)이라고 한다.[27]

자상(自相)은 감각에 주어지는 개별적이고도 구체적인 감각 자료를 뜻한다. 이에 비하여 공상(共相)은 개념화를 거쳐 개별적이고 구체적인 성격으로부터 보편적인 성격을 추출한 추상적인 개념이다. 예를 들자면 우리가 사과를 보았을 때 사과의 자상은 인식 주체의 눈앞에 놓인 구체적이고 개별적인 사과의 감각 질료를 의미한다. 그런데 하나의 개념으로 존재하는 사과, 즉 공상으로서의 사과는 이런 특수한 사과의 우연성들을 제거하여 비교와 추리를 통하여 추출한 일반적 표상이나 개념이다. 공상으로서의 사과는 우리의 관념 혹은 분별적 의식 속에만 존재한다. 자상은 그런 의식적 분별이 이루어지기 전에 존재하는 생생한 대상의 감각, 질료성을 지닌 감각 대상이라 할 수 있다. 바로 현량의 대상으로서의 이 자상을 심상으로 보는 것이 타당하다. 현

---

27. 한자경, 앞의 책, 79쪽. 한자경은 '표상'이라는 용어를 사용하고 있지만, 자상은 개념적 인식이 이루어지지 않은 상태이기에 표상이라는 표현과는 어울리지 않는다. 표상은 이미 개념적 인식 과정을 거친 후의 결과로서 주어지기 때문이다.

량은 이 자상, 즉 특수한 심상에 접근하는 방식인 것이다.

  자상을 인식 대상으로 하는 현량은 심상론에서 중요한 의미를 지니므로 주목할 필요가 있다. 서구 철학사에서 부정적인 평가를 받아 왔던 지각 개념과 달리, 현량은 동양철학사에서 긍정적으로 평가되는 개념이기 때문이다. 현량에 대한 다음 설명을 살펴보자.

> 자신의 깨달음을 위해서는 오직 현량과 비량만이 있다. (…) 게송에서 '현량은 분별을 배제한다'고 한 것은, 색성향미촉(色聲香味觸) 등의 인식 대상을 바로 보는 지혜가 있어 모든 종류의 언술·가설·많은 유파의 분별을 떠나, 인식 대상이 각각 별개로 존재하고 각각의 인식기관이 그 대상을 각각 별개로 파악하기에 현량이라 이름 붙인다는 것을 말한다.[28]

  유식 철학에서는 모든 오류의 근원이 개념적 분별에 있다고 보기 때문에 언어와 개념에 대하여 극도로 경계한다. 개념적 인식이 망상을 일으키고 잘못된 결론으로 인간을 이끌어 간다고 보는 것이다. 그래서 이런 분별이 개입하지 않은 상태, 즉 "분별을 제(除)한" 인식 방법으로서 현량을 높이 평가한다. 법칭에 따르면 현량은 분별이 없으며, 착란이 없다는 것을 중요 특성으로 한다. 분별이 없다는 것은 착오로 유도하는 개념적 오류가 없다는 것이며, 착란이 없다는 것은 신체적 질환, 외적 조건에 따른

---

28. 大域龍,「因明正理門論本」. 번역은 여러 해설을 참고하여 인용자가 하였음.

오류로부터 자유롭다는 것이다. 현량은 이런 무오류성을 지니고 있는 긍정적 인식 수단이라는 말이다. "제법의 자상(自相)은 명(名) 등으로써 인식될 수 있는 것이 아니다. 오직 현량으로써 증득(證得)될 수 있을 뿐이다. 명(名)은 오직 공상(共相)만을 알려준다"[29]고 한 것도 이 때문이다. '명(名)'으로 대표되는 개념적 접근은 자상을 왜곡할 뿐이다. 그래서 개념적 분별을 '허망분별'이라고 하는 것이다. 현량은 이런 왜곡 없이 대상을 직접적으로 지각하는 방식으로 평가된다. 모든 분별을 떠나 깨달음의 명상에 든 상태인 정관(定觀)을 현량으로 파악하는 것도 이와 관련된다.

　이처럼 서구 철학에서 지각을 개념적 인식에 도달하지 못한 저급한 인식 단계로 평가절하 한 것에 반하여, 유식 철학에서는 오히려 지각(현량)이 개념적 인식을 떠났기에 더 중요한 가치를 지닌다고 평가하고 있다. 불교에서 참된 진리는 개념적 파악이 아니라 직접적인 지각을 통해서만 접근 가능하다고 보기 때문이다. 그러므로 진여에 도달하는 방식은 직접적이고 즉각적인 지각인 현량일 수밖에 없다. 진정한 진리 포착이 "여래에게는 현량이고 비량이 아니다"[30]는 언급은 유식 불교에서 현량이 얼마나 중요한 지위를 차지하고 있는지를 잘 보여 준다.

　서구 인식론과 비교할 때 중요한 점은 유식 철학에서 현량은 이미 하나의 완전한 인식으로 취급되고 있다는 사실이다. 앞에

---

29. 窺基, 『成唯識論述記』, 제2권(『大正藏經』 43, 288上); 한자경, 앞의 책, 81쪽에서 재인용.
30. 「사드하르마 뿐다리까수뜨라」의 구절; 원의범, 「인명(因明)에서의 언어와 현량(現量)과 실상」, 『불교학보』 14, 동국대학교 불교문화연구소, 1977, 186쪽에서 재인용.

서 보았듯이 서구 인식론에서 감각과 더불어 지각은 하나의 독립된 인식으로 인정되지 않는다. 이에 대하여 유식 철학은 전혀 다른 관점을 보여 준다.

> 현량은 자명감(自明感)을 가지고 있기 때문에 하나의 온전한 인식(認識)이기도 하고 또 인식의 결과이기도 하다. 자상(自相)에서 알려지는 것은 느껴진 대상 바로 그것이다. 느껴진 대상에 의하여 그 느껴진 대상이 그냥 그대로 틀림이 없다는 자명감이 성립된다.[31]

법칭이 강조하는 것은 현량이 하나의 완전한 인식이라는 사실이다. 이는 개념적 인식 이외에 감각 혹은 지각 자체만의 인식이 가능하다는 것이다. 이는 메를로퐁티가 지각에 긍정적인 의미를 부여하기 위해 지각을 개념적 인식의 영역으로 끌어오려 한 시도와 대조적이다. 유식 철학에서 지각의 인식적 독립이 제대로 이루어졌다고 할 수 있다. 지각이 독립적인 인식이 되는 근거는 자상에서 유래하는 '자명감'에 있다. 자명감은 어떤 대상을 논리적으로 설명할 필요 없이 저절로 느껴지는 직관적인 확실성을 가리킨다. 자상은 느껴진 대상의 충만한 존재감을 그대로 지니고 있어 논리의 개입을 필요로 하지 않고도 그 대상과 인식의 확실성을 보증해 준다. 이런 관점은 개념(오성)의 개입으로 이루어지는 인식만을 진정한 인식으로 간주하는 서구 인식론과 전혀

---

31. 法稱, 「니야야빈두」의 요약; 원의범, 위의 글, 197쪽에서 재인용.

다른 기반 위에 서 있다. 심상이 자신의 존재론적 위상을 획득하는 것도 바로 이런 유식 철학의 기반 위에서이다.

앞에서 살펴본 현량의 특성으로부터 진정한 심상의 의미를 알 수 있다. 그것은 일체의 논리적 분별이 개입하지 않는 상태의 심상, 즉 자상(自相)으로서의 '현량적 심상'인 것이다. 현량이라는 개념을 통해 심상은 서구 인식론에 의해 부과된 절충 지대의 모호성을 탈각하여 이중성 그 자체를 하나의 고유한 특성으로 인정을 받게 된다. 서구 인식론에서 감각과 인식 사이의 모호한 지대에 놓여 있던 지각이, 유식 철학에서는 현량이라는 독립적인 인식 방법으로 인정됨으로써 그 존재성이 더욱 명료해졌다. 이에 따라 심상 역시 개념, 즉 논리성으로부터 독립하여 그 자체의 의의를 인정받게 된다.

이를 통해 심상이 지닌 생동성과 활기가 의미하는 바가 무엇인지를 짐작할 수 있다. 지성적 개념과 거리를 두고 있는 현량적 심상(즉 '자상')은 사물과 개념이라는 양극으로부터 최대한 거리를 유지하는 자신의 본성을 제대로 간직하고 있다. 이런 심상은 감각적 질료를 최대한 수용한 상태로서, 개념화에 도달하지 않은 반질료성과 유동성을 지니고 있다. 바로 이 반질료성과 유동성이 시가 추구하는 바람직한 심상이 지닌 생생함의 근원이다. 이것을 유식 철학에서는 '자명감'이라고 하였는데, 이는 개념에 의해 훼손되지 않은 질료성이 지니고 있는 충만한 존재감을 가리키는 것이다. 우리가 바람직한 심상에서 느끼는 생생한 감동은 바로 이런 심상의 자명감에서 비롯한다고 할 수 있다. 현량적 심상을 통하여 언어 관습과 문화적 제약 등에 의해 변형되지 않고 자성을 그대로 지니고 있는 생생한 질료적 심상에 대한 가능성을 새롭게 인식할 수 있게 된다.

이런 관점에 따르면 시의 심상도 현량적 심상('자상')과 비량적 심상('공상')으로 분류할 수 있을 것이다. 전자는 감각적 생생함을 지닌 반질료성의 심상이며, 후자는 개념적 인식으로 재구성된 표상적 심상이라 할 수 있다. 바슐라르나 김춘수의 '문학적 심상'이나 '서술적 심상'이 전자에 속하고, '구성적 심상'이나 '메타포', '비유적 심상'은 후자에 속한다고 할 수 있다. 바슐라르가 "시란 전통이 아니다. 시는 원초적 꿈이며 최초의 심상들의 깨어남"[32]이라 했을 때 그 최초의 심상이라는 것이 바로 현량적 심상이라 할 수 있다. 시는 이런 최초의 심상, 어떤 비량도 관여하지 않은 현량적 심상을 깨어나게 하여 우리에게 감각적 생생함으로 놀라움을 준다.

이 자상 혹은 현량적 심상의 문제를 시학에 전유한 경우도 없지 않다. 17세기 중국의 문인 왕부지(王夫之)가 좋은 예일 것이다. 그는 중국 법상종에 대한 전문적인 저서 『상종낙색(相宗絡索)』을 남길 정도로 유식 철학에 관심이 있었는데, 경물의 핍진성에 초점을 맞추어 시 창작과 비평에 있어서 현량의 중요성을 언급한 바 있다. 그는 현량의 관점에 입각하여 유명한 퇴고(推敲) 일화에 대해 다음과 같이 비판하였다.

"스님이 달빛 아래 문을 미네(僧推月下門)"는 망상억칙일 뿐이어

---

32. Gaston Bachelard, 『공기와 꿈』, 358쪽.

서 마치 남의 꿈을 말한 것과 같으니, 설사 형용은 그럴싸할지
라도 어찌 일찍이 털끝만치라도 그 마음과 상관이 있겠는가. 그
런 것을 아는 사람이 '퇴고(推敲)' 두 자에 대해 심사숙고했다면,
그것은 남을 대신하여 생각한 것일 뿐이다. 만약 경(景)에 직면
하여 마음이 일어났다면, '밀다(推)'고 하든 '두드리다(敲)'고 하
든 반드시 어느 하나에 생각이 머물렀을 터이니, 경(景)에 따르
고 정(情)에 따르면 자연히 영묘(靈妙)하기 마련인데 어찌 수고로
이 따질 필요가 있겠는가. "긴 황하에 지는 해는 둥글고(長河落日
圓)"는 미리 정해놓은 정경이 아니고, "강물을 사이에 두고 나무
꾼에게 물어 보네(隔水問樵夫)"는 애초에 생각을 해서 얻은 것이
아니니, 이것이 바로 선가(禪家)에서 말하는 '현량(現量)'이다.[33]

 이 글에서 왕부지는 시적 심상의 창조에 있어서 경물의 심상
을 이리저리 논리적으로 사유하고 구성하는 비량적 방식이 아
니라, 생생한 그 상태를 즉각적으로 포착하는 현량적 방식의 중
요성을 강조하고 있다. '퇴고(推考)' 고사에 보이는 논리적 계량
과 이에 따른 핍진성의 결핍을 통렬하게 비판하면서, 시에 있어
서 현량적 접근의 가치를 강조하고 있다. 원시가 감동적으로 다
가오지 않는 것은 시인이 애초에 포착한 심상의 질료성을 무시
하고 개념적, 관념적으로 시적 심상을 다루었기 때문일 것이다.
왕부지는 이를 "남의 꿈을 말한 것"이나 "남을 대신하여 생각한

---

33. 王夫之, 『薑齋詩話』 卷下, 『淸詩話』 上冊, 9쪽; 조성천, 「王夫之 시론상의 '現量'에 대한 시가미학적 고찰」, 『중국어문논총』 21, 중국어문연구회, 2001, 235쪽에서 재인용. 원문을 참조하여 필자가 일부 수정함.

것"이라 비판하고 있다. 창작자가 애초에 현량적 핍진성에 초점을 두지 않았기 때문에 시적 표현이 구성적 심상으로 전락하여 시적 감동을 떠났다는 의미이다. 현량의 시학적 전유의 가능성을 암시해 주는 중요한 언급이라 할 수 있다.

4. 마무리

지금까지 심상의 본질을 새로운 관점에서 접근하였다. 그 시작점은 심상과 개념의 양립 불가능성이다. 이것은 시론에서 당연한 것으로 다루어져 왔지만, 논리적인 검토는 거의 이루어진 바가 없다. 여기에서는 그 문제를 제대로 다루기 위해 동서양의 인식론을 참조하였다. 그 결과 심상의 인식론적 근거인 '지각'이 서구 인식론에서 감각과 개념적 인식의 중간에 놓여 있는, 모호한 성격을 지닌 개념이라는 점을 확인하였다. 이 모호성 때문에 서구 철학사에서 지각과 그에 기반하고 있는 심상에 대한 평가 절하가 이루어져 왔다는 사실도 알 수 있었다.

그런데 심상의 동일한 특성을 유식 철학의 '현량'이라는 개념을 통해 접근하면 새로운 평가가 가능하다. 유식 철학에서 현량은 서양의 지각과 유사한 개념으로, 개념적 사유 없이 대상의 본질을 파악하는 인식 방법을 가리킨다. 이는 개념적 사유의 개입에 의한 오류를 경계하는 불교에서 대상의 본질을 있는 그대로 파악하는 바람직한 인식 방법이 된다. 이런 접근에 따라 반질료적 심상으로서 '자상(自相)'의 설정이 가능하며, 현량이라는 직관적 인식 방식으로 이를 포착하여 시에 구현할 수 있음을 이야기할 수 있게 된다.

  주제 시는 조선 후기 시인 박제가의 「이사경을 애도하며」이다. 요절한 시인을 기리는 이 시(원래는 '제문(祭文)')에서 시인은 자연스러운 본능에서 나오는 생동감을 강조하고 있다. '지난날의 문서'와 '현재의 산천초목'을 대비시키고 후자를 '아직 글자가 안 된 시구'로서 강조한 점에 그의 본의가 드러난다. 이때 '지난날의 문서'는 인위적이고 장식적인 개념의 결과, 즉 비량적 심상, 구성적 심상인 반면에, 생동감 넘치는 '현재의 산천초목'은 개념의 작용 없이 포착되는 현량적 심상, 문학적 심상이라 할 수 있다.

8. 비유와 초과 현실

앞으로 늙은 곰은 동면에서 깨어나도 동굴 밖으로
나가지 않으리라 결심했는기라
동굴에서 발톱이나 깎으며 뒹굴다가
여생을 마치기로 했는기라

그런데 또 몸이 근질거리는거라
등이며 어깨며 발긋발긋해지는기라
그때 문득 등 비비며 놀던 산벚나무가 생각나는기라

그때 그게 우리 눈에 딱, 걸렸는기라
서로 가려운 곳 긁어주고 등 비비며 놀다 들킨 것이 부끄러운지
곰은 산벚나무 뒤로 숨고 산벚나무는 곰 뒤로 숨어
그 풍경이 산벚나무인지 곰인지 분간이 되지 않아

우리는 한동안 산행을 멈추고 바라보았는기라
중동이 썩어 꺾인 산벚나무가
곰 발바닥처럼 뭉툭하게 남아 있는 가지에 꽃을 피워
우리 앞에 내미는거라

— 송찬호, 「늙은 산벚나무」 전문

1. 비유의 유사성

아리스토텔레스가 『시학』에서 이야기하였듯이 비유(메타포)는 "한 사실에서 다른 사실로 (…) 한 낱말을 옮겨서 쓰는 것"[1]이다. 이때 전자('한 사실')를 비유 기의(원관념)라 하고, 후자('다른 사실')를 비유 기표(보조관념)라 한다. 그리고 이 둘의 연계는 유사성을 바탕으로 이루어진다고 한다. 그런데 이 '유사성'이란 것의 정체는 무엇일까. 비유 기표와 비유 기의 사이에 미리 주어진 것, 그래서 시인이 추후에 발견하는 것일까, 아니면 미리 주어진 것 없이 시인이 즉각적으로 만들어 내는 것일까. 이에 대한 관점에 따라 비유에 대한 이해도 완전히 달라진다. 유사성을 선험적으로 주어진 것으로 보는 관점은 초월적인 관점, 시인의 인위적인 노력으로 창조한다는 관점은 경험적(혹은 탈초월적) 관점이 된다.

그러나 이 구분이 그렇게 명쾌한 것은 아니다. 아리스토텔레스의 경우는 해석에 따라 양쪽 모두에 속하는 것으로 볼 수 있다. 그는 『시학』에서 "성공적인 은유의 사용은 사물들의 유사성을 파악하는 능력에 의존한다"(76)고 하여 은유 구사 능력을 타고난 천재의 표징으로 보고 있다. 이 유사성은 누구나 인지 가능한 표면적인 성질이 아니라 보이지 않는 심층적인 차원의 것이라서 특별한 능력을 지닌 사람, 즉 천재만이 '파악'할 수 있는 자

---

1. Aristoteles, 이상섭 옮김, 『시학』, 문학과지성사, 2005, 70-71쪽. 원문을 직역하자면 "부적절한 명사를 옮겨서 붙이는 것"이다. 이에 대한 자세한 설명은 Aristoteles, 김한식 옮김, 『시학』, 펭귄클래식코리아, 2013, 439-441쪽 참조.

질이다. 이 유사성은 현상계 너머의 차원, 이른바 선험적 차원에서 '이미 주어진' 것일 수밖에 없기에, 유사성에 대한 이런 이해는 초월적인 관점에 속한다고 할 수 있다. 그런데 그가 제시하고 있는 비유의 종류와 이에 대한 설명을 보면 전혀 다르게 해석할 수 있다. 그는 비유를 네 가지 유형으로 분류하였는데[2] 이것은 범주 관계나 논리적 관계를 따진다는 점에서 논리학의 일종으로 보인다. 이는 유사성을 숨겨진 차원의 동질성이 아니라, 논리적 차원에서의 구성과 조작의 대상으로 보는 관점이다. 이렇게 본다면 그의 이해는 경험적(탈초월적) 관점이라 할 수 있다.

그러나 필자는 이런 상반된 관점에 대한 여러 학자의 논의를 검토하기보다, 현대시와 관련하여 비유의 본질을 이해하는 데 초점을 맞추고자 한다. 그래서 초월적인 관점이 전통적으로 수용되어 온 사실을 존중하여, 초월적 유사성을 기준으로 근대 이후 현대시가 이를 수사학적으로 어떻게 대응하여 왔는지를 검토하고자 한다. 이는 현대시에서 비유의 본질에 대한 인식과 그것의 통시적 전개를 이해하는 데 도움을 줄 것이다.

2. 전통적 관점의 초월적 유사성

비유는 비유 기의와 비유 기표를 연계시키는 표현 방식이다. 김준오는 이 연계의 방식 혹은 성격을 "두 사물 사이의 유사성

---

[2]. "유에서 종으로, 종에서 유로, 종에서 종으로, 또는 유추에 의"한 은유이다. Aristoteles, 이상섭 옮김, 위의 책, 70-71쪽.

또는 연속성" 혹은 "동일성"[3]이라 부른 바 있다. 이 개념들이 비유의 본질을 다루는 데 중요한 의미를 지니므로, 그 의미를 명확하게 이해하기 위해 구체적인 예를 통해 살펴보고자 한다.

> 어느 가을 이른 바람에
> 이에 저에 떠딜 잎처럼
> 한 가지에 나고
> 가는 곳 모르온저
>
> ─ 월명사, 「제망매가」 부분(양주동 해석)

위의 시에는 직유와 은유가 동시에 사용되고 있다. 표면적으로는 비유 기표 '잎'을 통해 비유 기의 '누이'를 가리키는 직유가 사용되었다. 이때 비유 기의('누이')가 시에 직접적으로 제시되지 않고 있지만, 제목('제망매가') 혹은 배경 설화를 통해 쉽게 파악할 수 있다. 비유 기의가 생략되었기 때문에 시에서는 나무 관련 어휘(가지, 잎)만이 등장한다. 그러나 이 어휘들로 구성된 담론이 대상의 묘사에 그치지 않고, 애초에 하나의 비유 기표를 이루어 또 다른 비유 기의를 제시하고 있다. 즉 비유 기표 '나무'라는 식물계 심상은 비유 기의 '부모·형제'라는 인간계 심상을 나타내는 은유로 기능하고 있는 것이다. 이런 은유('나무는 부모·형제다')를 바탕으로 하여 직유('누이는 낙엽처럼 알 수 없는 곳으로 떠나갔다')가 성립하고 있다. 이처럼 이 비유는 모두 인간계 비유 기의와 식물

---

3. 김준오, 『시론』(제4판), 삼지원, 2000, 175쪽.

계 비유 기표를 연계시킴으로써 성립된다.

  이와 같은 비유적 연계에 대해 김준오는 '유사성', '연속성', '동일성'을 등가의 개념으로 설정하고 있지만, 정확하게 따지자면 의미상 차이를 지닌다. 이 개념들의 관계를 명확하게 하는 데 T. E. 흄의 실재계 도식이 역설적으로 도움이 된다. 주지하다시피 흄은 실재계가 3개의 영역으로 구성되어 있다고 주장하였다. 즉 ①수학·물리학의 무기적 세계(물리 세계), ②생물학·심리학 및 역사의 유기적 세계(생명 세계), ③윤리 및 종교적 가치의 세계(종교 세계)가 그것이다.[4] 그는 이 각각의 세계가 어떠한 연속성도 지니지 않고 단절되어 있기 때문에, 이 세계를 서로 중첩시키거나 연계하는 것은 혼동이자 오류에 불과하다고 본다.

흄의 불연속적 실재계 도식

---

4. T. E. Hulme, 박상규 역, 『휴머니즘과 예술철학에 관한 성찰』, 현대미학사, 1993, 19쪽. 이 책에서 'discontinuity'를 '불연속성', '비연속성' 등으로 번역하는데, 여기에서는 '불연속성'으로 통일한다.

흄이 실재계의 '불연속성'을 강조하기 위해 이 도식을 마련하였지만, 그의 의도와 달리 이 도식은 비유의 본질을 설명하는 데 도움이 된다. 비유는 비유 기표와 비유 기의가 어느 실재계에 속하는지 여부와 상관없이 두 대상을 무차별적으로 연계시킨다. 비유는 흄이 비판해 마지않았던 실재계의 연속성에 바탕을 두고 이루어지는 문학적 행위인 것이다. 앞의 비유에서 연속성은 ②의 생명 세계 내의 하위 범주인 '인간계'와 '식물계'의 연계에서 이루어지고 있다. 식물을 일종의 물리적 대상으로 처리한다면 ②의 생명 세계와 ①의 물리 세계 사이의 연속성으로 볼 수도 있다. 비유는 이처럼 실재계의 불연속성을 비웃듯이 전혀 다른 실재계나 대상을 자유롭게 연계시키는 표현 방식이다.

비유적 연계를 통하여 발생하는 두 실재계 혹은 대상의 결합을 가리키는 개념이 '연속성'이다. 그리고 서로 다른 실재계에 속하는 대상(혹은 같은 실재계의 서로 다른 대상)은 각각 고립되거나 절연되지 않고 보이지 않는 어떤 '공통적인 자질'을 통해 서로 연계되는데, 이 자질이 바로 '유사성'이다. 비유는 이 유사성이라는 자질을 통로로 삼아 비유 기표와 비유 기의의 연속성을 획득한다. 그리고 이 유사성과 연속성을 통해 확인되는 두 대상의 본질적인 동질성을 가리켜 '동일성'이라 할 수 있다. 동일성은 주체와 대상 혹은 대상과 대상의 관계를 차별성이 사라진 혼융한 상태로 파악하는 세계관의 한 양식으로서, 시의 본질(서정성)과 직결되는 개념이다. 그래서 "시적 세계관(시정신)의 본질은 자아와 세계의 동일성에 있으므로 비유적 언어야말로 가장 시적인 언어이며 시의 대표적 장치가 된다"[5]는 주장이 가능해진다.

비유의 유사성(연속성, 동일성 포함)을 김준오와 같이 이해하는 시각은 전통적인 관점이다. 이런 관점은 그 유사성이 현상적인 세계 이면에 존재하는 잠재적 차원에서 이미 주어진 것으로 해석한다. 그 근거는 총체성, 즉 "자연과 인간이 조화된 원초적 통일성"(61), 궁극적으로 "하나이면서 전체인 우주의 일체성"[6]이다. 현상계의 이질성 너머 본질계에서 유사성이 이미 확보되었기 때문에 현상적으로 아무리 그 거리가 멀어 보이는 비유적 연계라 하더라도 필연성과 타당성을 지닌다. 시는 현상계에서 감추어진 이 연계를 직관적으로 표현하는 갈래가 된다. 후고가 제시하고 있는 "은유란 아직 보이지는 않았지만 존재하는 두 대상 사이의 유사성의 발견"[7]을 의미한다는 의견도, 보이지 않는 초월적 차원의 연계를 전제한 전통적인 관점의 연장이라 할 수 있다. 이처럼 비유적 유사성에 대한 전통적인 관점은 기본적으로 초월적인 성격을 지닌다. 이런 초월적 유사성이 인정될 때, "말을 건넬 수 있고 잠재적으로 반응할 수 있는 우주를 가정하는 서정시의 위상"이나 시인의 "예언자적 자세"가 이해될 수 있다.[8]

---

5. 김준오, 앞의 책, 176쪽.
6. Jérome-Antoinne Rony, 吉田禎吾 譯, 『呪術』, 東京, 白水社, 1957, 32쪽.
7. Hugo Friedrich, 장희창 옮김, 『현대시의 구조』, 지식을만드는지식, 2012, 177쪽. 후고는 이 말이 은유의 탈초월화를 뜻한다고 해석하는데, 적절한 언급이라 보기 어렵다. 이 번역본은 원서를 발췌 번역한 것으로서, 많은 내용을 생략한 것이 흠이지만 전체적인 맥락은 유지하고 있다. 전체 번역을 보고 싶다면 Hugo Friedrich, 전광진 옮김, 『근대시문학론』, 을유문화사, 1975 참조.
8. Jonathan Culler, *Theory of the Lyric*, Harvard University Press, 2017, 8, 190쪽 참조. 컬러는 돈호법에 주목하는데, 그것은 "서정시 전통의 중심에 자리 잡고 있으며, 그 전통의 예언적 측면, 즉 시적 가정의 절정

이런 관점을 이해할 때, 시와 주술(마법)을 동일시하는 주장을 과장된 견해라 볼 수 없을 것이다.[9] 로니가 "시인은 자기에 대해 반성하고자 할 때에는 항상 자기가 사물의 감추어진 통일성과 결부되어 있음을 느낀다. 그래서 시인은 주술사이다"[10]라고 단언한 것이 좋은 예가 된다. 프레이저가 모든 주술을 '공감 주술(Sympathetic Magic)'이라 부르고, 이것을 "사물이 어떤 신비스런 공감에 의해서, 그러니까 일종의 불가시의 에테르처럼 보여지는 사물을 매개로 하여, 하나의 사물에서 다른 것으로 전이되는 충동에 의해서, 상호작용을 일으키는 것"[11]으로 설명한 적이 있다. 이 설명을 동일성에 바탕을 둔 비유적 연계 원리에 대한 해설로 보아도 적절해 보인다. 야콥슨이 주술의 두 원리, 즉 유사의 법칙과 접촉의 법칙(혹은 감염의 법칙)을 각각 은유와 환유에 대응시킨 것도 이런 유사성 때문이다.[12]

으로서 온갖 사물들을 불러일으키고, 그리하여 우주의 잠재적인 반응 가능성을 가정하는 것을 나타내는"(190) 수사법이기 때문이다. 이때 말을 건네는 발화 형식으로서 'address'라는 개념이 중요한데, 필자는 이를 명사일 때는 '말걸기', 동사일 때는 '말 걸다'로 번역한다.

9. 파스는 "인간과 세계, 의식과 존재, 존재와 실존의 최종적인 동일성은 (…) 주술과 시의 뿌리"라 하고, 오르테가 이 가세트도 "은유는 인간이 소유한 가장 위대한 힘"으로 "마술에 근접한 것"이라 한 바 있다. Octavio Paz, 김홍근·김은중 옮김, 『활과 리라』, 솔출판사, 1998, 137쪽; Hugo Friedrich, 『현대시의 구조』, 176쪽.
10. Jérome-Antoinne Rony, 앞의 책, 124-125쪽; 이몽희는 "시인은 주술사이며 시는 주술의 결과 얻어진 계시이거나 그 무엇"이라고 단정하기도 한다. 이몽희, 「신화와 성무사례 및 현대시의 주술성」, 『논문집』 14, 부산경상전문대학, 1994. 18쪽.
11. J. G. Frazer, 김상일 역, 『황금가지』, 을유문화사, 1983, 43쪽.
12. Roman Jakobson, 신문수 편역, 『문학 속의 언어학』, 문학과지성사,

따라서 은유계 비유(은유, 제유, 상징 등)와 환유계 비유(환유, 우의, 반어 등)의 차이를 극단적으로 강조하는 탈근대주의 수사학은 전통적인 관점에서 볼 때 인정하기 어렵다.[13] 동일한 초월적 세계관, 즉 동일성의 사유를 바탕으로 삼고 있는 은유와 환유는 두 세계의 연속성을 보여 주는 다른 표현 방식일 뿐이기 때문이다. 이는 유사성(은유)에 바탕을 둔 모방 주술이나 인접성(환유)에 바탕을 둔 감염 주술이 모두 두 대상의 연속성을 전제로 하는 공감 주술의 하위 범주인 것과 마찬가지다. 구체적인 활용에서 은유나 환유가 차이를 보인다고 해도, 그것은 풍부한 표현을 위한 수사학의 다양한 분기가 가져온 표면적인 차이에 불과하다. 고대의 수사학이 비유의 하위 구분을 자세하게 하지 않은 것도 이런 본질적인 세계관에 주목하였기 때문이라 할 수 있다. 동양의 한자 문화권에서 다양한 비유를 '부비흥(賦比興)'의 '비(比)'라는 개념 하나로 처리하였던 점이나, 고대 그리스에서 아리스토텔레스가 설명한 것처럼 비유를 '메타포'라는 개념 하나로 통괄하였던 것도 이런 까닭이라 할 수 있다.[14]

1989, 115쪽.
13. 탈근대주의 비평가인 폴 드 만은 은유를 주체와 객체의 환각적 동일시에 바탕을 둔 비유로 비판하며, 인접성, 우연성을 기반으로 하는 환유와 시간성을 본질로 하는 우의, 반어 등을 은유와 대립시키고 있다. 더 구체적인 논의는 후술함.
14. 이런 경향은 현재에도 간혹 나타나는데, 바슐라르의 경우가 대표적이라 할 수 있다. 그는 '메타포'라는 개념을 "전의 전체를 나타내는 뜻"으로 사용하고 있다. Gaston Bachelard, 곽광수 옮김, 『공간의 시학』, 민음사, 1990, 105쪽, 각주 (22) 참조.

3. 이미지즘 수사학의 탈초월화 경향

그러나 비유의 초월성은 근대에 들어 부정의 대상이 된다. 흄이 불연속성의 실재계를 제시한 것은, 이성주의와 과학주의에 근거한 "탈마법화(disenchantment)"[15]라는 근대적 기획에 따라 기존 세계관을 비판하는 추세와 맞물려 있다. 리처즈 역시 근대에 들어 이전의 '마법적 세계관(the magical view of the world)'이 과학적 세계관으로 변화되었다고 보며, 이 변화를 '자연의 중립화'라 부른 바 있다[16] 탈마법화 혹은 자연의 중립화가 이루어지면서 비유의 초월성은 비합리적인 것으로 평가되는데, 문학에서 이를 실천한 이가 T. E. 흄이며, 그로부터 탄생한 문예사조가 이미지즘이다.

이미지즘은 여러 면에서 중요한 문학사적 의미를 지니지만, 특히 비유의 본질과 관련해서 초월적 유사성을 공식적으로 거부하였다는 점에서 주목할 만한 의미를 지닌다. 이런 거부는 이미지즘의 낭만주의 비판으로부터 시작한다. 이미지즘의 주창자로서 흄은 실재계의 본질이 '불연속성'에 있다고 판단하여, 불연속적인 영역을 자의적으로 연계하는 낭만주의를 신랄하게 비판한 바 있다. 그가 볼 때 낭만주의는 ③의 종교 세계를 ②의 생명 세계와 혼동하는 오류, 즉 "인간적인 것과 신적인 것을 분명히 구별짓지 않고 혼동"하는, 즉 "본래 비인간적인 것에 소속되어 있

---

15. Max Horkheimer & Theodor W. Adorno, 김유동 외 옮김, 『계몽의 변증법』, 문예출판사, 1995, 23쪽.
16. I. A. Richards, 이국자 옮김, 『시와 과학』, 이삭, 1983, 44-52쪽.

는 '완전성'을 끌어넣음으로써 인간관계의 명백한 모습을 흐리게 하는"[17] 오류를 범하고 있기 때문이다. 그는 낭만주의의 대안으로 인간의 유한성을 강조하는 고전주의를 제시하며, 문화 예술에 있어서 고전주의의 부활을 강조하고 있다.

고전주의를 바람직한 세계관의 일종으로 인정하는 흄의 관점에서 볼 때 이상적인 시는 어떤 것일까. 흄은 「낭만주의와 고전주의」라는 글에서 다음과 같이 언급하고 있다.

> 그래서 내가 시에서의 고전적이라고 하는 것은 다음과 같은 것이다. 곧 가장 상상적인 비상을 하고 있는 가운데도 언제나 억제하는 것, 머뭇거리는 것이 있는 것을 말한다. 고전적 시인은 이러한 유한성을, 인간의 한계를 결코 잊지 않는다. (108)

흄은 상상력의 자유를 최대한 허용한다고 하더라도 인간의 유한성에 대한 인식을 결코 포기해서는 안 된다는 점을 고전주의 시의 기본적인 규범으로 강조한다. 상상력의 가치를 인정하면서도 그것의 범위를 명확하게 제한한 것이다. 인간의 가능성을 과대평가하여 상상력의 비약 속에서 무한성의 세계로 초월해 버린다면, 이것은 낭만주의 시인들처럼, ②의 생명 세계와 ③의 종교 세계를 혼동하는 오류를 범하는 것이 되기 때문이다. 그는 셰익스피어의 「심벨린」에 나오는 시 구절을 예로 들어 더 구체적으로 설명한다.

---

[17] T. E. Hulme, 앞의 책, 23쪽.

그 반대의 것, 곧 전통의 고전적 정신 가운데서 씌어진 시의 본보기로서 나는 「심벨린」에서 "이젠 걱정하지 마라, 따가운 햇살도"로 시작하는 노래를 들 수 있다. 하지만 나는 다만 이것을 비유로서 쓰고 있을 따름이다. 나는 내가 이 자리에서 말하는 것을 어디까지나 진정으로 말하는 것은 아니다. 최후의 두 줄-- "황금의 청년도 소녀들도 모두 굴뚝청소부와 같이, 먼지로 돌아가네"를 들어보라. 그런데, 낭만주의자라면 결코 이렇게 쓰지를 않았을 것이다. (109)[18]

「심벨린」에 등장하는 노래는 나이나 지위 고하를 막론하고 인간은 누구든지 결국 '먼지로 돌아가는' 유한한 존재임을 이야기하고 있다. 이처럼 인간의 유한성에 대한 인식을 바탕으로 삼고 있는 시가 바람직한 시, 즉 고전주의적인 시가 된다. 상상력이 무한하게 확장된다고 하더라도 섣불리 무한의 세계에 몰입하지 않는 절제의 정신을 견지하는 것이 고전주의적 시의 핵심이라 할 수 있다. 흄이 강조하고 있다시피 이것은 하나의 비유(parable)에 불과하므로 시에 대한 모든 설명을 대신할 수는 없겠지만, 흄이 생각하는 바람직한 시의 대략적인 모습을 짐작하게 해 준다는 점에서 의미가 있다.

---

18. 원 노래는 다음과 같다. "뜨거운 햇볕도 무서워 말고/겨울의 모진 바람 겁내지 마라./세상의 힘든 일 모두 끝내고/삯돈 받아 집으로 돌아갔으니/황금 부자 아이나 굴뚝 쑤시개/누구나 똑같이 흙이 된단다." 윌리엄 셰익스피어, 이상섭 역, 『셰익스피어 전집』, 문학과지성사, 2016, 1550-1551쪽.

흄의 이와 같은 사상적 경향을 한마디로 요약한다면 '탈초월화', '탈마법화(탈주술화)'라 할 수 있다. 1930년대에 평론가 최재서는 흄의 이론을 요약하면서, 그 글의 마지막 부분에서 고전주의의 부활을 "시의 죽음"[19]이라고 평가하고 있는데, 이는 한마디로 초월성의 죽음이라는 의미로 해석해도 무방하다. 그러므로 우리는 흄을 이성주의와 과학주의에 근거한 탈마법화라는 근대적 기획을 예술 분야에서 실천한 인물로 평가할 수 있으며, 그가 주도한 이미지즘을 과학주의의 시적 번역이라 할 수 있다.[20] 또한 흄의 이런 사상이 반영된 이미지즘의 이념을 한마디로 탈초월화, 탈마법화라 할 수 있다.

이런 탈마법화의 기획 아래 비유도 새로운 운명을 맞을 수밖에 없다. 이 운명을 잘 보여 주는 것이 데리다, 폴 드 만 등의 이론일 것이다. 이들이 낭만주의에 대한 근본적인 거부감을 지니고 있다는 점에서 흄의 후예라 할 수 있다. 흄이 비유에 대하여 구체적으로 언급한 바가 없기에, 여기에서는 폴 드 만의 논의를 중심으로 비유의 문제를 다루고자 한다.

폴 드 만에 따르면, 낭만주의자에게 은유와 상징의 언어는 생명이나 창조성이라는 긍정적인 가치와 연계되는 언어이자, 자의적 기호의 우연성과 인접성과는 대척적인 지점에 놓이는 언어로

---

19. 최재서, 「현대 주지주의 문학이론의 건설」, 『조선일보』, 1934. 8. 5-12; 김윤식 편, 『한국현대모더니즘 비평선집』, 서울대학교출판부, 1991, 18쪽.
20. 1930년대 초반에 미국 유학을 한 바 있는 한흑구가 1936년에 모더니즘을 "과학주의 실용주의 등의 현대사상"으로 정리하고 있는 것도, 유럽 아방가르드와 전혀 이질적인 결을 지닌 영미 모더니즘에 대한 정의라 할 수 있다. 한흑구, 「모던이즘의 철학」, 『신조선』, 1936. 1, 76쪽.

인식되었다.[21] 그러나 폴 드 만은 은유, 상징에 대한 이런 인식이 "비자아와의 환각적 동일시(an illusory identification with non-self)"[22]라는 착각에 기반한 것이라며 신랄하게 비판한다. 이 '환각적 동일시'는 비유의 초월적 유사성에 대한 직접적인 비판이다. 이에 따르면 비유의 유사성이 선험적으로 주어졌다고 하는 생각은 증명되지 않은 일종의 환각에 불과하다. 따라서 시의 본질인 자아와 세계의 동일성도 부정될 수밖에 없다. 그는 이와 같은 환각적 연속성을 부정하고 그 대안으로 이른바 "비-자기기만적 비유들(un-self-deluded figures)"[23]을 제시한다. 그것은 환유를 포함하여 자신이 '시간성의 수사학'으로 부르는 우의, 반어 등이다.[24] 환유는 인접성, 우연성을 기반으로 한다는 점에서, 우의나 반어는 시간을 본질적 구성 범주로 삼는다는 점에서, '환각적 동일시'에 대한 비판적 대안이 된다. 이런 경향에 따라 환유가 현대시의 주류적인 비유로 떠올랐으며, 이런 경향의 시를 '환유 시'[25]라 부르기도 한다. 이런 비판은 흄의 탈초월화, 탈마법화의 경향을 계승한 것이라 할 수 있다.

---

21. Christopher Norris, *Paul De Man*, Routledge, 1988, xviii쪽.
22. Paul de Man, "The Rhetoric of Temporality", *Blindness & Insight*, Methuen, 1983, 207쪽.
23. Christopher Norris, 앞의 책, xvi쪽.
24. 환유는 「기호학과 수사학」, 「독서(프루스트)」(『독서의 알레고리』 수록)에서, 우의와 반어는 「시간성의 수사학」(『맹목과 통찰』 수록)에서 집중적으로 다루어진다. Paul de Man, 앞의 글; "Semiology and Rhetoric", "Reading(Proust)", *Allegories of Reading*, Yale U.P., 1979 참조.
25. 김준오는 환유 시를 "현실의 파편들로써 삶의 전체상을 대신하며, 시적 자아의 간섭을 배제하여 미적 거리를 무화시킨 문제적인 시 유형"이라 부른다. 김준오, 앞의 책, 359쪽.

환각적 동일시를 비판하는 탈근대주의적 입장에 선다면 비유는 구체적으로 어떤 양상을 취하게 될까. 우리는 그것의 좋은 예를 흄의 창작시에서 찾아볼 수 있다.

> 가을 밤의 써늘한 감촉―
> 나는 밖으로 나가 걸었다.
> 그리고, 불그스름한 달이 산울타리에 기댄 것을 보았다.
> 불그레한 얼굴의 농부처럼.
> 나는 멈춰 서서 말하지는 않고 머리를 끄덕였다.
> 그리고 둘레에는 생각에 잠긴 별들이 있었다.
> 도회지의 아이들처럼 하얀 얼굴을 하고.
>
> ― T. E. 흄, 「가을」 전문[26]

이 시는 심상의 명쾌함을 보여 준다는 점에서 전형적인 이미지즘 작품이라 할 수 있다. 흄은 이 작품을 포함하여 자신의 시 다섯 편을 예시로 삼아 자신이 구상하고 있는 이미지즘 시론을 설명하였다고 한다.[27] 이 짧은 시에 비유가 내용 대부분을 차지하고 있는데, 그 비유는 구체적으로 비유 기의 '달', '별'을 비유 기표 '농부의 얼굴', '아이들의 얼굴'로 표현하고 있는 수사법(직유)이다. 흄의 세계관을 생각한다면 이 시에 왜 이런 비유가 전

---

26. T. E. Hulme, 앞의 책, 233쪽.
27. 다섯 편의 시는 「가을」, 「마나 아보다」, 「부두 위쪽」, 「제방」, 「개종」이다. 김재근, 『이미지즘 연구』, 정음사, 1973, 29쪽. 물론 '이미지즘'이라는 명칭은 이후에 붙여진 것이다.

경화되어 있는지 짐작할 수 있다. 먼저, 가을밤의 하늘 풍경을 될 수 있는 한 주관을 배제하고 객관적이고도 즉물적으로 묘사하는 데 도움이 되기 때문이다. 달과 별을 '불그레한 농부의 얼굴'이나 '도회 아이들의 하얀 얼굴'에 비유한 것은 달과 별의 표면적 색깔을 선명하게 보여 주려는 시도라 할 수 있다. 다음으로 낭만주의에서 무한성의 예시로 자주 등장하는 자연물인 '달', '별'을 탈초월화하고 탈무한화(脫無限化)하는 데 적절하기 때문이다.[28] 전통적인 비유에서 달이나 별은 천상계에 존재하는 초월적인 대상으로 취급되는데(서정주의 「동천」이 대표적이다), 이를 농부나 도시 아이의 얼굴로 나타내면서 세속화시키고 있다. 즉 이런 비유는 "상상적인 비상을 하고 있는 가운데서도 언제나 억제하는 것, 머뭇거리는 것"[29]을 보여 주는 데 적절한 탈마법적 수사학인 것이다. 흄의 대표작이 대부분 이런 비유 방식을 선호하고 있다는 점에서, 이런 해석은 단순한 추측이라 할 수 없다. 한국의 이미지즘 시에서도 유사한 표현이 존재한다.

(가) 양철로 만든 달이 하나 수면 위에 떨어지고
    부서지는 얼음 소리가
    날카로운 호적(呼笛)같이 옷소매에 스며든다. (…)

---

28. 달과 별의 탈신비화는 상상과 공상 중 후자를 선호하는 흄의 사상과 관련이 있는데, 이 역시 흄의 탈초월화의 경향과 관련이 있다. 전홍실, 『영미 모더니스트 시학』, 한신문화사, 1990, 73-74쪽 참조.
29. T. E. Hulme, 앞의 책, 108쪽.

여윈 추억의 가지가지엔

조각난 빙설(氷雪)이 눈부신 빛을 하다.
— 김광균, 「성호(星湖) 부근」(1937) 부분

(나) 밤은 마을을 삼켜 버렸는데

개구리 울음 소리는 밤을 삼켜 버렸는데

하나 둘 … 등불은 개구리 울음 소리 속에 달린다

이윽고 주정뱅이 보름달이 빠져 나와

은으로 칠한 풍경을 토한다
— 김종한, 「고원(故園)의 시」(1939) 전문

 (가)에서는 '달'을 '양철(로 만든 물건)'에, (나)에서는 '보름달'을 '주정뱅이'에 비유하고 있다. 둘 다 대상의 현상적인 양상을 객관적이고도 즉물적으로 제시하는 데 치중하고 있다. 흄의 비유와 유사하긴 하지만, 이는 결코 영향 관계나 우연적 일치에서 생긴 결과가 아니다. 무한성과 감상벽(感傷癖)으로부터 거리를 두고, 명확하고 건조한 심상의 객관적 제시를 목적으로 하는 이미지즘의 시학에 입각할 때, 이런 비유의 탄생은 시공과 무관하게 필연적이기 때문이다. 이런 시학의 본질은 탈초월화 혹은 탈마법화로서, 무한성의 환각적 동일시를 고발하고 그것을 유한성으로 제약하는 데 있다. 이 본질에 충실할수록 그 결과는 필연적으로 유사해질 수밖에 없는데, 이 본질이 비유의 제약으로 이어지기 때문이다. 유한성 제시의 한 방식으로 세속적 세계의 질료들,

그것도 전통이나 시간의 아우라에서 벗어난 근대적 질료들을 비유 기표로서 적극 도입할 수밖에 없는데, 그 결과 유사한 표현이 발생할 수밖에 없다는 것이다. 즉 비유의 방식이 결정되어 있고 그 소재(즉 현대 문명이 산출한 소재)까지 정해져 있다면 유사한 비유의 발생은 피할 수 없게 된다. 다른 예를 들어 보기로 하자.

(다) 길은 한줄기 구겨진넥타이처럼 푸러져

눈부신 日光의폭포속으로 사라지고

— 김광균, 「추일서정(秋日抒情)」 부분(『인문평론』, 1940. 7)

(라) 길은 넥타이처럼 지쳐 마을에 다다르고, 우체국의 지붕은 빛의 셔츠를 입고 풍향계의 페달을 밟기 시작한다.

— 하루야마 유키오, 「골판지로 만든 꽃다발」 부분[30]

(다)는 김광균의 「추일서정」에 나오는 유명한 구절이다. 이것은 (라)의 일본 시인 하루야마 유키오의 시 구절과 상당히 유사하다. 시간의 선후를 볼 때 전자가 후자를 모방하였다고 볼 수 있지만, 한편으로 이미지즘 비유의 제약 때문에 생긴 현상으로 보아도 무방하다. 길과 유사한 비유 기표를 근대 문명의 소재로 제한한다면 그 선택 범위는 넥타이, 허리띠, 리본 등으로 좁아질 수밖에 없을 것이다. 따라서 이런 표현의 유사성은 모방이나

---

30. "街道はネクタイのやうに疲れて村へ辿りつき, 郵便局の屋根は光りのシヤツを着て看風機のペタルを踏みはじめる.", 春山行夫, 「ボール紙でできた花束」, 『詩と詩論』 3, 1929. 3. 번역은 필자.

참조의 결과가 아니라 이미지즘 비유의 제약성 때문에 생긴 자연스러운 귀결로 보는 것이 더 설득력이 있다. 이와 관련하여 근대적 소재를 시에 적극적으로 수용하는 모더니즘의 경향을, 탈초월화라는 본질을 도외시하고 단순한 도회 취향으로 해석하는 관점의 한계도 지적해 둘 필요가 있다.[31]

그런데 흄의 이런 비유 운용 방식은 상당한 한계를 지닌다. 주지하다시피 이미지즘은 시적 심상을 정확하고 객관적으로 기술하는 데 목표를 두고 있다.[32] 그러나 이런 목표는 시에서 명확하고 견고한 심상을 얻게 하는 대신, 어떤 '관념'이나 '의미'의 희생을 요구한다. 즉 정확하고 명쾌한 묘사의 목적은 결국 "관념론(idealism)의 제거"[33]에 있기 때문이다. 그 결과 앞의 시에서 확인한 바처럼, 비유는 표면적인 감각에 집중함으로써 피상적이고도 평면적인 성격을 벗어날 수 없게 된다. 이미지즘의 이런 경향에 대한 가장 신랄한 비판으로, 블리스 페리의 다음과 같은 말을 제시할 수 있을 것이다.

---

31. 모더니즘의 의의를 도시 취향에서 찾는 김기림의 견해가 대표적이다. 모더니즘의 의미를 결론적으로 정리하는 글에서 그는 모더니즘을 "오늘의 문명 속에서 나서 신선한 감각으로써 문명이 던지는 인상을 붙잡"은 "도회의 아들"로 정의한다. 김기림, 「모더니즘의 역사적 위치」, 『인문평론』 1, 1939.10, 83쪽.
32. 이미지즘(영미 모더니즘)의 목표는 시어의 건조성(dryness), 견고성(hardness), 명확성(definiteness), 정밀성(precision), 정확성(exactness)이라 요약할 수 있다. 전홍실, 위의 책, 70쪽. 어휘 번역은 필자가 수정함.
33. Andrzej Gasiorek, *A History of Modernist Literature*, Hoboken: Wiley-Blackwell, 2015. 168쪽.

> 이미지즘 시의 근본적인 결함은 보편적인 사상이 결핍되어 있다는 것이다. 이미지즘 시의 대부분은 무한한 감수성을 지니고 있지만 참수당해 머리는 없는 개구리들이 쓴 것들이다.[34]

여기에서 말한 "보편적인 사상"이 심상의 전면적 부상을 위해 이미지즘에서 제거된 '관념'과 '의미'라 할 수 있다. 플린트가 밝힌 이미지즘의 첫 번째 강령, "주관적이든 객관적이든 '사물'을 직접 다룰 것"[35]이라는 요구에서 확인할 수 있듯이, 이미지즘은 대상에 대한 직접적인 제시를 강조하고 있다. 이는 대상을 관념 혹은 의미의 대리물로 사용해 오던 기존의 시적 관습을 부정하며, 대상 자체를 즉물적으로 묘사해야 한다는 요구이다. "이미지즘의 요점은 심상들을 장식으로 사용하지 않는 것"[36]이라는 에즈라 파운드의 말도 이와 관련된다. 이때 심상의 장식적 사용이란 관념이나 의미를 전달하는 수단으로 심상을 사용하는 행위를 가리킨다. 이는 모두 관념이나 의미의 배제를 암시하고 있다. 이와 같은 이미지즘의 경향을 슐라이퍼의 말을 빌려 한마디로 정리하자면, "깊이없음의 수사학(the rhetoric of depthlessness)"[37]이라 명명할 수 있다. 김기림이 이미지즘을 포

---

34. Bliss Perry, 맹문재 외 옮김, 『시론』, 푸른사상, 2019, 52쪽.
35. 김재근, 앞의 책, 18쪽.
36. Ezra Pound, "Vorticism", edited by Richard Ellmann and Charles Feidelson, Jr., *The modern tradition*, Oxford University Press, 1965, 149쪽.
37. Ronald Schleifer, *Rhetoric and Death-The Language of Modernism and Postmodernism Discourse Theory*, Illinois University Press, 1990, 61쪽.

함한 근대 문학 운동을 "철저한 미시적 사실주의"[38]로 파악한 것도 이런 한계와 관련되어 있다. 이 다양한 지적은 모두 비유의 탈초월화 경향을 지칭한 것이라 할 수 있다.

4. 근대 이후 초월의 귀환과 초과 현실

이미지즘이 문예사조로서 잠깐 유행하였지만 그 아래 깔린 세계관은 근대 문인에게 깊은 각인을 남겼다.[39] 비록 시간의 차이는 있지만 서구와 우리 문인에게 그 영향은 유사하다고 할 수 있다. 그래서 이미지즘이 부정한 비유의 초월성은 많은 문인에게 부정의 대상으로 존재하거나, 인정하더라도 일종의 수사학적 차원으로만 국한될 수밖에 없었다. 김동리가 "천상보다는 지상, 입체보다는 평면, 무한보다 유한을 본질로 삼게 된"[40] 과학적 실증주의에 압도된 문인들을 비판한 것도 이런 맥락이라 할 수 있다.

이런 추세에 따라 후고는 현대시의 비유가 이전의 비유와 완전히 단절되었다고 본다. 그는 초월의 유사성을 인정하는 견해(오르테가 이 가세트의 견해)가 현대시에서는 더 이상 유효하지 않

---

38. 김기림, 『김기림 전집 2』, 심설당, 1988, 69쪽.
39. "이미지즘은 라파엘 전파의 예술 운동 이래로 영시에 있어서 가장 잘 조직되고 가장 많은 영향을 끼친 운동"이라는 글렌 휴즈의 평가 참조. 김재근, 앞의 책, 10쪽.
40. 김동리, 「자연주의의 구경 — 김동인론」(1948. 6), 『문학과 인간』(김동리전집 7 평론), 민음사, 1997, 13쪽.

다고 주장한다.

> 왜냐하면 현대시는 은유를 통해 하나의 대상에 유사성을 환기시키는 것이 아니라 서로 떨어지려는 것을 강제로 결합시키기 때문이다. 현대적 은유는 그 지절(支節)들의 상이성으로부터 통일(언어적 실험 속에서만 도달할 수 있는)에로 나아가는 거대한 비약을 하는바, 그것도 가능한 한 극단적인 상이성으로부터의 통일을 원하면서, 그 자체로 인식하고 동시에 지양시키는 것이다.[41]

현대시가 부정하고 있는 유사성은 비유 기표와 비유 기의의 동일성에 기반하고 있는 초월적 유사성이다. 후고에 따르면 현대시는 이질성을 지닌 대상들을 강제적으로 결합하면서 기존의 비유와 완전히 단절된 새로운 비유를 탄생시켰다. 그는 이런 방식을 '몽타주 기법'이라 부른다. 이런 기법에 의한 강제적 결합으로서 현대적 비유는 실험실과 같은 자율적 세계를 구축하면서 '세계와의 관련성'도 스스로 단절한다. 그가 예로 들고 있는 것은 "폭풍우 치는 평원에서 신음의 뿌리들이 썩고 있다"(엘뤼아르), "혀는 그대 목소리의 그릇 속에 담긴 붉은 생선"(아폴리네르), "달은 강의 오랜 떨림을 천천히 수확한다"(웅가레티) 등등이다(179). 그러나 후고의 이런 평가는 탈마법화라는 근대적 기획에 입각한 '퍼즐 풀이'라는 점에서 한계를 지닌다. 후고가 보들레르의 시(「비상(飛上)」)에 나타나는 명확한 초월성조차 "신비주

---

41. Hugo Friedrich, 『현대시의 구조』, 177쪽.

의라는 전통의 힘"에 억압되어 나타난 것으로 보고, 이런 초월성을 '알맹이 없는 이상성'(공허한 이상성)으로 평가한 것이 좋은 예가 된다.[42] 이런 평가는 근대의 기획에 의한 일종의 왜곡이라 할 수 있다.

사실을 말하자면 비유의 초월성은 후고의 말처럼 그렇게 간단하게 종말을 고하지는 않았다. 많은 현대 시인(특히 서정시인)은 비유의 유사성이 단순한 수사학적 차원에 속하는 것으로 생각하지 않고, 그 속에 담긴 초월성을 직관적으로 이해하고 있었으며 지금도 그러하기 때문이다. 옥타비오 파스가 "시인과 마법사는 아날로지의 원리를 이용한다"[43]고 하였을 때, 이때의 아날로지(유추)를 초월적 유사성의 다른 이름으로 이해하는 것이 바람직할 것이다. 여기에서 현대 시인으로서 파스는 비유의 초월성을 다시 호명하고 있는 셈이다. 앞에서 제시한 김준오도 이런 흐름의 연장선상에 있다고 할 수 있다. 그러나 탈초월적 경향이 미만함에 따라 많은 시인은 초월성을 현실의 차원에서 전면에 내세우는 데 부담감을 느끼게 되었다.

현대 시인은 탈마법화의 패러다임이 장악하고 있는 시대에 초월성을 직접적으로 노출하지 않으면서 비유적 연계를 통해 이를 제시하는 새로운 전략을 택하였다. 그것이 바로 '초과 현실'의 제시이다. 시인은 동일성의 현실이 부정된 상황에서 그 세계를 개시(開示)하기 위해 합리주의적 관점에서 볼 때 일종의 과도하게 설정된, 혹은 "합리적인 정신이 결코 거기까지 가려고 하지

---

42. Hugo Friedrich, 『근대시문학론』, 66-67쪽 참조.
43. Octavio Paz, 앞의 책, 67쪽.

않는 과장점에 인도"[44]된 비유적 현실을 제시함으로써 현실성의 균형을 유지하고자 하는데, 이 현실이 바로 '초과 현실'이다. 합리적 정신이 유일하게 인정하는 이미지즘적 현실, 즉 일차원적이고 평면적인 현실을 넘어서 있다는 점에서 '초과'라는 명칭이 요청되는 것이다. 칼라일은 이 현실을 "자연적인 것이지만 실제로는 초자연적인 것"[45]이라는 말로 적절하게 설명하고 있다. 시인에게 이 현실은 일상적이고 실제적인 것이면서 동시에 평상시에 쉽게 포착되지 않는 비일상적 세계이기 때문이다. 초현실주의자들이 '초현실', 바슐라르가 '비현실'[46]이라 부른 것도 결국 동일한 현실이라 할 수 있다.

초과 현실은 비유적 언어로 구현된 초월성의 세계이다. 이 세계를 실증의 차원에서 해결할 필요는 없다(원칙적으로 해결할 수도 없다). 바슐라르가 제시한 '원초성'의 차원에서 이해하면 충분하다. 바슐라르는 합리주의적 시선으로 접근해서는 제대로 공감할 수 없는 심상의 근원적이고 보편적인 성격을 '원초성'이라 불렀다. 가령 그는 '집'을 '비천한 숙소'로 인식하는 것을 "어른이 된 우리들의 삶", 즉 합리주의적 시선이 개입된 결과로 평가하며,

---

44. Gaston Bachelard, 『공간의 시학』, 210쪽.
45. 토마스 칼라일, 「괴테의 작품들에 대한 에세이」; Bliss Perry, 앞의 책, 65쪽에서 재인용.
46. 바슐라르는 심상의 비일상적 측면을 '비현실성'이라 부른다. Gaston Bachelard, 『공간의 시학』, 177쪽. 바슐라르는 이외에도 "심층차원"(Gaston Bachelard, 정영란 옮김, 『대지 그리고 휴식의 몽상』, 민음사, 2002, 43쪽), "존재의 선행(antécédence)"(Gaston Bachelard, 김웅권 옮김, 『몽상의 시학』, 동문선, 2007, 138쪽), "이전 존재(daté-exitence)"(위의 책, 245쪽) 등을 유사한 개념으로 사용하고 있다.

그 대신 "그것의 원초성을, —부자이든 가난한 자이든 꿈꾸기를 받아들이기만 한다면 누구나 누릴 수 있는 그러한 집의 원초성을 참으로 살"[47]기를 제시한다. 이 원초성은 어린 시절에 주어진, "우주와 인간의 유대"(115)가 이루어지는 몽상적 기원이다. 어린 시절이 특정한 역사적 시기가 아닌 것처럼,[48] 원초성은 원형성 혹은 가능성의 개념으로서 초시간적 개념이라 할 수 있다.

초과 현실의 특성을 구체적으로 다루는 데 다음 작품들이 좋은 예시가 될 만하다.

(가) 땅에 배를 붙이고 낮은 곳으로 기어가는 물은 눈이 없다. 그
것은 순리(順理). 채우면 넘쳐 흐르고 차면 기우는 물의 진로
(進路). 눈이 없는 투명한 물의 머리는 온통 눈이다.

— 박목월, 「비유의 물」[49] 부분

(나) 동굴 따라 꾸불꾸불 길게 누운 어둠 속에서
이 딱딱한 바위도 한때는 흘러다녔구나.
어둠 구석구석을 꼬리치레도롱뇽처럼 기어다녔구나.
얼마나 아름다웠을까, 고드름으로 수세미로 버섯으로

---

47. Gaston Bachelard, 『공간의 시학』, 115쪽.
48. 바슐라르는 "모든 어린 시절은 동일하다. 인간의 어린 시절, 세계의 어린 시절, 불의 어린 시절은 모두가 역사의 줄기를 따라 흘러가지 않는 삶들인 것"이라고 적절하게 설명하고 있다.Gaston Bachelard, 『몽상의 시학』, 245쪽.
49. 판본마다 구절이 다른 부분이 있는데, 여기에서는 『박목월시전집』(서문당, 1984)에 의거한다.

꽃으로 아이스크림으로 마음껏 녹았었던 움직임들은.
한번도 머릿속에 들어가보지 못한 생각처럼
바위는 돌을 벗어나 유연하고도 자유로웠겠구나.
이제는 돌이킬 수 없는 형체가 되어
생각 속에 박힌 편견들처럼 튼튼해지고 말았구나
이제 저 부드러운 아이스크림은 깨어질지언정
다시는 움직여 꽃이 되지 못하리라.
물방울 떨어질 때마다 동그란 소리를 내며
퍼져 나가던 깊은 물은 그 물줄기들은
돌 속으로 들어가 돌과 섞이고 돌을 움직이더니
그 모습 그대로 영원히 돌이 되었구나.

— 김기택, 「종유석」 전문

 (가)에서는 물을 '전체가 눈으로 이루어진 상상의 동물'에 비유하고 있다. 이 비유가 성립하는 순간, 물이 흘러가는 일상적인 장면은 초자연적인 현실로 변형된다. 즉 물의 흐름은 투명한 뱀을 닮은 상상의 생명체가 "땅에 배를 붙이고 낮은 곳으로 기어가는" 생생한 현실이 되는 것이다. (나)에서는 현재 "딱딱한 바위"인 종유석에서 꼬리치레도롱뇽처럼 기어 다녔을 때의 생명력을, 그리고 고드름, 수세미, 버섯, 꽃, 아이스크림 등으로 자유자재로 변신하던 활력을 끌어내고 있다. 다채로운 비유를 통해 종유석이 하나의 혈기 왕성한 생명체처럼 살아 움직이는 생생함을 얻고 있다. 비유 기의(물, 종유석)와 비유 기표(동물)의 연계를 통해 새롭게 탄생한 이러한 혼융 상태의 세계가 바로 초과 현실이다.

이들 작품에서 나타나는 초과 현실은 일상 세계를 각기 다른 방식으로 효과적으로 제시하고 있다. 물이 '온통 눈으로 이루어진 투명한 동물'이 되고, 종유석이 꼬리치레도롱뇽이 되는 물활론적 현실을 합리주의적 시선으로 받아들이기가 어려울 수 있으나, 바슐라르가 말한 대로 몽상에의 참여를 통해 그 원초성에 도달한다면 이 표현들의 생생함을 자신의 삶 전체로 '살(生)' 수 있을 것이다(바슐라르는 심상의 완전한 수용을 '심상을 산다'고 한다). 이 작품에 감명을 받은 독자는 사실상 이 비유의 초과 현실을 즉각적으로 자신의 것으로 받아들이고 그것을 '산' 사람이라 할 수 있다.

초과 현실의 비유를 고려할 때, 이미지즘의 즉물주의적 비유가 지닌 한계도 명확해진다. 흄의 시에서 달과 별을 농부나 도시 아이의 얼굴에 비유한 것은 표면적 유사성을 명확히 드러낸다. 이런 표현에서 현실은 일차원적인 측면 그 자체로 존재하기 때문에 '초과'적 속성을 지닐 수도 없고, 그럴 필요도 없다. 이에 반하여 물이나 종유석과 관련된 비유적 연계는 일상적 관계를 뛰어넘는 연속성을 제시함으로써 현실의 입체적이고 다차원적 측면, 즉 초과 현실을 보여 준다. 이 연계는 애초에 표면적 유사성을 넘어선 차원을 겨냥하고 있다. 물과 종유석에 대한 비유는 외형적 유사성과는 거리가 있다. 그것은 처음부터 본질적 특성, 즉 사물의 내적 생명력을 끌어내는 데 집중할 뿐이다. 그런데도 의미나 관념론의 차원을 질료적 상상력을 통해 획득하면서 현상적 유사성이 저절로 확보되었다. 이런 효과를 가능하게 한 것이 바로 비유적 연계를 통한 초과 현실의 생성이다.

앞에서 설명하였듯이 이런 비유적 연계에서 비롯된 초과 현실은 연속성의 패러다임에 의해서만 포착되는 현실이다. 이것은 시간과 공간의 한계와 무관하다. 과거의 시인에게만 존재하고 근대의 시인에게는 존재하지 않는 현실이 아니라, 그런 패러다임의 수용이 이루어진다면 어느 시대 어느 공간의 시인에게도 포착 가능한 현실이다.[50] 그러나 앞의「제망매가」에서 보았듯이 연속성의 패러다임이 사람들의 사유를 장악하고 있었던 과거에는 비유가 일상적이면서 더 자연스러웠고, 불연속성의 패러다임이 일상화된 근대에 들어 그런 비유가, 위에 제시한 시나 김종삼, 김춘수의 유명한 비유에서처럼,[51] 더 의도적이며 강렬해졌다는 점은 인정할 수 있다. 그것은 연속성의 세계관에 대한 억압이 심해질수록 초과 현실의 표현이 더 집요해지기 때문이라 할 수 있다(후고의 은유 해석은 이런 특성을 과도하게 해석하여 그 불연속성을 과장한 경우라 할 수 있다).

초과 현실이 전제하고 있는 특성들의 개입으로 이 새로운 시학은 일종의 사상적 차원에 도달하게 된다. 이는 이미지즘 시학과는 명확하게 변별되는 특징이다. 흄이 표면적 비유를 통해 무

---

50. 근대 이전이라도 『삼국유사』나 「천지왕 본풀이」의 세계가 사람들(특히 유학자)에게 자연스럽게 받아들여지지는 않았을 것이다. 그 시기에도 『삼국사기』의 철저한 합리주의가 여전히 강력한 힘을 발휘하고 있었기 때문이다. 따라서 이때에도 이런 세계는 초과 현실의 성격을 지닌다.
51. "나의 본적은 늦가을 햇볕 쪼이는 마른잎이다/나의 본적은 차원을 넘어 다니지 못하는 독수리다."(김종삼,「나의 본적」); "사랑하는 나의 하느님, 당신은/늙은 비애(悲哀)다./푸줏간에 걸린 커다란 살점이다."(김춘수,「나의 하느님」). 필자는 이런 비유를 환유적인 것이 아니라 초현실주의적인 것으로 해석한다.

한성과 입체성을 세속화하거나 비유 기의의 명징성을 위해 비유 기표를 도구적으로 사용한 것은 결과적으로 비유를 수사학의 차원에 가두고자 한 의도 때문이다. 이는 초과 현실의 특성들에 대한 거부, 시학이 사상의 차원에 도달하는 것에 대한 경계와 관련이 있다. 흄의 경우에서 확인할 수 있듯이, 초과 현실의 비유는 탈마법화의 기획 속에 있는 합리주의자에게는 과장된 수사학일 뿐이다. 이런 관점이 만들어 내는 냉소적 반응은 바슐라르가 이미 예상한 바 있다.[52]

그래서 초과 현실을 드러내는 현대의 비유 사용에 대한 더 중요한 의미 부여가 가능하다. 즉 시인들의 비유적 연계를, 새로운 표현을 창안하는 수사학적, 미학적 행위로 보는 데서 한 걸음 더 나아가, 근대 합리주의의 탈마법화에 대한 일종의 저항으로 평가할 수 있다는 것이다. 그렇게 볼 때, 비유 행위는 공고한 '깊이 없음'의 세계, 계량화되고 탈신비화된 세계 속에서 그 이면에 억압된 세계를 활성화시키고, 새로운 인식 지평을 열어젖힘으로써 근대의 불연속적 세계에 균열을 가하는 행위가 된다. 이제 초과 현실을 생성하는 비유의 사용은 미적 자율성의 범주를 벗어나서, 미완의 현실을 수정하기 위한 실천적 개입이라는 의의를 지니게 되는 것이다. 그 결과 비유는 수사학이 아니라 윤리학의 층위에서 재검토되어야 한다. 이것이 근대에 들어 변화를 맞이한 비유

---

52. "— 〈되지도 않는 이야기야! 알맹이 없고 허튼 시 나부랭이들이지. 현실하고는 관계도 없는 시들이란 말야.〉 실증적인 인간에게는 일체의 비현실적인 것은, 그 형태들이 비현실성 속에 빠뜨려지고 잠겨, 서로 비슷비슷할 따름이다." Gaston Bachelard, 『몽상의 시학』, 177쪽.

의 새로운 운명이자 동시에 근대 미학의 운명이라 할 수 있다.

5. 마무리

지금까지 비유의 초월적 유사성에 대하여 현대시가 어떻게 수사학적으로 대응하여 왔는지 살펴보았다. 먼저 김준오의 개념들(유사성, 연속성, 동일성)을 검토하면서, 유사성을 초월적 차원에서 이해하는 전통적 관점의 구체적인 내용을 살펴보았다. 또한 이런 전통적인 관점을 비판하는 흄의 불연속적 실재관과 이미지즘 이론을 검토하였으며, 이후 탈마법화의 기획에도 불구하고 현대 시인들이 초월성을 새로운 방식으로 소환하는 방식과 의의를 다루었다.

이 논의의 가치는 비유적 연계가 발생론적으로 초월적 세계관의 영향으로 이루어졌으며, 그 영향력이 현대시에서도 여전히 유지되고 있음을 확인한 데 있다. 필자는 현대 시인들의 비유 사용을 단순한 수사학적 관습의 결과로 보지 않고 이전 세계관의 무의식적 계승으로 본다.

주제 시는 송찬호의 「늙은 산벚나무」로서, 산벚나무와 곰의 유사성을 비유적으로 연계할 때의 인식 상태를 잘 묘사하고 있다. 비유 기표와 비유 기의는 단순한 수사학적 관계가 아니라 초월적 유사성의 관계로 맺어진 것으로 그 관계가 너무 절묘하여, 이 둘은 산벚나무이면서 동시에 늙은 곰이며 또한 산벚나무도 늙은 곰도 아닌 상태가 된다. 이는 연속적 세계관을 바탕으로 하지 않으면 나오기 힘든 사유로서, 이 작품은 그런 세계관의 현재 상태를 보여 준다는 점에서 의의가 있다.

9. 숭고 혹은 초월 감각

저물도록 학교에서 아이 돌아오지 않아
그를 기다려 저녁 한길로 나가보니
보오얀 초생달은 거리 끝에 꿈같이 비껴 있고
느릅나무 그늘 새로 화안히 불밝힌 우리 집 영머리엔
북두성좌의 그 찬란한 보국(譜局)이 신비론 폿대처럼 지켜 있나니
때로는 하나이 병으로 눕고
또는 구차함에 항상 마음 조일지라도
도련도련 이뤄지는 너무나 의고(擬古)한 단란을
먼 천상(天上)에선 밤마다 이렇게 지켜 있고
인간의 수유(須臾)한 영위(營爲)에
우주의 무궁함이 이렇듯 맑게 인연 되어 있었나니
아이야 어서 돌아와 손목 잡고
북두성좌가 지켜 있는 우리 집으로 가자

— 유치환, 「경이(驚異)는 이렇게 나의 신변에 있었도다」 전문

1. 숭고, 초월 감각의 호명

시론에서 숭고를 중요 개념으로 다룬 경우는, 필자가 아는 한, 지금까지는 없었다. 이것은 국내외를 막론하고 마찬가지가 아닌가 한다.[1] 그러나 필자는 숭고가 시론의 최종 심급이라 판단한다. 시가 지닌 여러 형식적, 내용적 특질을 파악하면 할수록 시의 최종 목적은 일상적 자아의 고양이라는 한 가지 방향으로 귀결되어 감을 확인할 수 있기 때문이다. 형식적 측면에서는 현재 시제의 숭고성, 시적 화자의 고양성에서 이를 확인할 수 있을 뿐 아니라, 내용적 측면에서는 서정성, 심상, 비유 등에 내재한 초월성에서도 확인할 수 있다. 그리고 이런 속성은 기존에 완료된 것의 흔적으로서가 아니라 현재도 작동 중인 현재진행형인 속성으로 확인된다. 그래서 필자는 숭고를 시학의 중요한 기본 개념으로 다루는 것이 선택의 문제가 아니라 필수적 사항이라 판단한다.[2]

숭고는 원래 라틴어 'hypsous', 즉 '높은, 고귀한, 고양된'에서 파생된 단어로, 이것이 비평과 미학 용어로 사용된 것은 롱기누스(Longinus)로 전해지는 수사학자에 의해서이다. 그의 숭고론은 사상의 웅장함, 표현의 탁월함, 황홀 등을 중심 내용으로

---

[1] 시론서에서 숭고를 독립적인 사항으로 다룬 경우는 없지만 숭고를 언급한 사례는 있다. 조너선 컬러는 리듬과 관련해서 숭고를 언급한 적이 있다. Jonathan Culler, *Theory of the Lyric*, Harvard University Press, 2017, 165쪽 참조.
[2] 필자는 『시론』(예옥, 2011)에서 숭고를 독립된 항목으로 다루었으며, 현재의 개정판(『시론』, 울력, 2022)에서도 그대로 유지하고 있다.

삼고 있다. 그 핵심은 숭고가 인간적인 범위를 넘어서 있는 초월적 영역을 겨냥하고 있다는 점이다. 따라서 그런 영역을 추구하며 자신의 영혼을 고양하는 것이 인간의 의무가 된다. 롱기누스가 인간들이 "자신의 사멸하는 능력들을 칭송하고, 불멸을 계발하는 일을 무시하게 될 것"[3]을 우려한 것도 이 때문이다.

숭고의 가장 중요한 특성은 초월 감각이다. 이것은 초월성에 대한 미적 감수성, 혹은 미학 안에 융해된 초월성을 가리키는 말이다. 추상적인 개념이 아니라 감정과 감각, 혹은 정동의 질료성을 지닌 구체적 지향성이다. 즉 인간이 지니고 있는 초월적 지향성은 관념적인 차원에 놓인 것이 아니라 구체적이고 생생한 감각으로 내재해 있다는 것이다. 그러니 따로 초월을 지향할 필요가 없으며, 오로지 이 감각을 활성화하는 것만이 필요하다.

이 초월 감각이 왜 '지금, 여기'에 호명되어야 하는가. 그것은 현대 문화의 피상성, 현대문학의 왜소화 현상 때문이다. 1990년대 사회주의의 몰락과 더불어 우리 문학에서 거대 담론의 붕괴는 가속화되었다. 그것은 필연적으로 미시 담론의 유행을 촉발했다. 2000년 이후 유행처럼 번지고 있는 생활사, 문화사적 접근도 겉모습은 속류 마르크시즘처럼 보이지만, 자세히 보면 거대한 해석 틀이 부재하는 미시 담론일 뿐이다. '맹목적인 실증주의'라 부를 만하다.

---

3. Longinus, 김명복 옮김, 『롱기누스의 숭고미 이론』, 연세대학교출판부, 2002, 128쪽. 인용은 이 책을 기준으로 삼는다. 의미가 불명확할 때는 다음 영역서를 참조하였다. G. M. A. Grube, *On Great Writing*, The liberal arts press, 1957; W. Hamilton Fyfe, *Longinus, on the Sublime*, Havard University Press, 1965.

미시 담론의 미세한 시선은 거대 담론의 위압감을 벗어난 초기에 상당한 대안으로 환영받았다. 절대적 이념이 전제했던 모든 규범이 미시사적 차원에서 재검토되었다. 그러나 그런 검토가 기존 거대 담론의 규정으로부터 완전한 반전을 이룩한 경우는 드물었다. 미세한 조정에 그칠 뿐이었다. 그리고 미시적 시선의 횡행으로 우리의 잠재적 가능성에 대한 통찰도 사라졌다. 사라진 것 중의 하나가 바로 초월 감각이다.

김동리의 해방기 초월주의가 우리 문단의 중요한 조류로 나타난 것도 오늘날의 상황과 유사하다.[4] 김동리가 문제 삼는 것은 과학적 실증주의에 의해 "천상보다는 지상, 입체보다는 평면, 무한보다 유한을 본질로 삼게 된"[5] 근대적 삶의 양식이다. 이 국면의 타개를 위해 절실하게 필요한 것이 바로 '구경적 생의 형식'으로서의 문학인 것이다. 이 용어는 인간의 구경적(본질적) 삶이란 신성의 차원과 맞닿은 것이기에 진정한 문학은 이 문제를 정면으로 다루어야 함을 강조하는 개념이다. 그래서 그는 과학적 세계관에 의해 사라져 버린 '신명의 세계'를 회복하는 것을 문학이 추구해야 할 절체절명의 임무로 제시한다. 과학적 실증주의가 가져온 '평면의 정신'의 극복으로서 "신과 신을 통해서만 있을 수 있는 입체와 무궁"(21)의 세계의 회복이 문학의 궁극적인 목표라는 것이다. 그는 근대 과학주의에 의해 폄하되고 소멸된

---

[4] 이 시기 초월주의에 대해서는 박현수, 「한국 전후 서정시의 성격과 층위 연구」, 『개신어문학』 25, 개신어문학회, 2007 참조.
[5] 김동리, 「자연주의의 구경 — 김동인론」(1948. 6); 『문학과 인간』(김동리전집 7 평론), 민음사, 1997, 13쪽.

초월적 세계의 가치를 인정하고 이를 다시 복권하는 데에 모든 노력을 기울였다.

  2000년 이후 우리의 문학 상황은 구체적인 사회·정치적 상황의 차이에도 불구하고, 감각과 사유의 평면화가 극도로 진행되었다는 점에서는 공통된다. 그리고 이 문제 상황은 우리뿐만 아니라 세계 자본주의 문화가 공유하고 있는 한계 상황이다. 그래서 2000년 이후 〈반지의 제왕〉, 〈해리 포터와 마법사의 돌〉과 같이 판타지 서사들이 세계적으로 사랑을 받은 것이라 할 수 있다. 이는 미시 담론과 물질주의가 장악하고 있는 현실에 대한 불만의 표현이자, 심층에 존재하는 거대 담론 혹은 초월 담론에 대한 갈망의 표현이다. 이런 서사에 몰입하는 것은 유행에 휩쓸리는 대중심리 때문이 아니라, 고양과 초월에 대한 감각이 인간의 본질 중의 하나이기 때문일 것이다. 이때 숭고, 즉 초월 감각은 평면화된 문학을 돌파하는 데 중요한 역할을 할 수 있다. 숭고를 통해 우리는 미시적인 세계에 갇혀 끝없이 사소해져 가는 우리 문학을 구제할 수 있을 것이다.

2. 숭고한 문학 — 숭고한 정신과 숭고한 표현

  문학에 필요한 숭고 개념은 롱기누스의 『숭고론』에 잘 나타난다. 그러나 저자는 숭고의 개념을 직접적으로 말하지 않았으므로, 그것을 파악하기 위해서는 그가 숭고의 예로 사용한 시 구절과 관련 언급에 주목해야 한다. 또한, 저자가 너무나 당연한 것으로 여겨 개념 설명이라는 과정을 뛰어넘어 간접적으로 설명한 구절을 분석함으로써 숭고의 의미를 명료하게 정리할 수 있다.[6]

> (가) 숭고는 표현의 고귀함과 탁월함으로 구성되어 있다. 위대한 작가들이 명성을 얻는 것은 오직 이것으로 인해서이다. 청중에게 고양된 언어가 주는 효과는 설득이 아니라 황홀이다. (1장)

> (나) 나는 이제 숭고의 다섯 가지 원천에 대해 언급하고자 한다. 이는 모두 언어 구사력이라는 것에 의존하고 있는데, 언어 구사력이라는 근본적 자질 없이는 그 어떤 숭고도 가능하지 않을 것이다. 그 다섯 가지는 다음과 같다. 첫째이면서 가장 중요한 원천은 ①사상의 웅장함이다. (…) (나머지는) ②강렬하고도 고양된 정서, (…) ③어떤 비유의 적절한 구성, (…) ④고상한 표현, (…) ⑤구조의 탁월함과 고양됨이다. (8장)

> (다) 예술에서 우리는 정확성을 칭찬하지만 문학에서는 웅장함을 칭찬한다. (…) 조각에서 우리는 인간성에 밀접한 유사성을 기대하지만, 문학에서 우리는 인간성을 초월하는 그 무엇인가를 기대한다. (36장)

먼저 (가)에서 숭고의 언어 표현상의 특성과 효과가, (나)에서

---

[6] 아래 인용 부분은 번역본에 따라 차이가 있어, 여러 번역본을 참조하여 재구성하였다. 따라서 출전 표기는 생략하고 해당 내용이 실린 장만 밝힌다.

는 숭고의 원천이, (다)에서는 숭고의 초월성이 나타난다. 특히 (나)에서는 내용과 표현의 문제를 다루고 있어 주목된다. ①과 ②가 작자의 내면, 즉 정신적 태도라는 내용과 관련된 것이라면, ③, ④, ⑤는 언어의 표현, 즉 형식과 관련된 것이다. 이로부터 우리는 사상의 웅장함과 강렬하고도 고양된 정서라는 전자의 내용이 후자의 언어적 형식("언어 구사력")을 통해 드러날 때 비로소 숭고가 이루어질 수 있다는 점을 알 수 있다. 이런 논의를 종합하면 그가 말하는 문학에서의 숭고는 '사상의 웅장함이라는 내용이 표현의 탁월함이라는 형식을 통해 나타나, 초월적인 세계 속으로 독자를 몰입하게 하는 황홀의 효과를 주는 미적 범주'라 할 수 있다. 롱기누스가 제시하는 다음 예를 통해 이 정의를 구체적으로 이해해 보자.

> (가) 망대 위에 앉아 있는 사람이 포도주빛 바다를 건너다 볼 때
> 　　아득히 바라보이는 그 무한한 넓이만큼을 한 걸음으로 하여
> 　　천둥 같이 울음 우는 신성한 군마(軍馬)들은 단숨에 멀리 건너
> 뛰었다.[7]

> (나) 포세이돈이 지나가자, 그의 불멸의 발아래서
> 　　높은 산들도 떨고 숲도 떨었다.
> 　　그리하여 샘물이 많은 이데 산의 발과 머리가 모두 흔들렸고
> 　　트로이 인들의 도시와 아카이아 인들의 함대도 흔들렸다.

---

7. 『일리아드』, 5권; 770-2행. Homeros, 천병희 옮김, 『호메로스의 일리아스』, 종로서적, 1997, 104쪽.

그가 파도 위를 달리니, 큰 물고기들이 주인을 몰라보지 않고
모든 처소로부터 나와 그의 발아래서 뛰어올랐고
기쁨에 넘쳐 바다도 갈라섰다. 말들은 날듯이 달려가니[8]

(다) "그리고 신이 말씀하셨다." 무엇을? "빛이 있으라 하니 빛이 있었고, 땅이 있으라 하니 땅이 있었다."[9]

(라) 아버지 제우스여! 아카이아 인들의 아들들을 어둠에서 구해주소서.
　　그리고 하늘을 밝게 하시고 눈으로 볼 수 있도록 해주소서.
　　우리가 죽는 것이 그대의 기쁨일진대 제발 밝은 데서 죽이소서![10]

위의 인용문은 모두 『숭고론』 9장에 나오는 예들이다. (가), (나), (라)는 『일리아드』에 나오는 구절이고, (다)는 『성서』의 「창세기」에 나오는 구절이다. 롱기누스는 이런 표현들을 기억에 의존하여 인용하여 실제 문헌 기록과는 다소 차이가 난다.

(가)는 여신 헤라가 채찍질을 하자 군마(軍馬)들이 별이 총총한

---

8. 이 구절은 『일리아드』의 여러 부분에서 가져온 구절이다. 2, 3행(『일리아드』, 20권: 58-60행)은 『호메로스의 일리아스』, 370쪽을 참조한 것이다. 전체적으로는 김상봉, 『나르시스의 꿈』, 한길사, 2002, 85쪽을 참조하여 수정하였다.
9. 관련 내용의 원래 구절은 "하나님이 가라사대 빛이 있으라 하시매 빛이 있었고(창세기 1:3) … 하나님이 가라사대 천하의 물이 한곳으로 모이고 뭍이 드러나라 하시매 그대로 되니라(창세기 1:9)"이다.
10. 『일리아드』, 17권; 645-7행. 『호메로스의 일리아스』, 334쪽.

하늘과 광대한 대지 사이로 날아가는 장면을 묘사한 부분이다. 이에 대해 롱기누스는 "그(호메로스)는 신들이 부리는 말들의 힘찬 도약을 우주적인 거리감으로 파악하였다. (…) 만일 신의 말들이 계속하여 두 번 도약하였다면, 이 지구 표면의 공간은 그들에게 너무 좁았다고 말할 수도 있지 않을까"[11]라고 평가하고 있다. 인간의 측정 수단으로는 감히 생각할 수조차 없는 우주적 차원의 단위를 제시한 사실이 숭고의 발생 원인이라는 것이다. 이를 통해 숭고는 인간의 이지적 계산이나 상상을 초월한 무한한 차원을 인간에게 각인시키는 데서 발생한다는 점을 확인할 수 있다. 그리고 이처럼 인간의 한계를 초월한 세계로 인간의 사유를 향하게 함으로써 인간의 인식 지평을 확장하는 것이 바로 고양(elevation)의 의미가 된다.

(나)는 롱기누스가 신들의 전투에서 신성성을 가장 잘 보여 주는 부분으로 평가하는 대목이다. 그는 이 구절을 "신성성의 본질로 순수, 위엄, 그리고 결백함을 보여주는 것"(37)으로 평가한다. 그가 주목하는 것은 신의 위대한 크기와 모양이 아니라, 신적인 평화에 모든 것이 자연스럽게 참여하고 있는 장엄한 풍경이다. 이 속에 신의 진정한 모습이 잘 묘사되어 있다고 본 것이다.

(다)는 태초에 단 한 마디의 말로 무에서 유를 창조하는 창조주의 절대적인 위력을 보여 주는 장면이다.[12] 태초라는 아득한

---

11. Longinus, 앞의 책, 36쪽.
12. 브래들리는 다음과 같이 해설한다. "태초의 그리고 즉각적인 빛의 출현이라는 생각은 (…) 숭고하다. 그리고 그 기본적인 호소는 감각으로 향해진다. 더 나아가 이 초월적인 영광스러운 출현이 단순한 언어, 하나의 호흡에 기인한다는 것 자체가 (…) 절대적으로 측정 불가능한 힘에 대한 인

시간을 배경으로 허공에서 어둠을 향해 명령을 내리는 절대자의 모습은 인간의 상상을 초월하는 위압감을 지니며, 이를 상상으로 대면하는 순간 우리는 숭고를 느끼게 된다.

그러나 숭고가 초월적인 신과 관련될 때만 성립하는 것일까. 그렇다면 초월적 세계와 무관한 인간의 행위는 숭고에서 배제되는 것인가. 롱기누스는 다행스럽게도 그렇지 않다고 하며, (라)의 예를 덧붙인다. 인용한 부분은 그리스군의 장군인 아이아스가 전투 중에 갑자기 어둠이 몰려오자 제우스가 상대편 트로이군을 돕고 있다고 판단한 상황에서 신에게 간청하는 장면이다. 절대적인 신이 상대편을 돕고 있어서 승리가 불가능하다고 판단한 아이아스가 제우스에게 떳떳한 죽음을 달라고 하늘을 향해 부르짖고 있다. 이것이 왜 숭고한가. 롱기누스는 다음과 같이 설명한다.

> 위의 표현은 아이아스의 순수한 감정이다. 그는 목숨을 구걸하는 것이 아니다. 그런 구걸은 영웅에게는 너무나 천박한 것이다. 그러나 아무것도 할 수 없는 어둠 속에서 그는, 그의 용맹을 고상한 목적에 사용할 수 없게 되었다. 그는, 이러한 상황에서 싸움을 계속할 수 없게 된 사실에 속을 태우며, 밝은 대낮이 빨리 다시 돌아오기를 기도하였다. 비록 제우스가 그와 싸움을 벌이는 일이 있더라도, 그는 적어도 그의 용기에 걸맞은 죽음을 택하

상을 엄청나게 강렬하게 만든다." A. C. Bradly, *Oxford Lecture on Poetry*, London, Macmillan, 1959, 57쪽.

리라고 생각하였다.[13]

　롱기누스는 인간의 유한성을 인식하면서도 그것을 뛰어넘으려는 시도, 즉 죽음이라는 절대적인 한계 앞에서 전혀 주눅 들지 않는 용기에서 (라)의 숭고를 찾고 있다. 죽음을 불사하며 자신의 용맹이 그에 합당한 고상한 목적에 사용되기를 갈구하는 그 의연함은 순전히 인간적 자질에 속한다. 단순히 유한한 인간이 무한한 신과 대적하는 행위가 숭고한 것이 아니다. 숭고는 신과의 대적이라는 외형적 사건이 아니라, 죽음을 불사하는 용기와 의연함이라는 영웅의 내면에 있기 때문이다. 롱기누스는 이를 통해 인간적 자질만으로도 숭고를 형성할 수 있음을, 인간 내면의 참된 가치가 고양의 근원임을 강조하고 있는 셈이다.
　지금까지 다룬 예들에서 주목할 사실은 초월성이 그 자체로 나타나는 것이 아니라, 언제나 탁월한 미적 표현을 바탕으로 하여 나타난다는 점이다. 예로 든 『일리아드』나 「창세기」의 구절은 독자를 압도할 수 있는 최상의 표현을 선택하고 있다. 이런 표현이 없었다면 숭고라는 감정의 발생도 불가능하였을 것이다. 브왈로가 언급하였듯이 가령 창세기의 "빛이 있으라, 하시매 빛이 있었다."라는 구절이 "자연의 절대적인 통치자께서 단 한마디로 빛을 창조하셨다."[14]라는 말로 표현되었다면, 숭고의 스타일

---

13. Longinus, 앞의 책, 39쪽.
14. Boileau, "Preface by the translator of on the sublime", Lieder P. R. and R. Withington (edit), *The Art of Literary Criticism*, Appleton Century Croft INC, 1941, 227쪽.

을 취하긴 해도 진정한 숭고를 성립시키지는 못했을 것이다. 그 구절들은 「창세기」처럼 신의 권능이 지닌 절대적인 위엄을 효과적으로 제시하지 못했기 때문이다. 이처럼 숭고는 단순히 인간 이상의 세계를 표현하는 데에서 생기는 것이 아니라 미적 효과를 거두는 형식의 측면이 동반될 때 가능한 것이다.

3. 숭고의 특성

다른 미적 범주와는 달리 숭고는 매우 독특한 내용을 지니고 있다. 그것은 크게 두 가지로 요약할 수 있는데, 이중성과 주관성이 바로 그것이다. 철학적으로 가장 정치하게 분석한 칸트의 논의를 중심으로 이를 정리해 보자.

먼저, 이중성에 대해 살펴보자. 이중성은 복합적인 심리 상태를 의미하는데, 이는 크게 부정성(불쾌)과 긍정성(쾌)으로 나뉜다. 칸트에 따르면 미에 있어서 상상력은 지성(오성)과 관련되지만, 숭고에 있어서는 이성과 관련된다. 특히 상상력이 이성과 관계될 때 매우 역설적인 심리 과정이 나타나는데, 불쾌라는 부정적 상태에서 쾌라는 긍정적 상태로의 감정적 이동이 그것이다. 칸트가 "숭고한 것의 감정은 대상의 판정과 결합되어 있는 마음의 운동[동요]을 그 특성으로 한다"[15]고 할 때의 '마음의 운동[동요]'은 바로 이 부정성에서 긍정성으로의 전환, 즉 숭고의 이중성을

---

15. I. Kant, 백종현 옮김, 『판단력비판』, 아카넷, 2009, 252쪽.

지적한 것이다. 칸트가 들고 있는 예시를 보면 이해가 쉬워진다.

> 이 같은 사정은, 흔히 말하는, 로마의 성 베드로 성당에 처음 들어서는 구경꾼을 엄습하는 경악 내지 일종의 당혹도 충분히 설명할 수 있다. 무릇 이 경우에는 상상력이 전체의 이념들을 현시하기에는 그 이념들에 대해 부적합하다는 감정이 드는바, 이런 감정 속에서 상상력은 자신의 최대한도에 이르러 그걸 확장하려고 애를 써도 자기 자신 안으로 빠져드는데, 그러나 이로 말미암아 상상력은 하나의 감동적 흡족으로 옮겨 놓여진다. (259)

칸트는 성 베드로 성당에 들어선 구경꾼의 감정 변화를 예로 들고 있다. 구경꾼은 처음에 성당의 거대한 규모에 압도되어 불쾌감(경악 혹은 당혹)을 느끼지만, 마침내 쾌('감동적 흡족')의 감정에 도달하게 된다. 칸트는 이 모순적인 감정의 변화를 구체적으로 분석하였다. 그에 따르면 숭고가 부정성(불쾌)을 갖는 것은, 미(美)가 대상의 형식에서 야기되는 것과 달리, 숭고는 형식을 결여한 대상, 즉 몰형식적 대상(formless object)에서 초래되기 때문이다. 이런 대상은 성 베드로 성당처럼 인간의 파악 범위 내에 들어오지 않기 때문에 불쾌감을 야기하는데, 이는 곧 상상력의 한계 상황을 의미한다. 이때 상상력은 감성에 속하기 때문에 이것은 바로 감성의 한계에 해당한다. 이 한계는 모든 감각적 기준들이 대상을 파악하는 데 부적절하다는 내적 자각으로, 상상력이 감성적 제약 속에 갇혀 있어 이성의 요구에 부응하지 못했음을 의미한다. 이때 상상력의 한계는 좌절로 끝나지 않고 이성

이념을 환기함으로써 새로운 단계, 즉 긍정성(쾌)으로 넘어간다. 상상력의 한계가 이성을 환기하는 것은, 상상력에는 무한히 전진하려는 노력이 있고, 이성에는 절대적 총체성에 대한 요구가 있기 때문이다. 따라서 상상력의 한계는 바로 이성의 무한한 능력의 표상으로 전환되면서, 지금까지의 불쾌는 이성적 존재로서의 힘과 능력에 대한 긍지와 자부, 즉 긍정성으로 변하게 된다.

둘째, 주관성은 숭고의 본질이 인간 외부의 대상이 아니라 인간 내부의 심적 능력에 있다는 것이다. 칸트는 이것을 다음과 같이 표현하였다.

> 다시 말해 숭고하다고 부를 때, 사람들은 이내, 우리는 그를 위해서 그것에 알맞은 자를 그것의 밖에서 아니라, 순전히 그것의 안에서 찾을 것을 승낙한다는 점을 알 것이다. 단적으로 큰 것은 순전히 자기 자신과만 동일한 크기이다. 그러므로 숭고한 것을 자연의 사물들 속에서가 아니라, 오직 우리의 이념들 안에서 찾아야 한다는 것은 이로부터 나온다. (255-256)

칸트에 따르면 미는 일목요연성, 완결성, 균비성(均比性) 등이 척도 역할을 하지만, 숭고한 것은 일체의 척도를 넘어선, '절대적으로 큰 것'이다. 이것은 우리가 어떤 대상에서 숭고를 느낄 경우, 그것에 적합한 척도를 우리 외부가 아니라 내부에서 찾아야 함을 의미한다. 절대적으로 큰 것은 자신 이외의 그 무엇과도 비교할 수 없는 하나의 크기로서, 총체성의 이념, 즉 이성 개념에서만 존재 가능한 것이기 때문이다. 그러므로 숭고는 자연의 사물들에서 찾을 수 있는 것이 아니라, 오직 우리의 이념에서 만 찾을 수 있다고 하는 결론이 나올 수밖에 없다. 그는 다른 곳에서 "진정한 숭고함은 오직 판단하는 자의 마음에서 찾아야지, 그것에 대한 판정이 마음의 그러한 정조를 야기하는 자연객관에서 찾아서는 안 된다"(264)고 단언한다. 숭고한 것, 즉 절대적으로 큰 것은 외부의 어떤 대상이 아니라, 인간의 이성 그 자체라는 게 주관성의 핵심이다.

이 두 가지 특성은 편의상 나눈 것으로 본질상 서로 즉각적이고도 통합적인 상태로 이해하여야 한다. 이중성은 주관성 내의 문제이며, 그 발생은 찰나적이고도 혼융한 상태에서 이루어지기 때문이다. 실제 작품을 통해 숭고를 분석할 때에도 이런 방식으로 접근할 수밖에 없다. 이육사의 시 「광야」를 예로 들어 보자.

까마득한 날에
하늘이 처음 열리고
어데 닭 우는 소리 들렸으랴

모든 산맥들이
바다를 연모해 휘달릴 때도
차마 이곳을 범하든 못하였으리라

끊임없는 광음을
부지런한 계절이 피어선 지고
큰 강물이 비로소 길을 열었다

지금 눈 내리고
매화향기 홀로 아득하니
내 여기 가난한 노래의 씨를 뿌려라

다시 천고의 뒤에
백마 타고 오는 초인이 있어
이 광야에서 목 놓아 부르게 하리라

— 이육사, 「광야」 전문

  이 작품은 짧은 서정시라는 점에서 숭고를 느끼기에는 한계가 있을 수 있다. 숭고를 느끼기 위한 여러 조건이 갖추어지는 서사시와는 달리, 서정시에는 그런 충분한 서사적, 정서적 환경이 마련되어 있지 않기 때문이다. 롱기누스가 다룬 『일리아드』나 「창세기」는 그 장면에서 숭고를 느낄 수 있는 여러 선제적인 환경이 주어져 있다. (한 사람의 독자로서 롱기누스를 가정해 보더라도) 서사적 상황 혹은 종교적 지식과 분위기가 미리 주어져서 그 장면에서 숭고를 느끼는 데 부족함이 없다. 따라서 이런 서정시에 있어서 그와 유사한 숭고를 느끼려면 작품에 몰입할 수 있는 정서적 충전과 공감적 이해를 위한 노력이 필요하다.

  이 시에서 우리가 숭고를 느낀다면 그것은 이 시에 등장하는 시공의 스케일 때문이다. 시간적으로 이 시는 태초를 의미하는 '까마득한 날'에서부터 아득한 미래를 의미하는 '천고의 뒤'를 그 범위로 정하고 있다. 까마득한 날은 천지가 창조되는 태초의 시간이다. 인간에게 있어서 태초는 실재의 시간이 아니라 아득한 한계 끝에 있는 단지 유추로 상정되는 시간일 뿐이다. 태초는 우리의 일반적 시간 의식으로, 다시 말해 1년, 2년, 그리고 몇 십 년 단위를 사용하여 역산해 나가는 것이 불가능한, 그 역산이 무의미해지는 무한한 시간이다.[16] 이 무한한 시간을 하나의 전체로서 사유할 수 있다는 것만으로도 감각의 모든 척도를 초월하는 마음의 능력이 있음을 알 수 있게 되며, 우리는 그 속에서 숭고를 느낀다.

또 이 시의 공간은 '광야'이다. 이 시에서 이 광야가 어떤 위치에 있으며, 어떤 크기를 지녔는지는 알 수 없다. 그러나 이곳이 "모든 산맥들이 바다를 연모해 휘달릴 때도 (…) 차마" 범할 수 없었던 공간임은 분명하다. 산맥이 형성되고 있는 아득한 지질 시대에 놓인 공간은 앞에서 다룬 무한의 시간과 연관되어 있기에 그 자체로 숭고의 효과를 지닌다. 그런데 광야가 더 의미 있는 것은, 시인이 그 광야에 산맥조차 범할 수 없는 신성함을 부여하고 있기 때문이다. 의인화된 산맥들이 거대한 파충류처럼 불가항력의 힘으로 휘달릴 때, 그 힘을 무기력하게 만들고 굴복시킬 수 있는 위력을 이 광야는 가지고 있는 것이다. 롱기누스가 인용한 『일리아드』의 한 구절(포세이돈이 땅을 찢어 지하 세계를 드러내는 행위)에서 인간의 상상을 초월한 막강한 힘의 묘사로부터 숭고가 생기는 것과 비교할 때, 그런 막강한 힘을 제어하고 감복하게 하는 신성함을 지닌 것으로 광야를 묘사한 것은 『일리아

---

16. 실제로 칸트는 수학적 숭고에서 이처럼 수를 누적해 나가는 방식과 그 한계를 예로 사용하고 있다. I. Kant, 위의 책, 119-120쪽.

드』보다 더 세밀하게 고려된 표현이라 할 수 있다. 그것은 광야의 신성성이 불가항력의 힘을 지닌 산맥들을 무력하게 하는 '내면화된 힘'을 뜻하기 때문이다.

'까마득한 날'이라는 태초의 무한한 시간성, 거대한 파충류 같이 휘달리는 산맥마저 비켜 가는 공간의 신성성, 이런 것들은 즉각적으로 한꺼번에 다가와서 숭고를 느끼게 한다. 숭고의 이중성과 주관성은 이 속에 뒤섞여 하나로 통합되어 있다. 이 작품이 주는 무한성과 신성성은 그 압도적인 스케일 때문에 독자의 감성과 지성의 한계를 느끼게 하여 일종의 절망감 혹은 위압감을 주지만, 이는 곧장 감탄 혹은 희열로 바뀌어 황홀을 느끼게 한다. 이는 바로 칸트가 언급한, "생명력들이 일순간 저지되어 있다가 뒤이어 한층 더 강화되어 범람하는 감정"(249)일 것이다. 그리고 그런 '감정의 동요'가 우리의 주관성에 속한 것이라면, 그런 무한함, 신성성을 느끼게 하는 척도가 그 대상이 아니라 우리의 내면에 있음을, 그리고 그런 우리 내면의 가능성이 우리가 느끼는 희열의 원천임도 인정할 수밖에 없을 것이다.

4. 파시즘적 황홀과 판정의 딜레마

숭고에 있어서 최종적인 감정은 황홀이다. 칸트가 말한 '감정의 동요' 끝에 오는 것이 결국 황홀이기 때문이다. 롱기누스는 "청중에게 고양된 언어가 주는 효과는 설득이 아니라 황홀"(1장)이라 직접 이야기한 바 있다. 이 황홀의 상태는 망아(忘我) 상태,

즉 일종의 가사(假死) 상태로 해석될 수도 있다. "숭고의 불길은 스스로의 구성 요소들을 한데 녹이면서 듣는 이들을 황홀경으로, 오직 그 불길만이 보이는 지점으로 몰고" 가서 "청자의 편에, 아니 발화자까지 포함한 모든 이들에게 일종의 가사 상태 내지 의식의 상실"[17]을 요구하기 때문이다. 바로 이 지점에 숭고의 위험성이 존재한다. 초감성적인 존재의 환기로 인한 쾌의 축에 설 때, 그 고양된 의식이 극단화하여 과대망상이 되면 결국 전체주의로 귀결하게 된다. 우리는 그 대표적인 예를 하이데거의 나치 관련 이력에서 찾을 수 있다. 그것은 "배타적인 숭고의 시학이 너무 쉽게 비이성적이고 파시스트적인 정치학으로 변질될 수 있음[18]을 보여 주는 예가 된다. 우리가 숭고와 관련하여 '파시즘적 황홀'을 다루는 것도 이런 문제 상황 때문이다.

'파시즘적 황홀(fascist ecstasy)'이란 파시즘의 시대에 사람들이 파시즘에 자발적으로 순종하며 그로부터 느끼는 희열을 가리킨다. 필자는 파시즘에 협력한 일제 말기 문인들에게서 발견되는 그런 감정 상태의 정체가 늘 궁금하였다. 그러다 그것이 숭고와 연계되어 있을 수 있다고 생각하면서 해결의 실마리를 찾았다. 숭고라는 것이 수사학과 정치학, 혹은 미학과 윤리학의 접경에 존재하는 개념이기에, 미학과 정치학의 혼종으로 성립된 파시즘 문학의 본질, 즉 '파시즘적 황홀'을 해명하는 데 가장 적절

---

17. Michel Deguy, 「고양의 언술」, Jean-Luc Nancy 외, 김예령 옮김, 『숭고에 대하여 — 경계의 미학, 미학의 경계』, 문학과지성사, 2005, 45쪽.
18. Gary Shapiro, "From the Sublime to the Political: Some Historical Notes", *New Literary History*, 1985. Winter, 216쪽.

한 개념이라 할 수 있기 때문이다.

'파시즘적 황홀'의 정체를 해명하는 데 있어서, 파시즘 미학이 본질적으로 초월적인 것을 끊임없이 호명하는 숭고 미학이라는 사실을 늘 고려해야 한다. "신성의 환기가 파시즘 윤리학의 영감이며, 이를 통해 파시즘이 효과적으로 스스로를 새로운 종교로 정립한 것"[19]이라는 지적도 그런 본질을 겨냥한 언급이다. 그래서 파시즘이 숭고 미학을 전략적으로 그리고 적극적으로 이용한 것은 우연이라 할 수 없다. 독일과 이탈리아에서 보여 주었던 "스펙터클 정치(politics of spectacle)"[20] 혹은 "파시즘적 스펙터클(fascist spectacle)"[21]이 그 예가 될 만하다. 파시즘 정권은 거대한 건축물과 박람회, 대규모 집회, 신성한 행사 등을 통해 관중의 마음을 고양시키는 전략을 자주 사용하였다. 이런 거대한 구경거리는 '정치의 미학화'의 대표적인 예로서 숭고의 감정을 자극함으로써 이성적인 소통을 방해하여 관중을 수동적인 존재로 만든다.[22] 일제 파시즘 정권도 강대국(중국, 미국 등)과의 전쟁이

---

[19]. Emilio Gentile, "Fascism as Political Religion", *Journal of Contemporary History*, Vol. 25, No. 2/3 (May-Jun., 1990), 230쪽.

[20]. Russell A. Berman, "The Aestheticization of politics: Walter Benjamin on Fascism and the Avant-garde", *Modern Culture and Critical Theroy*, The University of Wisconsin Press, 1989, 41쪽.

[21]. Andrew Hewitt, *Fascist Modernism: aesthetics, politics and the avant-garde*, California: Stanford University Press, 1993, 175쪽. 파시즘과 스펙터클의 관계는 제6장 '파시스트 모더니즘과 극장의 권력' 참조.

[22]. 파시즘의 스펙터클 정치와 숭고의 관계에 대해서는 다음 논문 참조. 여기에서 I. B. Whyte가 나치 건축의 기념비적 특성을 '역동적 숭고'라는 칸트의 개념과 연관시킨 사실을 지적하고 있다. Mark Antliff, "Fascism,

나 '대동아공영권'이라는 관념을 이용하여 '스펙터클 정치'를 시도하였다.

파시즘적 황홀을 보여 준 대표적인 한국 문인으로 최재서를 들 수 있다. 주지주의(主知主義) 소개로 문명을 얻은 그가 친일 파시스트로 전신하게 된 계기는 무엇일까. 그것을 확인할 수 있는 글이 「사변당초(事變當初)와 나」라는 글이다. 1937년 중일전쟁 관련 경험을 회고하는 이 글에서 그는 동경에서 겪은 흥분을 묘사하고 있다. 동경역의 풍경을 말하고 있는 다음 장면에서 최고조에 도달한 그의 흥분을 확인할 수 있다.

> 역 구내는 벌써 출정군인 전송인으로 초만원이어서 택시는 근방에도 못 간다. (…) 그러나 나는 그곳에 벌어진 창가와 만세와 격려와 절규의 흥분이 소용돌이치는 광경에 완전히 나 자신을 잃고 말았다. 무엇인지 모를 커다란 힘에 압도되어 실로 위협을 느끼면서 겨우 찻간에 올라앉았다. (…) 그날밤 나는 차안에서 낭격(浪激)처럼 밀려오는 국민적 정열에 좀체로 눈을 붙일 수가 없었다. (…) 만세를 부르는 정경은 참으로 눈물겨웠다. 이리하여 나는 전쟁 속의 한 사람이 되었다.[23]

최재서는 전쟁 분위기로 흥분의 도가니가 된 동경역의 격렬한 풍경을 목격하고 "무엇인지 모를 커다란 힘"에 압도되어 완전

Modernism, and Modernity", *The Art Bulletin*, Vol. 84, No. 1 Mar., 2002 참조.
23. 최재서, 「사변당초(事變當初)와 나」, 『인문평론』, 1940. 7, 99쪽.

히 자신을 잃어버리는 망아의 상태에 빠져 버린다. 이것은 황홀감과 "가사 상태 혹은 의식의 상실" 상태라는 점에서 숭고의 상태와 유사하다. 최재서의 언급에서 발견되는 이러한 정서적 반응이 바로 '파시즘적 황홀'의 전형이라 할 수 있다. 이는 파시즘이 기획한 거대한 건축물, 박람회, 열광으로 가득한 집회 등 '파시즘적 스펙터클'로 인하여 비판적 능력을 상실한 대중이 느끼는, 순간적으로 초월적 존재나 세계와 합일하는 듯한 느낌에서 오는 정서적 충격을 말한다. 칸트의 관점에서 말하자면, 이는 압도적인 풍경을 마주한 감성이 스스로의 한계를 통감하고 그 한계를 돌파하면서 얻게 되는 쾌감을 가리킨다. 바로 이 쾌감, 즉 파시즘적 황홀이 전신의 계기라 할 수 있다. 이런 감정은 파시즘 문학에서 흔히 발견된다.

> 사실 나는 이번 사변(중일전쟁: 인용자)에 의하야 북경·상해·남경·서주·한구 등이 연차 함락되는 보도와 접하고 또는 실사 등을 통하야 지나의 모든 봉건적 성문이 몰락되는 광경을 눈앞에 볼 때에 우리들의 시야가 훤하게 뚫려지는 이상한 흥분이 내 일신을 전율케 하는 순간이 있다.[24]

중일전쟁에서 일본이 파죽지세로 중국의 주요 거점 도시를 장악해 나가는 소식을 접하면서 백철이 느끼는 이 "시야가 훤하게 뚫려지는 이상한 흥분" 역시 파시즘적 황홀이다. 이는 뒤늦게 친

---

[24] 백철, 「시대적 우연의 수리」, 조선일보, 1938. 12. 6.

일 파시즘 문학의 길에 들어선 서정주의 "감복"[25]과 동궤의 것이다. 그리고 "히틀러와 그에 의해서 영도되는 나치 운동에 대해서 가졌던 환상이 하이데거가 나치에 참여하게 되는 하나의 중요한 원인"[26]이라고 보는 관점에 따른다면, 하이데거가 가진 환상도 일종의 파시즘적 황홀이라 할 수 있다.

파시즘적 황홀은 파시즘이 사용하는 숭고 미학의 주요 목표이다. 파시즘의 대중적 기획은 언제나 대중의 고양된 정서적 반응을 겨냥한다. "최고의 정치적 경험이 항상 어떤 의미에서의 몰입"[27]이라 할 때, 파시즘은 그 몰입을 위해 항상 준비되어 있는 정치형태인 것이다. 그 몰입의 감정은 "통합의 경험이고, 전체 국가와 일체가 되는 존재의 느낌"(712)이다. 이때 전체 국가는 실재하는 국가가 아니라 초월적 세계에 놓인 이상화된 관념적 국가이다. 그래서 파시즘적 황홀은 실재하지 않은 초월적 국가와의 합일의 감정이다. 그래서 프랑스의 친파시즘 문인 브라지야크가 "해질 무렵의 젊은이들의 캠프, 하나의 몸을 하나의 전체 국가로 만들 때의 감동, 전체주의적인 축제, 이러한 것들은 파시스트 시학의 요소들"(712)이라고 한 것은 파시즘적 기획 속에 가득한 파시즘적 황홀의 요소를 잘 지적한 언급이라 할 수

---

25. 서정주는 "동아공영권(東亞共榮圈)이란 또 좋은 술어가 생긴 것이라고 나는 내심 감복하고 있다"고 밝히고 있다. 서정주, 「시의 이야기 — 주로 국민시가에 대하여」, 『매일신보』, 1942. 7. 3-17; 김병걸, 김규동 편, 『친일문학작품선집 2』, 실천문학사, 1986, 290쪽.
26. 박찬국, 『하이데거는 나치였는가』, 철학과현실사, 2007, 102쪽.
27. David Carroll, "Literary Fascism or the Aestheticizing of Politics: The Case of Robert Brasillach", *New Literary History*, Vol.23, No.3, History, Politics, and Culture, Summer, 1992, 712쪽.

있다. 브라지야크는 파시즘적 황홀을 적절하게도 "파시즘적 기쁨(fascist joy)"(713)이라 부른다. 파시즘적 황홀이나 파시즘적 기쁨은 숭고의 감정 상태와 닮아 있다. 그래서 최재서는 브라지야크와 같은 내용을 다루면서 초등학교 전체 아동의 분열 행진을 두고 "거기에 개체가 도저히 기획할 수 없는 웅대하고도 장엄한 미가 만들어지는 것"[28]이라 하였던 것이다. 그가 말하는 이 미는 바로 숭고이다. 그가 숭고를 의식하고 있다는 것은 그 미를 두고 "거기에는 생명의 극도의 발휘와 극도의 억압 사이에 긴장 상태가 있어서, 불꽃을 튀기듯 엄격한 아름다움이 빛을 발하고 있다."(131)는 언급에서 확인할 수 있다. 이를 통해 파시즘적 황홀이 초월적이고 신비주의적인 세계와 연계된 숭고의 경험임을 확인할 수 있다.

파시즘적 황홀은 '유사 종교적 비전'[29]을 제시하는 파시즘의 정서적 자극에 대한 반응이다. 거시적 관점에서 볼 때 이런 감정이 잘못된 상태라고 규정짓기는 쉬운 일이다. 그러나 엄밀하게 본다면 그런 감정 자체가 거짓이거나 허위라고 판단하기는 어렵다. 바로 이 점에 파시즘 문학 평가의 어려움이 있다. 동시에 파시즘적 자극에 반응하는 것을 파시즘에 대한 수용이나 협력으로 판단하기도 힘들다. 파시즘적 황홀이 명확한 비판의 대상이

---

[28]. 최재서, 노상래 옮김, 『전환기의 조선문학』, 영남대학교출판부, 2006, 131쪽. 이 책은 최재서의 『轉換期の朝鮮文學』(人文社, 1943)의 번역이다.
[29]. 에밀리오 젠틸레는 "파시즘은 국가의 신성화에 초점이 맞춰진 고유한 신앙, 신화와 의식의 체계를 고안했다."고 주장한다. Emilio Gentile, 앞의 글, 230쪽.

되는 것은 파시즘의 기획이 "정치적 속임수"[30]라는 것을 알 때일 뿐이다. 친일 파시즘 문학의 경우 그것의 진위는 서정주처럼 해방 이후에나 소급적으로 판단될 수 있을 것이다. 나치가 등장하고 그 방향이 명확하지 않은 초기에 좌·우파를 막론하고 파시즘 정권에 열광적인 지지를 보냈던 사실을 고려해 보라. 그렇다면 그 정체를 알기 힘든 상태인 파시즘 초기의 황홀(모든 파시즘적 황홀은 근원적으로 초기의 상태에 놓인다)과 그에 기반한 문학적 결과물들은 어떻게 평가하여야 할 것인가. 이것은 파시즘 문학 평가의 딜레마이자 동시에 파시즘적 황홀과 같은 '파시즘적 숭고' 판정의 딜레마가 된다.

파시즘적 황홀을 문제 삼을 때 그것에 대한 평가는 판단중지 상태에 놓일 수밖에 없다. 중립적 상태에서 볼 때 파시즘적 황홀은 비판의 대상이 될 수 없다. 거짓 황홀이니 기만적 황홀이니 하는 식으로 비판할 수 없다는 뜻이다. 라이히 역시 파시즘에서 강조하는 명예와 의무를 설명하면서 "이런 개념이 주는 황홀은 참된 것"(95)이라고 하였다. 또한, 파시즘적 황홀과 종교적 황홀을 동일한 것으로 보며 "그들(신도들: 인용자)이 경험하는 육체의 자율신경적인 흐름과 그러한 흐름이 만들어 내는 황홀 상태는 정말로 진실이다. 특히 열등한 사회계층의 사람들에게는 종교적 감정은 절대적으로 진실하다"(224)고 강조한 바 있다. 이 때문에 파시즘적 황홀은 파시즘 협력이 자기 결정에 의한 것이라는 자발성론과 모순 관계에 놓인다. 파시즘적 황홀은 파시즘의 정서

---

30. Wilhelm Reich, 황선길 옮김, 『파시즘의 대중심리』, 그린비, 2006, 75쪽.

적 자극에 능동적으로 반응한 결과라는 점에서 자발성론을 지지하지만, 그것이 감정 자체로서는 허위가 아니라는 점에서 자발성론이 겨냥한 비판을 거부하기 때문이다.

파시즘 문학 행위를 한 사람들이 자신의 행위를 흔쾌하게 반성하지 않는 것도 바로 이 파시즘적 황홀의 성격 때문이다. 하이데거는 자신의 나치 협력에 대해서 명확한 말로 반성한 적이 없다. 오히려 그는 죽을 때까지 파시즘이 등장하던 "1933년을 독일 민족과 서구 전체의 정신을 혁신할 수 있었던 기회로 보았으며 그러한 절호의 기회를 살리지 못했다는 사실을 항상 아쉬워했다"[31]고 한다. 이런 상황은 친일 파시즘 문인에게서도 동일하게 나타난다. 서정주나 최재서도 친파시즘적 행위에 대한 명확한 반성을 보이지 않았다. 서정주는 두고두고 비난의 대상이 되었던 자기 옹호적 반성문에서 자신의 친파시즘 행위의 원인을 "정치세계에 대한 내 부족한 지식"[32]에 돌리고 있다. 이것은 변명으로 들리기 충분하다. 이는 하이데거가 나치 협력 이후 30여 년이 지난 인터뷰에서 제시한 "나는 당시 다른 대안이 없다고 생각했습니다."[33]라는 대답과 유사하다. 그러나 라이히의 관점에서 파시즘적 황홀을 평가한다면 이런 반응은 전혀 이상한 것이 아니고 지극히 당연하고도 자연스러운 일이 된다. 당시에 느꼈던 감정에 충실하였다면 사과나 반성을 하는 것이 오히려 가식적이거나 허위적인 행위가 될 뿐이다. 파시즘적 황홀이 지닌 정서

---

31. 박찬국, 앞의 책, 107쪽.
32. 서정주, 「창피한 이야기들」, 『서정주 문학전집 3』, 일지사, 1972, 238쪽.
33. 박찬국, 앞의 책, 292쪽.

적 진정성 때문에 시간이 지나 파시즘의 허위성을 인식하더라도 친파시즘 문인들은 사과나 반성을 할 수 없었던 것이다. 반성을 하지 않는 것이 오히려 내적 논리의 정합성을 보여 주는 경우가 된다.

이 사실은 우리를 불편하게 만든다. 우리는 이 문제에 대해서 칸트의 기준을 가지고 와서 다음과 같이 분명한 판정을 내리기를 바랄지 모른다. 파시즘적 황홀에 빠진 상태는 칸트적 기준에 의하면 '균형을 잃은 숭고'의 상태, 즉 열광(Schwarmerei) 상태이며, 자신의 인식 능력을 넘어서 존재하는 초월적인 것의 환기에 응하여 이루어진 고양된 의식이 길을 잃어 전체주의로 연결되는 과대망상에 도달한 것이라고.[34] 그러나 칸트의 기준을 따르더라도 이처럼 명확한 결론이 나올 수 없다. 라이히가 파시즘적 황홀의 진실성을 인정하고 그 황홀의 원천, 즉 파시즘의 "정치적 속임수"를 문제 삼고 있지만, 칸트는 숭고의 감정이 대상에서 오는 것이 아니라 주관적인 것임을 분명하게 밝히고 있다. 그렇다면 파시즘적 황홀은 외부적인 파시즘의 "정치적 속임수" 여부와는 무관하게 주관성에 의거해서만 판단을 내려야 한다. 그러나 순환론적으로 되지만 주관적인 상태에 의해서만 판단을 내릴 때 라이히가 지적한 바처럼 그 감정 자체는 진실한 것으로 비

---

34. 이것은 C. Pries와 Klaus Poenicke의 주장이다. *Das Erhabene, Zwischen Grenzerfahrung und Grossenwahn*, hrsg. von Christine Pries, VCH, Acta Humaniora, Weinheim 1989; 村田誠一, 「クリスティーネ・プリース編, 〈崇高-限界經驗と誇大妄想との間〉」, 『美學』 161, 1990. 夏, 55쪽. 村田는 클라우스 포에니케의 논의가 독일의 파시즘적 열광에 대한 변명의 혐의가 있다고 본다.

판의 여지가 없게 된다.

칸트는 이런 부정적 효과를 염두에 두고 숭고의 감정인 '열정'과 부정적 정서 상태인 '열광'을 구별한다. 열정은 열광과 달리 도덕성과 긴밀하게 연계되어 있어 부정적인 상태와 연계될 수 없다는 주장이다.

> 그에 반해 윤리성의 이러한 순수한, 영혼을 고양시키는, 순전히 소극적인 현시는 열광 — 이것은 감성의 모든 한계를 뛰어넘어 무엇인가를 보려는, 다시 말해 원칙들에 따라서 꿈꾸고자(즉 이성을 가지고 미친 듯이 날뛰고자) 하는 망상이다 — 의 위험을 초래하지 않는다. 왜냐하면, 바로 이 경우에는 현시가 순전히 소극적이기 때문이다. 무릇 자유 이념의 불가해성[탐구불가능성]은 모든 적극적인 현시의 길을 전적으로 차단한다.[35]

칸트에 따르면 '열정'은 "격정과 함께하는 좋음(선)의 이념"(286)으로서 맹목성의 위험이 있는 정서와 연관되어 있지만, 이것이 이념들에 의해 일어나는 힘의 긴장이기 때문에 긍정적이고도 숭고한 것이다. 이에 반하여 '열광'은 광기와 같은 것으로 다루어진다. 이런 논의에 의하면 파시즘적 황홀은 열정이 아니라 열광이 된다. 따라서 그 황홀은 감성의 한계 너머에 있는 초월적인 세계와 아무런 매개 없이 직접적으로 합일하려는 망상에 불

---

[35] I. Kant, 앞의 책, 290쪽. "schwarmerei"은 열광, 광신, 광기 등으로 번역되지만 여기서는 '열광'으로, "enthusiasm"은 가끔씩 열광으로 번역되지만 여기서는 '열정'으로 통일하였다.

과하다. 이 점에서 파시즘적 황홀은 비정상적인 정서로서 비판할 수 있다. 따라서 그에 기반하여 생성된 파시즘 문학 역시 무가치한 것으로 판정할 수 있다.

그러나 칸트의 구분 기준이 선험적인 차원에서만 작동되고 있어 현실적인 판단에 도움이 되지 않기에 칸트식으로 파시즘적 황홀이 왜 열정이 아니라 열광인지 명쾌하게 해명하는 것은 불가능하다. 파시즘적 황홀이 부정적 제시를 통해 초월적인 세계에 도달하는지 아니면 긍정적 제시를 통해 도달하는 것인지, 또한 왜 결과적으로 동일한 정서적 반응을 가져오는지 해명할 수 없다. 그러므로 칸트의 기준으로는 그 황홀이 감정 자체로서 진실성을 지닌다는 라이히의 판단을 부정할 수 없다. 칸트의 구분이 지닌 모호성에 대한 불만은 다른 논자에 의해서도 제기된 바 있다.[36] 이런 결함 때문에 상상력의 희생으로 이루어지는 칸트의 '숭고의 희생 경제학'이 파시즘에 이르게 된다는 평가도 제기되는 것이다.[37]

칸트는 주로 선개입된 윤리적 기준으로 열정이나 열광, 종교와 미신 등을 구분하기 때문에 동일한 정서에서 파생된 감정의 상태를 발생론적으로 판단하는 데 취약하다. 그래서 윤리적인

---

36. 자콥 로고진스키는 "이 구분이 본질적이기는 하나 일시적이며, 또 숭고와 기괴성 간의 구분이 그런 것과 마찬가지로, 필수적인 동시에 어쩌면 취약한 것"으로 판단한다. Jean-Luc Nancy 외, 앞의 책, 263쪽. 이런 구분의 한계는 칸트가 숭고와 관련하여 종교와 미신을 구분하는 데에서도 반복적으로 드러난다.
37. Slavoj Zizek, 이수련 옮김, 『이데올로기라는 숭고한 대상』, 인간사랑, 2002, 148쪽.

혼돈을 막기 위해 그는 숭고를 유발하는 대상으로 주로 자연물을 제시한다. 화산이나 폭풍우, 폭포, 밤하늘의 별 등이 그것이다. 그러나 간혹 인간사와 관련된 대상을 언급하기도 하는데 이때 그 규정은 가혹해진다. 파시즘과 관련된 주제라 할 수 있는 전쟁을 언급한 부분을 보자.

> 전쟁조차도 만약 그 전쟁이 질서 있게 그리고 시민의 권리들을 신성시하면서 수행된다면, 그 자체로 어떤 숭고한 것을 가지는 것이며, 전쟁을 이런 식으로 수행한 국민이 더 많은 위험에 처했고 그 위험 아래서 용기 있게 견뎌낼 수 있었다면, 그 전쟁은 그 국민의 사유방식[성향]을 그만큼 더 숭고하게 만드는 것이다.[38]

여기에 나오는 전쟁에는 윤리적 기준이 선개입되어 있다. 즉 불순한 어떤 사유도 틈입할 수 없도록 윤리적으로 엄격한 단서가 붙어 있는 것이다. 그 전쟁은 일반적인 전쟁이 아니라 "질서 있게 그리고 시민의 권리들을 신성시하면서 수행"되는 전쟁이다. 그러나 현실적으로 전쟁 상황이 일반적인 윤리가 전혀 지켜질 수 없는 특수한 상황이라는 사실을 고려하면 칸트식의 전쟁은 지상에 존재하지 않는 관념적인 개념일 뿐이다. 그의 전제를 수용한다고 하더라도 어떤 것이 "질서 있게 그리고 시민의 권리들을 신성시하면서 수행"되는 전쟁인지 판단할 수 없다. 파시즘에 동조한 많은 사람은 자신이 참여한 전쟁이 칸트식의 신성한

---

38. I. Kant, 앞의 책, 273쪽.

전쟁임을 믿었기 때문에 기꺼이 동참한 것이 아니겠는가.

  숭고 판단의 딜레마가 해결되지 않으면 파시즘 문학에 대한 판단도 영원히 보류될 수밖에 없다. 이런 딜레마를 벗어나기 위한 몇 가지 방식이 가능하다. 먼저 숭고의 개념을 폐기하는 것이다. 그러나 숭고가 엄연히 존재하는 미학적이고도 현실적인 사건이기 때문에(그래서 파시즘 문학은 현재진행형이다) 숭고 개념의 폐기를 주장하는 것은 사려 깊지 못하다. 또 다른 방식으로 숭고의 개념을 새롭게 정의하는 방법이 있을 수 있다. 즉 숭고의 초월성이 파시즘적 황홀이라는 상황을 야기하기 때문에 숭고의 개념에서 초월성을 제거하는 방식이다. 이것은 리오타르가 한 방식이다. 그러나 이것은 숭고에서 가장 중요한 고양 의식의 가치를 일방적으로 제거하는 방법으로 이때 숭고는 존재 가치가 사라진 빈 껍질에 불과한 개념이 된다. 이 두 가지 방식 모두 앞에서 다룬 숭고 개념을 유지하지 못한다는 점에서 적절한 방법이라 할 수 없다.

5. 파시즘적 황홀의 정체와 '너머-저기'

  필자가 처음 이 문제를 다룰 때[39] 파시즘적 황홀과 관련된 숭

---

39. 박현수, 「친일파시즘문학의 숭고 미학적 연구」, 『어문학』 104, 한국어문학회, 2009. 이후 최종적인 판단에 도달한 것은 다음 책에서이다. 박현수, 『전통시학의 새로운 탄생 — '너머-여기' 사유의 시학적 전개』, 경북대학교출판부, 2013, 5장 참조.

고 판정에 대한 딜레마를 해결하지 못하였다. 그렇다면 숭고 판정은 영원히 이루어질 수 없는 것이며, 파시즘적 황홀은 파시즘 옹호의 근거가 될 가능성이 높다. 이 문제를 풀기 위해서는 기본적인 전제로서 파시즘에서 경험하는 황홀이 지닌 심리적 진실성을 인정하여야 한다. 이런 진실성 때문에 파시즘에 자발적으로 동의하고 지속적으로 협력할 수 있었기 때문이다. 이 경우 정서적 진실성을 인정하면서도 파시즘에 함몰될 위험성을 어떻게 피해 갈 것인가가 문제인데, 그때 필자는 파시즘적 숭고의 폐쇄적인 구조를 깨는 것을 대안으로 제시하였다. 즉 비판 의식이 개입된 숭고, 절제된 고양을 바탕으로 하는 '세속적 황홀'이자 '일상의 숭고'가 그것이다.

그때 미완의 대안을 제시할 때 중요한 참조점은 라이히였다. 라이히는 폐쇄적인 구조의 파괴를 파시즘적 원천에 대한 이성적 판단에서 찾았다. 즉 황홀의 진실성을 인정하고 그 원천을 이성적으로 판단하자는 것이다. 라이히는 파시즘 하의 대중들이 지도자와 동일시함으로써 파시즘적 황홀의 함정에 빠진 점을 지적하고 동시대에 그런 위험에 노출되지 않았던 노동자들을 긍정적인 예로 제시하고 있다. 노동자들 역시 파시즘적 민족주의자들이 지닌 격정과 동일한 감정을 지녔지만, 그 감정들을 자극하는 내용에서 차이가 났기 때문에 그런 위험으로부터 안전했다고 판단한다.

> 동일시하려는 욕구는 같지만 대상은 다른 것이다. 즉 그 대상은 지도자가 아니라 동료 노동자이며, 환상이 아니라 자신의 일

이며, 가족이 아니라 지구상의 노동하는 사람들인 것이다. 여기에서 국제적인 전문가 의식은 신비주의 및 민족주의와 대립한다. 그러나 이것이 노동자들이 자존심을 포기한다는 의미는 분명 아니다. 위기가 닥칠 때 '공동체에 대한 봉사', '개인의 이익에 앞서는 일반의 이익'에 열광하는 것은 반동적인 인간들이다. 노동자의 자존심은 오직 전문가 의식에서 나온다.[40]

그러나 라이히의 대안은 두 가지 점에서 문제를 지닌다. 하나는 숭고 판정의 딜레마를 외부적 원천을 변경함으로써 해결하고 있다는 점이다. 라이히에 따르면 지도자와의 동일시가 파시즘적 황홀(칸트의 용어로 하자면 '열광')이고, 동료 노동자와의 동일시가 올바른 황홀(칸트의 용어로 '열정')이 된다. 그러나 대상의 변경이 파시즘적 황홀의 위험성을 제거해 준다는 생각은 숭고의 본질과는 거리가 멀다. 칸트와 라이히는 숭고의 주관성을 인정한다는 점에서 동일한 기반에 서 있기 때문에 숭고의 대상은 주관성 속에서 찾아야 할 것이다. 다음으로 라이히는 황홀의 정의를 재규정함으로써 논리적 파탄을 보여 준다. 그는 외적 준거를 가져옴으로써 숭고 판정의 딜레마는 부분적으로 해결하였지만, 파시즘적 황홀의 '감정 그 자체로서의 진실성'을 인정한 것이 아니라 그 황홀의 내용을 슬그머니 다른 것으로 교체해 버림으로써 황홀의 진실성을 거부하였던 것이다. 황홀의 진실성을 인정한 이상 진실성의 성격에 대한 문제를 해결하지 않으면 안 된다.

---

40. Wilhelm Reich, 앞의 책, 109쪽.

그렇다면 파시즘의 숭고 미학, 즉 파시즘적 황홀에 대한 판정의 딜레마는 어떻게 해결할 수 있을까. 이 문제를 해결하려면 무엇보다 파시즘 미학이 기본적으로 숭고를 바탕으로 한다는 점을 인정해야 한다. 앞에서 살폈듯이 숭고는 감성의 한계에 즉하여 그것을 넘어선 절대적인 크기의 지평이 호명되는 것이며, 이 과정에서 내적 자질의 좌절과 상승을 통해 자신의 위대함을 감지하며 느끼는 고양된 감정이다. 이때 그 위대함은 전적으로 주관성, 즉 자신의 내면에 속한다. 그것은 외부로부터 주어지는 것이 아니라, 외부의 계기를 통해 내부에서 환기되는 것이다. 그 위대함은 내면의 무한성, 자아의 신성성인 것이다. 따라서 숭고는 내면에 존재하는 자아의 무한한 가능성, 혹은 신성성의 확인이라 할 수 있다.[41]

지금까지 파시즘적 황홀이 히틀러나 무솔리니, 혹은 일본 천황, 또는 대동아공영권과 같은 외부의 대상에 내면의 가능성을 전적으로 의뢰함으로써 발생한다는 점이 간과되었다. 이것은 심리학에서 말하는 단순한 투사가 아니라는 점에서 숭고와 관련된 정서적 진실성을 지닌다. 그러나 정확하게 말하자면 그것은 자신의 내면에 존재하는 위대한 가능성을 외부적 대상으로 치환한 것이다. 이때 환기된 무한성이 자신의 내면에서 발생하였지만 전적으로 외적인 것에 속한 것으로 오인되었다는 점에서 문

---

41. 칸트에게 있어서 이성은 일종의 신성성이라 할 수 있다. 그에게 이성의 이념이란 "도덕적 선, 자유 혹은 신의 표상"이기 때문이다. 양태규, 「칸트의 『판단력 비판』 중 "숭고 분석론"의 주석연구적 접근: '부정적 제시'의 개념을 중심으로」, 『괴테연구』 14, 한국괴테학회, 2002, 257쪽 참조.

제적이다. 이는 내면의 가능성, 신성성을 부정하여 숭고의 대상을 철저하게 외부에 위치시킴으로써 거짓된 고양을 만들어 낸 것이다. 그러나 숭고에 있어서 고양은 철저한 내적 가치의 발견일 뿐 어떤 외부적 대상의 숭배와도 무관하다. 숭고의 원칙에 따르면 외적 계기와의 단절을 통해 일어나는, 자신의 내면에 존재하는 무한성의 환기가 아니라면 진정한 고양이라 할 수 없다.

파시즘적 숭고는 내적 신성성의 부정을 바탕으로 자기 내면을 외부적 대상에 굴복시킨다는 점에서 역방향의 숭고, 즉 '거꾸로 선 숭고'라 할 수 있다. 이는 순방향의 숭고와 달리 자아를 궁극적으로 자기 학대와 자기 파괴로 몰아간다는 점에서 위험한 황홀이다. 숭고라는 점에서 정서적 진실성을 확보하고 있지만 그 방향이 거꾸로 설정되어 있다는 점에서 위험한 것이다. 이 점에서 파시즘은 '너머-여기(beyond-here)'의 가치, 즉 이곳과 이곳에 속한 존재들의 가치(내면적 무한성, 개체의 신성성)를 부정하며, 전적으로 이곳을 떠나 미지의 저곳으로 사람들을 끌고 가려는 '너머-저기(beyond-there)'의 사상이다. '너머-여기'는 현실 세계가 이미 초월이 완료된 세계라는 깨달음을 표현한 용어인데,[42]

---

42. '너머-저기'는 현실의 모든 가능성을 부정하고 미지의 다른 세계만을 전적으로 추구하는 경향을 나타내는 개념이다. 구체적 의미는 다음 설명 참조. "'너머-여기'에서 '여기'는 '너머(beyond)'의 대상이 아니라, '너머'를 통해 도달한 목표이자 결과일 뿐이다. '여기'를 넘어서서 따로 존재하는 '저기'로 가는 것이 아니라, 여러 '너머'의 단계를 거쳐 도달한 곳이 바로 '여기'라는 것이다. 그래서 우리는 여기를 넘어서 따로 존재하는 어떤 세계를 구성할 필요가 없으며, 나를 넘어서 있는 어떤 초월적 존재를 설정할 필요가 없다. 세계의 모든 것은 이런 상태의 '너머-무엇(beyond-something)'일 뿐이다. 세계는 이미 '너머-여기'이며, 우리는 이미 '너머-

파시즘이 갖가지 정치적 스펙터클을 끊임없이 양산하여 존재의 내면을 약탈함으로써 무한성이 외부에 있다고 세뇌시키는 것도 이를 '너머-저기'로 호도하기 위해서라고 할 수 있다.

파시즘적 황홀은 숭고와 동일한 정서적 반응으로서 그 진실성을 지니고 있기 때문에, 다른 정서적 반응보다 위험스럽다고 할 수 있다. 칸트가 '열정/열광'의 이분법에 따라 파시즘적 황홀을 부정적 극복을 거치지 않은 긍정적 제시로서의 열광으로 파악한 것은, 숭고 판정의 딜레마를 해결하기 위한 숙고의 결과로서 하나의 해결 방식이 될 수도 있다. 그러나 숭고의 본질적인 측면, 즉 정서적 에너지의 방향을 놓침으로써 열광의 현상을 관망하기만 할 뿐 그 발생을 제어할 수 있는 방식을 시사해 주지 못한다는 점에서 한계를 지닌다.

라이히가 파시즘적 황홀의 문제를 해결하기 위해 외부적 대상의 변경을 시도한 것, 즉 동일시의 대상을 지도자가 아니라 동료 노동자로 바꾼 것은 초월의 양식이 '외재적 초월'밖에 없다고 믿었기 때문이다. 그는 외재적 초월이 절대적인 지위를 차지하고 있는 기독교 문화라는 한계를 벗어나서 자신의 사유를 성찰할 수 있는 문화적 기반이 없었던 것이다. 그가 숭고의 감정이 진실하다고 하며 외적 원천의 문제에만 주목한 것도, 숭고의 감정이 순방향적인 것과 역방향적인 것, 즉 향내적인 것과 향외적인 것 두 가지(결국 후자는 '사이비 숭고'에 불과하다)가 있음을 구별해 내지 못하고 둘을 동일시하였기 때문이다. 그래서 역방향의 숭고

나'인 것이다." 박현수, 『전통시학의 새로운 탄생 — '너머-여기' 사유의 시학적 전개』, 경북대학교출판부, 2013, 224쪽.

가 지닌 문제점, 즉 외부에 초월의 대상을 설정하게 되면 자신의 내면을 약탈하여 그 대상에 그것을 몰입시키게 된다는 점을 제대로 파악할 수 없었다. 이때 라이히처럼 그 대상을 바꾸는 것은 근원적인 해결 방식이 될 수 없다. 내면의 황폐는 여전히 남기 때문이다. 라이히는 기독교의 외재적 초월을 유일한 진리로 인정하는 문화 속에서 사유하였기 때문에 파시즘적 숭고도 동일한 논리로 인정할 수밖에 없었던 것이다.

이로써 숭고 판정의 딜레마는 해결되었다고 할 수 있다. 그러므로 이 역방향의 숭고가 지닌 문제점, 즉 파시즘적 황홀을 해결하는 방법은 간단하다. 그것은 내면의 신성성, 무한성의 가치를 복원하는 것이다. 파시즘적 황홀은 내면의 신성성을 거부하였기 때문에 진정한 고양과는 거리가 있다. 우리가 살고 있는 이곳이 이미 초월이 완료된 '너머-여기'의 세계이며, 그리고 자신이 여러 초월을 거쳐 도달한 '너머-나'라는 사실을 인식하는 것이 진정한 숭고의 실제 내용이며, 바로 이를 인식하는 것이 파시즘적 황홀의 유일한 해결 방안이라 할 수 있다. 이 세계의 내면에 존재하는 '초월이 완료된 세계', 존재의 안쪽에 도사리고 있는 '이미 초월된 나', 이것을 인식하여 이미 주어져 있는 초월 감각을 활성화할 때 우리는 세계와 더불어 고양의 황홀을 누릴 수 있다. 그것은 내면을 충만하게 만드는 결핍 없는 기쁨으로 결코 환멸에 이르지 않는다. 그러므로 진정한 고양은 외재적 초월에서는 이루어지기 힘들다고 할 수 있다. 외재적 초월에서는 충만한 내면이 부정되어 황홀이라는 긍정적인 감정이 지속적으로 발생할 기반이 제거되기 때문이다. 또한, 내적인 충만이 유지되지 않기 때문에 시간이 지나면 환각에서 깨어나 결핍의 감정으로 추락하게 된다. 파시즘적 황홀이 반드시 환멸에 도달하는 것도 이 때문이다.

6. 마무리

숭고는 시학의 최종적인 목표이다. 더 확장하는 것이 허용된다면, 시뿐만 아니라 이 세계에 존재하는 모든 행위, 즉 삶 자체의 최종 목표가 숭고, 즉 자기 고양에 있다고 생각한다. 롱기누스가 인간들이 "자신의 사멸하는 능력들을 칭송하고, 불멸을 계발하는 일을 무시하게 될 것"[43]을 우려하며 자신에게 이미 주어진 불멸을 증대시키는 것을 인간의 의무로 제시한 것은, 시의 문제일 뿐 아니라, 더 근원적으로 삶의 문제임을 이제 이해할 수 있을 것이다.

따라서 시학과 삶의 본질을 이해하기 위해서는 숭고를 이해할 필요가 있다. 또한, 잘못된 길로 들어서지 않기 위해서는 파시즘적 황홀과 같은, 잘못된 방향의 사이비 숭고도 인식하여야 한다. 결국, 중요한 것은 무한성, 신성성이 인간의 내면에 이미 주어진 것이라는 사실이다. 그러므로 '너머-여기'는 시학의 핵심이자 삶의 핵심이라 할 수 있다.

시는 우리에게 주어진 완전함을 깨닫는 명상에 불과할 수 있

---

43. Longinus, 앞의 책, 128쪽.

다. 랭거가 시를 명상으로 본 것은 그 의도와 무관하게 일종의 참된 명제를 제시한 것이다. 이런 관점은 시를 미적 자율성의 공간에 가두어 온 근대 미학의 측면에서 볼 때는 반(反)-미학적일 수 있다. 이것이 숭고가 근대 미학의 범위 밖에 놓였던 이유이기도 하며, 앞으로 삶을 껴안을 새로운 미학의 핵심에 숭고가 놓여야 할 이유이기도 하다.

주제 시는 유치환의 「경이는 이렇게 나의 신변에 있었도다」로서, 인간의 일상적인 삶이 초월적인 세계와 맞물려 있음에 경탄하는 작품이다. 시인은 저녁에 늦게 귀가하는 아이를 마중하기 위해 나섰다가 북두칠성이 자신의 집을 지키는 듯한 광경을 보고, 찰나와 같은 인간의 삶에 우주의 무궁함이 연속되어 있다는 사실을 깨닫는다. 그 깨달음은 제목이 가리키는바 '경이가 자신의 신변에 있었다'로 요약된다. '너머-여기'의 가치가 이런 깨달음 속에 온전히 구현되어 있다고 할 수 있다. 어떤 종류의 것이건, 좋은 시는 근원적으로 이러한 고양을 우리에게 가져다준다.

닫는 글

시적 형식과 내용의 기원에 대하여

　이제 전체를 마무리하며 앞에서 다룬 시의 형식과 내용의 기원에 대하여 다루어 보고자 한다. 그 기원은 당연히 시의 원형적 갈래로서 '노래'임을 두말할 필요는 없다. 노래의 형식과 내용이 본질적으로 시의 그것과 밀접하게 연결되어 있음은 이미 지적한 바 있다. 특히 시적 형식의 문제는 '가상적 연행성'을 다루는 부분에서 검토한 바 있다. 그러나 시적 내용(이념으로서의 '초월 감각')의 기원은 구체적으로 다루지 못하였다. 이 '닫는 글'을 쓰는 것도 실은 이 문제를 해명하기 위해서이다.

　먼저, 반복되는 감이 있지만, 시적 형식의 기원에 대해서 다루어 보자. 여기에서는 근래에 많은 사랑을 받아 온 가요를 예로 들어 시의 형식적 특성, 즉 슐라퍼가 제시한 ①짧은 길이, ②운율, ③행과 연의 형식, ④현재 시제, ⑤배경과 주체의 범맥락화 등의 기원이 노래에 있음을 간단하게 설명하고자 한다.

잊어야 한다는 마음으로
내 텅 빈 방문을 닫은 채로
아직도 남아 있는 너의 향기
내 텅 빈 방안에 가득한데

이렇게 홀로 누워 천정을 보니
눈앞에 글썽이는 너의 모습
잊으려 돌아누운 내 눈가에
말없이 흐르는 이슬방울들

— 김광석, 「잊어야 한다는 마음으로」 부분

    이 노랫말은 연인('너')과 이별한 후 화자가 느끼는 그리움과 슬픔을 표현하고 있다. 화자가 그 심정을 즉석에서 토로하는 듯하지만, 이는 현실적으로 불가능하다. 슬픔에 빠진 사람이 일정한 형식에 맞추어 발화를 미적으로 조율하는 일은 자연스럽지 않기 때문이다. 창작의 일반적인 상황을 고려할 때, 작사가는 연인과 이별한 경험을 회상하거나 있을 법한 상황을 가정하여, 책상 앞에 앉아 퇴고를 거듭하며 이 노랫말을 썼을 가능성이 크다. 그렇다면 그는 왜 이렇게 창작 상황과 무관하게 노랫말을 구성하였을까. 그것은 창작 상황보다 이 노래를 연행(공연)할 상황이 창작의 기준이 되기 때문이다. 즉 '가상적 연행성' 때문이다.

  이 노랫말의 형식은 시의 형식과 여러 면에서 유사하다. 이제 이 노랫말을 기준으로 앞에서 제시한 시의 형식적 특성을 확인해 보자.

  ①짧은 길이: 길이에 있어서 노랫말이 짧은 형식을 지니는 것은 가창의 시간 제약 때문이다. 노래는 일반적으로 가창 시간이 길어야 5분 내외이므로, 노랫말이 길어질 수 없다. 노래에서 기원한 시가 짧은 것은 당연한 현상이다. 현대시의 단형성을 시적 직관의 순간성, 감정의 찰나성 등과 연계시키는 것은 이런 기원을 무시한 관념적인 해석에 불과하다.

  ②운율: 노랫말, 즉 시에서 리듬이 발생하는 것은 노래의 마디가 반복되기 때문이다. 이때 노랫말의 리듬은 주로 압운보다는 율격으로 나타난다. 압운(두운, 요운, 각운, 유운 등)이 노래에 자주 사용되지 않은 것은, 노래에 이미 리듬이 충분하게 반영되어 있어서 특별한 리듬의 요소로서 압운이 필수적이지 않기 때문이다. 그러나 노래에서 반복되는 최소 단위로서 마디가 존재하기에, 율격은 반드시 나타날 수밖에 없다. 이 작품에서 율격은 세 마디(3음보)로 규칙적으로 반복되고 있다(악보의 마디는 다르지만, 여기에서는 편의상 노랫말을 기준으로 한다). 그러나 마디에 들어가는 음절수는 규칙적이지 않다. 이 노랫말의 한 마디 안에 들어가는 음절수는 다음과 같이 다양하게 나타난다.

    3·3·4/3·3·4/3·4·4/3·3·4

3·4·5/3·4·4/3·4·4/3·3·5

이처럼 노랫말에는 마디 수가 고정적이지만 그 안에 들어가는 음절 수는 정해져 있지 않다. 조동일이 우리 시가의 율격을 두고, "행을 이루는 음보수는 고정적이면서 행을 이루는 음절수는 가변적인 것이 한국 시의 규칙"[1]이라 하였는데, 이것은 노랫말에만, 즉 가창률에만 해당하는 특징임을 현대의 대중가요에서 다시 확인할 수 있다. 가창률의 시, 즉 노랫말의 리듬은 노래의 음악성을 고려할 때 제대로 이해할 수 있다.

③행과 연의 형식: 노랫말을 시 형식으로 배열하면 앞에서 보듯이 시가 지닌 형식과 유사하게 된다. 그것은 노래가 악절의 등가성을 지니며 일정한 길이로 반복되기 때문이다. 작은악절은 시행이 되고 큰악절은 연이 되는 것이다. 혹은 큰악절에 딸린 1절, 2절 등의 가사가 각각 독립적인 연이 되기도 한다.

④현재 시제: 노래가 연행을 위해 존재하는 갈래이므로, 노랫말 역시 전적으로 연행 상황을 고려해야 한다. 노래가 공연 현장에서 가창될 때의 극적인 현장성을 위해, 공연이 이루어지는 시점을 현재로 잡아야 한다. 그러면 노랫말의 시제도 공연 시점인 현재에 맞추어 현재 시제를 사용하는 것이 자연스럽다. 현재 시제일 때 공연장에서 그 슬픔은 현재적인 감정이 되고, 관객은 그 감정을 그 자리에서 자연스럽게 공유하게 되어 공연의 효과가 높아질 수밖에 없다. 시의 현재 시제는 노래가 지닌 연행성의 결

---

1. 조동일, 「현대시에 나타난, 전통적 율격의 계승」, 김대행 편, 『운율』, 문학과지성사, 1984, 119쪽.

과라 할 수 있다.

⑤배경과 주체의 범맥락화: 대부분의 연행은 노랫말을 지은 사람이 아니라 전문 노래꾼이나 일반인에 의해 다양한 장소에서 이루어진다. 작사자와 가창자가 다르더라도 공연이 자연스럽게 되기 위해서는 노랫말에 나오는 화자의 성격이나 배경 등이 특수하지 않은 것이 좋다. 즉 화자는 창작자의 특수한 상황에서 벗어나서 누구라도 대신할 수 있는 일반적인 존재가 되어야 하고, 내용의 시공간적 배경은 어느 상황으로 바꾸어도 자연스러운 것이 되어야 한다. 시의 범맥락화는 이런 노래의 전통으로부터 유래한 것이다.

이처럼 시의 형식적 특성은 노래의 특성과 거의 유사하다. 이것은 노래가 시의 기원이라는 사실을 명확하게 알려 준다. 물론 이 중 일부는 당연하게 여겨져 온 사실이라 새로울 것도 없다. 그러나 현재 시와 노래의 차이가 강조되어 이 유사성이 지나치게 과소평가되고 있으며, 그것이 과거의 일로 치부된다는 점이 문제가 아닐 수 없다. 근래 가수이자 작사·작곡자인 밥 딜런이 노벨문학상을 받은 사실을 두고 문학계에서 비판적인 시각이 다수 있었던 것은 이런 문제를 다시 확인시켜 준 사례라 할 수 있다.

다음으로 시적 내용(이념으로서의 '초월 감각')에 대해서 다뤄 보자. 이 책의 후반부에서는 시적 내용의 핵심으로 초월 감각을 내세우고 있다. 그에 따라 서정성을 다룬 부분에서 자아와 세계의 동등한 동일성을 강조하는 '상호 주체적 서정성'을, 심상 부분에서는 직관적 인식 방식으로서의 현량(現量)과 대상으로서의 자상(自相)을, 비유 부분에서는 유사성의 초월성을 다루었다. 그리고 숭고에서는 이 문제를 하나의 독립된 주제로 다루어 시의 본질을 자아의 고양에서 찾았다. 이런 초월 감각은 내용의 차원에서만 발견되는 것이 아니다. 형식의 차원에서는 현재 시제의 숭고성, 시적 화자의 고양성 등에서 이를 확인할 수 있다. 그런데 이런 특성이 시적 내용의 핵심으로 나타나는 이유 혹은 기원에 대해서는 따로 다루지 않았다. 미리 밝히자면 그것은 한마디로 '노래의 신성성'이다. 물론 이것의 기원도 여러 가지 상정할 수 있지만(공동체 행사에서 노래가 맡은 중요한 역할, 인간이 지닌 본능으로서의 초월 감각 등), 여기에서는 여러 기원의 복합적 작용으로 나타난 결과적 인식에만 초점을 맞추고자 한다. 노래의 신성성은 향가에 대한 다음 언급에 잘 요약되어 있다.

> 신라 사람들은 향가를 숭상한 지 오래되었는데, 그것은 대개 송가(頌歌)의 종류였다. 따라서 이따금 천지와 귀신을 능히 감동시키는 경우가 한둘이 아니었다.[2]

이것은 신라시대 노래인 향가(鄕歌)의 신성성을 말하고 있는 구절이다. 이때 노래는 단순히 개인적인 정서를 표출하여 듣는 사람들을 감동시키는 데 그치지 않고, 초월적인 존재인 천지와 귀신까지도 감동시키는 초자연적인 능력을 지닌 예술 갈래이다.

---

2. 『삼국유사』 권5, 「월명사 도솔가」.

그래서 개인의 소원을 이루게 해 주고(「서동요」), 왜군을 물러가게 하고(「혜성가」), 잣나무를 시들게 하고(「원가」), 역신을 물리치기도 하는 것(「처용가」)이다. 고대의 노래는 이처럼 초자연적이고도 탈일상적인 능력을 지닌 신성한 갈래였다. 노래에 대한 이런 인식은 후대에도 계승되어 왔다. 그리고 이런 인식은 한국만의 것이 아니라 범세계적으로 존재하는 것임은 말할 필요도 없다.

현실 감각을 중시하는 유교가 지배 이념이었던 조선 시대에도 이런 인식은 이어졌다. 다음은 허균의 『성수시화(惺叟詩話)』에 실린 시화이다.[3]

> 김안로가 젊었을 때에 관동에 놀러 갔다가 꿈에 어떤 신인(神人)이 나타나 읊조리기를
>
> 봄은 우전 산천 밖에 무르녹았고,　　　　春融禹甸山川外
> 음악은 우정 조수 사이에 울려 퍼진다.　　樂奏虞庭鳥獸間
>
> 하고 이어 말하기를 "이것은 바로 네가 벼슬길에 나갈 글귀라"고 했다. 꿈을 깨고 나서도 단단히 기억해 두었다. 그 이듬해 정시(庭試)에 들어갔더니 연산군이 율시 6편으로 시험을 보이는데, 그 가운데 「춘일에 이원제자가 한가하게 악보를 보다」의 시제가 있고, 압운이 간(間)자로 되었다. 김안로는 전에 신인이 말한

---

3. 이하 시화 관련 내용은 기존에 발표한 글을 다소 수정한 것이다. 박현수, 『전통시학의 새로운 탄생 — '너머-여기' 사유의 시학적 전개』, 경북대학교 출판부, 2013, 77-93쪽 참조.

글귀가 여기에 꼭 맞는 것을 생각하고 그대로 써서 올렸다. 강혼(姜渾)이 시관(試官)이 되어 대단히 칭찬하고 장원으로 뽑았다. 김안국은 본래 글을 잘 알아보기 때문에 참시관이 되어서 말하기를 "이 글귀는 귀신의 말이고 사람의 시는 아니라" 하여, 당장 불러 물어보았다. 김안로가 사실대로 말하자 사람들은 모두 그 식견에 탄복했다.[4]

여기서 주목해야 할 것은 김안로의 신비한 경험도 김안국의 뛰어난 식견도 아니다. 중요한 것은 이런 이야기가 생성되고 수용되는 시대 분위기다. '괴력난신(怪力亂神)'에 속하는 초자연적인 사건을 다룬 시화가 조선 유학자들 사이에 공공연하게 유통될 수 있었던 것은, 오로지 이것이 시와 관련된 이야기이기 때문이다. 피지배 계급, 즉 민중에게는 친숙한 이런 이야기가 지배 엘리트 계급에 있어서는 금기의 대상이었다. 그러나 시에 있어서 만큼은 초월적 세계는 모든 계급에 개방되어 있었다. 허균 역시도 시의 신성성을 당연하게 여겼기에 이 이야기를 옮겨 적었을 것이다.

더 극단화된 시화에 의하면 초월적 존재는 시의 생성뿐 아니라 시의 유통과 재생에까지 관여하기도 한다. 『동인시화(東人詩話)』에 전하는 김지대 일화가 대표적이다. 요점만 말하면 다음과

---

4. 이 글은 허균의 「성수시화」에 수록된 것이다. 인용된 한시에서 '우전'은 우 임금의 토지, '우정'은 '순임금의 대궐'을 가리킨다. 홍만종, 홍찬유 옮김, 『역주 시화총림(하)』, 통문관, 1993, 815-816쪽. 문맥을 자연스럽게 하려고 부분적으로 수정하였다.

같다. 고려 때 김지대(金之岱)란 사람이 의성관루(義城官樓)에서 지은 시가 사람들의 입에 회자하였는데, 뒤에 전란으로 누각이 불타버려 시를 쓴 현판도 사라졌다. 몇 십 년 뒤 어떤 사람의 딸이 미쳐 발광했는데 어지러이 말하는 가운데 갑자기 김지대의 시를 줄줄 외우는 것이었다. 그래서 이 시는 다시 시판에 새겨 전해졌다. 귀신도 좋은 시가 사라지는 것을 안타깝게 여겨 세상에 전해지도록 했다는 것이다.[5] 이는 시가 지닌 신성한 가치에 대한 승인이 아닐 수 없다.

향가에 대한 평가나 시화가 보여 주는 것은 시가 초자연적이고도 탈일상적인 신성성을 지닌 갈래라는 인식이다. 이것은 현대시에서도 심층 차원에서 유지되고 있으며, 그것이 시적 내용의 핵심 이념으로 보존되고 있다. 현대시와 관련된 다음 글에서 이런 상황을 짐작할 수 있다.

> (가) 유형시(有形詩)를 버리고 무형시(無形詩)로 간 상징파 시가는 음악과 같이 희미한 몽롱(朦朧)을 가지게 되었다. 이 점에 대하여 데카당스의 시조(보들레르)의 "음악, 방향(芳香), 색채는 일치한다" 하는 말을 음미하면 음미할수록 근대적 예술의 경향을 모르는 동안에 생각하게 된다./하시시의 방향(芳香)은 여전히 바람에 떠돈다. 원하건댄 천박한 생각으로 그들의 신성(神聖)한 시를 더럽히지 말아라.[6]

---

5. 정민, 『한시미학산책』, 솔출판사, 1996, 208쪽 참조.
6. 김억, 「스핑크스의 고뇌」, 『폐허』 1, 1920, 121쪽.

(나) 시는 예술의 지극히 순수한 형식으로 표현된 것일다. 시의 본질은 예술의 종가(宗家)며 시의 내용은 예술의 극치이다. (…) 그러나 시가 광범한 다른 예술들과 비교하여 그의 특색이 있고 그의 특질이 있는 이상 시적 인격은 (…) 좀 더 장엄하고 좀 더 숭고한 특수한 '맛'이 있어야 하겠다.[7]

(가)는 유럽 상징주의 일반을 소개하는 김억의 글인데, 보들레르의 시가 근대 예술이 취해야 할 진정한 방향이라는 주장을 암시적으로 제시하고 있다. 그리고 상징파 시를 "신성한 시"라고 높이 평가하고 있다. 이 표현은 바람직한 시를 과장하여 추앙한 측면이 있지만, 이런 표현을 사용하는 태도의 이면에는 시의 신성성에 대한 잠재적 동의가 깔려 있다고 해야 할 것이다. (나)는 시적 화자 관련 논의에서 이미 언급한 양주동의 글이다. 그는 시를 "예술의 종가", "예술의 극치"로 보고, 그 때문에 시에 나오는 시적 화자도 실제 시인보다 "좀 더 장엄하고 좀 더 숭고한 특수한 '맛'"을 지니고 있다고 주장한다. 이는 시라는 갈래가 다른 예술과 구별되는 최고의 예술적 지위를 지니고 있으며, 갈래 자체가 그에 걸맞은 장엄하고 숭고함을 지니고 있다는 지적이다. 이런 글을 보면 현대시에서도 시의 신성성(혹은 갈래적 우월성)에 대한 인식이 여전히 유지되고 있음을 확인할 수 있다.

시의 내용상에 나타나는 초월 감각은 이와 같은 고대의 시가가 지닌 초자연적이고 탈일상적인 신성성으로부터 온 것이다.

---

[7]. 양주동, 「예술과 인격 — 특히 시적 인격에 就하야」, 『동아일보』, 1925. 7. 19.

이 신성성을 시학의 영역으로 옮겨 한마디로 요약한 것이 '자아와 세계의 동일성'이라는 개념이다. 자아와 세계가 하나가 되는 것은 초자연적이고 탈일상적인 현상이라 신성성을 전제하지 않으면 성립하기 어렵다. 이런 전제 때문에 주체와 객체의 동등하고도 능동적인 역할을 가정하는 '상호 주체적 서정성'이란 개념도 가능해진다. 그리고 심상을 언어 표현의 차원이 아니라 철학적 차원에서 다루며 그 본질로서 반질료성(牛質料性)을 강조한 것도 이런 전제 때문이다. 심상의 반질료성은 일종의 초경험적인 성격이라 합리주의를 강조하는 서구 철학에서 논의의 대상이 될 수 없다. 그래서 동양의 유식 철학이 요청되었으며, 이것에 의하여 반질료적 심상으로서 '자상(自相)'이 존재 가능하며, 현량(現量)이라는 탈일상적인 직관적 인식 방식으로 이를 포착하여 시에 구현할 수 있음을 이야기할 수 있게 된다. 또한, 비유의 문제를 단순한 표현상의 문제로 다루지 않고, 비유 기표와 비유 기의의 초월적 유사성에 주목한 것도 같은 이유에서이다. 숭고는 앞에서 설명한 신성성을 가장 직접적으로 드러내고 있는 시학 개념으로, 노래의 신성성이라는 전제를 인정한다면 시학의 가장 중요한 개념으로 다룰 수밖에 없다. 그 외에 현재 시제의 숭고성, 시적 화자의 고양성 등 형식의 차원에서 초월 감각과 관련된 특성들은 이런 전제를 수용한다면 자연스럽게 이해할 수 있는 현상이라 할 수 있다.

시적 형식과 내용의 기원을 고려하면 시와 노래의 상관성에 더 많이 주목할 필요가 있다. 독자에 따라서 이 책에서 현대시의 여러 특성을 원형적 갈래인 노래에서 찾는 시도가 다소 회고적 경향에 치우쳐 있다고 지적할 수도 있다. 그러나 현대시에 남은 흔적이 어디에서 기원한 것인지 밝히지 않고, 그것의 독자적인 특성에만 집중하면 관념적이고 공허한 결론에 도달할 가능성이 크다. 또한, 기원과 관련된 실증적 차원의 문제가 해결될 때, 그 이후에 획득된 새로운 형질도 제대로 밝힐 수 있다는 점에서 이 책의 시도는 그 나름의 가치가 있다고 본다. 이 책에서는 기원과 관련된 특성뿐 아니라 새로운 형질도 밝히고자 하였는데, 그 시도가 성공적이었는지는 독자의 판단에 맡긴다.

이 책의 바탕이 된 글의 출전을 다음과 같이 밝히며 책을 마무리하고자 한다. 대부분 표현과 내용상의 부족을 보완하였고, 일부 논문은 내용과 구성을 대폭 수정하기도 하였음을 밝혀둔다.

1. 범맥락화
「시의 지배적 특질로서 '탈맥락성'에 대한 고찰」, 『한국현대문학연구』 54, 한국현대문학회, 2018. (대폭 수정)
2. 서정 시제
「서정 시제(시의 현재 시제)의 실제와 특성 고찰」, 『한국현대문학연구』 64, 한국현대문학회, 2021. (일부 수정)
3. 텅 빈 주체
「서정시의 화자 개념과 갈래적 특성 고찰」, 『어문론총』 85, 한국문학언어학회, 2020. (일부 수정)
4. 율격의 단계
「자유시 리듬 정착 과정의 일반 모형과 한국적 특수성」, 『한국현대문학연구』 58, 한국현대문학회, 2019. (일부 수정)
5. 가상적 연행성
「시적 시간 현상의 특이성과 가상적 연행성」, 『어문론총』 89, 한국문학

언어학회, 2021. (일부 수정)

6. 상호 주체적 서정성

「서정시 이론의 새로운 고찰」, 『우리말글』 40, 우리말글학회, 2007. (일부 수정)

7. 심상과 현량

「이미지의 본질에 대한 새로운 고찰」, 『한국시학연구』 37, 한국시학회, 2013. (일부 수정)

8. 비유와 초과 현실

「비유의 초월적 유사성에 대한 현대시의 수사학적 대응」, 『어문론총』 94, 한국문학언어학회, 2022. (일부 수정)

9. 숭고 혹은 초월 감각

「일제강점기 시의 '숭고' 고찰」, 『한국시학연구』 1, 한국시학회, 1998. (대폭 수정)

「친일파시즘문학의 숭고 미학적 연구」, 『어문학』 104, 한국어문학회, 2009. (대폭 수정)

인용시

김광균, 「성호 부근」 269-70
김광균, 「추일서정」 271
김광석, 「잊어야 한다는 마음으로」 326
김기림, 「사월」 62
김기택, 「종유석」 278-9
김소월, 「옛님을 따라가다가 꿈깨여 탄식함이라」 16-7
김소월, 「초혼」 17-8
김수영, 「달나라의 장난」 55
김억, 「봄은 간다」 132
김종한, 「고원의 시」 270
김지하, 「타는 목마름으로」 68
니필균, 「대죠션 쥬독립 이국ㅎ는 노력」 126
박남수, 「새 1」 71-2
박두진, 「해」 133
박목월, 「비유의 물」 278
박목월, 「산도화」 65-6
박목월, 「상하」 12
박제가, 「이사경을 애도하며」 226
박현수, 「민달팽이 — 리듬론」 106
백석, 「청시」 64
서안나, 「애월 혹은」 14
서정주, 「무등을 보며」 71
서정주, 「인연설화조」 204-6
송찬호, 「늙은 산벚나무」 254

송찬호,「동백이 활짝」236-7
월명사,「제망매가」257
유치환,「경이는 이렇게 나의 신변에 있었도다」286
유치환,「그리움」93-4
유홍준,「깊은 발자국」97
윤동주,「서시」43-4
윤동주,「쉽게 씌어진 시」171
이상화,「빼앗긴 들에도 봄은 오는가」70
이육사,「절정」59
이육사,「광야」300-1
이이,「고산구곡가」177
이준관,「아침은 모든 게 가까이 있다」69
장석남,「새떼들에게로의 망명」236
장석남,「왼쪽 가슴 아래께에 온 통증」186
정지용,「난초」40
조정권,「산정묘지 1」71
주요한,「불놀이」132-3
처용,「처용가」28, 118
한용운,「나의 노래」152
허수경,「눈」76
황석우,「석양은 꺼지다」58
황지우,「새들도 세상을 뜨는구나」155-6

벤 존슨,「나의 첫딸에 대하여」26
李白,「送友人」124-5
지은이 모름, "Beowulf" 118
지은이 모름,「伐檀」117
하루야마 유키오,「골판지로 만든 꽃다발」271
호메로스,「일리아드」292-3
T. E. 흄,「가을」268
W. B. Yeats, "Among School Children" 57
William Shakespeare, "Sonnet 73" 125